# 海洋石油勘探开发
# 法律风险防控与案例剖析

樊　颖　著

中国海洋大学出版社

·青岛·

**图书在版编目（CIP）数据**

海洋石油勘探开发法律风险防控与案例剖析 / 樊颖
著 . -- 青岛：中国海洋大学出版社，2024. 11
ISBN 978-7-5670-4031-1

Ⅰ. D922. 674

中国国家版本馆 CIP 数据核字第 2024FS9864 号

| | | | |
|---|---|---|---|
| 出版发行 | 中国海洋大学出版社 | | |
| 社　　址 | 青岛市香港东路 23 号 | 邮政编码 | 266071 |
| 出 版 人 | 刘文菁 | | |
| 网　　址 | http://pub.ouc.edu.cn | | |
| 订购电话 | 0532 - 82032573（传真） | | |
| 责任编辑 | 杨亦飞 | 电　　话 | 0532 - 85902533 |
| 印　　制 | 日照日报印务中心 | | |
| 版　　次 | 2024 年 11 月第 1 版 | | |
| 印　　次 | 2024 年 11 月第 1 次印刷 | | |
| 成品尺寸 | 185 mm × 260 mm | | |
| 印　　张 | 12. 25 | | |
| 字　　数 | 267 千 | | |
| 印　　数 | 1—1 000 | | |
| 定　　价 | 59. 00 元 | | |

发现印装质量问题，请致电 0633-2298957，由印刷厂负责调换。

# 前言
## PREFACE

  在全球化和国际合作日益发展的背景下，海洋石油勘探开发作为能源获取的重要途径，其重要性越发凸显。海洋油气的勘探开发在获取石油能源的同时，也有其危害性，是一把双刃剑。海洋石油勘探开发活动在海上进行，不可避免地会与其他海洋经济活动发生冲突（如船舶触碰钻井平台，渔船抛锚、拖锚破坏海底输油管道），给海洋生态环境和海洋石油企业带来严重危害。因此，对海洋石油勘探开发中的法律风险进行深入研究，并提出有效的防控措施，对保障国家能源安全、促进可持续发展具有重要意义。

  本书旨在探讨海洋石油勘探开发中的法律风险防控问题，系统分析海洋石油企业面临的外部和内部法律风险，深入探讨海洋生态红线区、勘探开发权、海域使用权、船舶触碰等关键领域的法律风险，并提出相应的防范策略。通过案例分析，展示法律风险防控在实际操作中的应用效果，力求为海洋石油勘探开发企业提供一套全面的法律风险防控方案，以促进行业的健康发展，更有效地保护海洋环境。2018年3月，我国国家机构改革，一些部门被撤销或不再保留。因本书所列规章或所举案例系2018年3月前发布或发生，故保留相关部门原称。

  由于笔者水平有限，书中不足之处在所难免，请专家、读者指正。

樊颖

2024 年 9 月

# 目录

CONTENTS

# 导　论

随着国家法治化进程的加快,法律风险防范的研究在实践中取得了一定的成效,但搭建法律风险防范体系的企业仍是少数。现阶段,大部分企业为了防范和降低法律风险,采取了聘请律师或设立专门的法律相关事务机构的措施。这些措施在很大程度上起到了事后控制的作用,但在实际运作中仍存在一些不足。一方面,聘请律师或设立法律事务机构往往是在企业面临法律纠纷或风险事件后才采取的行动,这种事后补救的方式虽然能够减少损失,但对于已经发生的损害往往无法完全弥补。另一方面,企业在聘请律师或设立法律事务机构时,往往只注重解决具体的法律问题,而忽视了法律风险防控的整体性和系统性。这导致企业在面对复杂多变的法律环境时,难以迅速做出反应并采取有效措施。

基于上述背景,本书以海洋石油企业为切入点,更加重视事前预防和事中控制,研究并分析如何在海洋石油企业的具体运营中构建法律风险防范体系,将法律风险防控纳入企业日常管理和运营中,从而实现以下目的。

第一,助力企业树立主体意识,充分认识到在当前国际政治经济局势下,海洋石油企业所面临的特殊及未知的法律风险及其潜在的巨大危害。同时,企业需要明确建设与健全法律风险防范体系在运营管理体系中的重要性,以确保依法决策和依法管理。

第二,通过事前预防、事中控制和事后救济相结合的方式,帮助企业系统地识别和解决法律风险问题,并充分发挥法律对企业经营发展的保障作用。

第三,积极探索建立适合企业自身特点的法律风险防范体系,总结并提出构建海洋石油企业法律风险防范体系的要素,以建立一套预警、防范、控制法律风险的机制,降低海洋石油企业的经营风险。

# 第一章

## 企业法律风险防范理论概述

## 第一节　企业法律风险概述

### 一、企业法律风险的概念

我国现行法律并未给企业法律风险下一个明确的定义。学术界从不同的角度对企业法律风险进行了定义。有学者认为："企业法律风险指的是在企业经营管理的过程中，由于行为人的过失导致了目标不能实现，违背了法律条款，给企业带来损失的严重后果。"[1] 有学者认为："从整体角度来看，企业法律风险定义为由法律引起的损害，包括企业所承担的利润损失以及潜在损害。"[2] 也有学者认为："企业法律风险是指基于法律规定或合同约定，由于企业外部法律环境发生变化或法律主体的作为及不作为，而对企业产生负面法律责任或后果的可能性。"[3]

《企业法律风险管理指南》第三条第一款规定："企业法律风险是指基于法律规定、监管要求或合同约定，由于企业外部环境及其变化，或企业及其利益相关者的作为或不作为，对企业目标产生的影响。"[4]

### 二、企业法律风险的成因

导致企业存在法律风险的要素有很多，但主要包括法律风险环境要素和企业本身的原因，其中以企业本身的原因为主要要素。

第一，关于法律风险的环境因素。企业在运营过程中会遇到多种多样的法律风险环境因素，这些因素主要包括企业在其存在期间所处的特定区域内的法律法规体系的完善

---

① 向飞，陈友春.企业法律风险评估[M].北京：法律出版社，2006.

② 吕伟.以推行企业法律顾问制度为契机，强化企业法律风险防范体系建设[J].江西冶金，2005，25（4）：1-3.

③ 陈丽洁，企业法律风险管理的创新与实践——用管理的方法解决法律问题[M].北京：法律出版社，2009.

④ 国家标准化委员会《企业法律风险管理指南》（GB/T 27914—2011），2012年2月1日发布。

程度、法律法规的实际执行状况,以及社会整体对法治的认识和重视程度等。这些环境因素对企业的法律风险管理具有重要影响。当前,中国特色社会主义法律体系已经形成。中国特色社会主义法律体系是在充分考虑中国国情和实际需求的基础上构建的,它顺应了改革开放和社会主义现代化建设的发展要求。该法律体系以宪法为核心,以与宪法直接相关的法律,如民商法、行政法、经济法为主体框架,同时包括法律、行政法规、地方性法规以及自治条例、单行条例等不同层级的法律规范。这一体系的形成,标志着中国法律体系的完善和成熟,为国家治理和社会管理提供了坚实的法治保障。

党的十八大以来,我国的立法工作展现出了任务繁重、影响广泛、进程迅速和质量优良的特征。截至目前,我国现行有效的法律超 300 件,这些法律为国家法治建设和社会发展提供了坚实的法律基础。除此之外,行政法规、地方性法规、行政规章、司法解释等数量巨大。法律规范体系不仅十分庞大,还一直处于动态调整中,企业在理解与适用现行法律规范的过程中势必存在诸多法律风险。

第二,企业内部因素是导致法律风险的关键因素。这些因素主要包括企业对于风险防范的意识不够强、法律事务管理体系尚不完善、缺乏专业的法律事务人员、风险的识别与评估方法不够先进或不全面、法律事务管理规章制度的实施不够彻底,以及对知识产权的保护措施不够及时等。这些内部因素可能使企业在面对法律风险时反应迟缓或处理不当,从而影响企业的稳定运营和持续发展。

# 第二节 企业法律风险防范体系概述

## 一、企业法律风险防范体系的概念

企业应立足于企业战略层面,从高层规划着手,与企业的日常运营流程紧密结合,创建一套高效能的法律风险预防和控制体系。该体系致力于全面识别、评估并防范潜在的法律风险,确保企业能够通过这一坚实的法律风险防御机制,有效抵御各种法律风险的侵害。

## 二、企业法律风险防范体系的主要内容

法律风险防范体系的构建关键在于强化对法律风险的管理。依据《企业法律风险管理指南》[①],法律风险管理作为企业全面风险管理的一个关键组成部分,应贯穿于企业决策制定和经营管理的全过程。法律风险管理涵盖了一系列活动,主要包括搜集和分析法律风险环境的信息、对法律风险进行评估、制定并执行法律风险应对措施,以及对法律风险管理工作进行监督和检查。这些活动的有序开展,有助于企业更好地识别、评估、控制和降低法律风险,从而保障企业的稳健运营和可持续发展。

---

① 国家标准化委员会《企业法律风险管理指南》(GB/T 27914—2011),2012 年 2 月 1 日发布。

**（一）明确法律风险环境信息**

确定法律风险环境信息涉及采用恰当的方法对企业内外部环境中与法律风险相关的信息进行搜集、分析、整理和总结的一系列行动。这一过程是后续法律风险管理工作得以有效开展的关键前提。确定法律风险环境信息是一个持续的过程，需要定期更新法律风险环境信息以保持其时效性。

1. 外部法律风险环境信息

外部法律风险环境信息包括与企业法律风险管理相关的政治、经济、文化、法律等方面的信息。具体内容包括：

（1）行业业务模式和特征。

（2）国内外政治、经济、文化、技术及自然环境等相关因素。

（3）国内外立法、司法、执法和守法状况及其变动。

（4）监管机构、政策及其执行情况。

（5）主要外部利益相关者对法律、合同和道德规范的遵守情况。

（6）其他与企业法律风险及其管理相关的信息。

2. 内部法律风险环境信息

内部法律风险环境信息涉及企业内部与法律风险及其管理相关的信息，包括法律风险的历史和现状。这些信息包括：

（1）企业的主要运营流程、部门职责等相关信息。

（2）企业在法律风险管理方面的指导思想、愿景和价值观。

（3）法律风险管理的目标、职责、相关制度和资源配置。

（4）当前法律事务和法律风险管理的状况。

（5）内部利益相关者的法律遵守情况及其激励和约束机制。

（6）重大合同的签订和管理情况。

（7）重大法律纠纷案件或法律风险事件的情况。

（8）企业内部的法律法规数据库和法律风险数据库。

（9）其他与法律风险及其管理相关的信息。

**（二）法律风险评估**

法律风险评估过程由风险识别、风险分析和风险评价三个阶段组成。

1. 风险识别阶段

首先，需要在企业的不同业务部门、关键经营活动和主要业务流程中搜寻潜在的法律风险；随后，对这些风险进行详细的描述和分类，并分析其成因、影响范围和可能带来的后果；最终，形成一份全面的企业法律风险清单。

2. 风险分析阶段

对已识别的法律风险进行深入的定性分析和定量分析，探讨风险的根源、风险事件发生的可能性及事件的潜在影响,同时,评估影响风险发生概率和后果的各种因素,为风险评价和制定应对策略提供依据。

3.风险评价阶段

将风险分析的结果与企业设定的法律风险标准进行对比,或者在多个风险分析结果之间进行比较,以确定各类法律风险的等级,辅助企业在法律风险管理中做出明智的决策。

### (三)法律风险应对措施

法律风险应对措施是企业为了将法律风险控制在可接受的范围内而采取的一系列行动。这个过程包括确定法律风险应对策略、评估当前的应对状况以及制订和执行具体的法律风险应对计划。

### (四)监督和检查

企业需要持续监控内外部法律风险环境的变化,并及时对法律风险管理流程的执行情况进行监督和审查。这确保了法律风险应对计划的有效实施,并允许企业根据审查中发现的问题对法律风险管理活动进行持续的优化和改进。监督与审查环节是法律风险管理流程中不可或缺的部分,它确保了法律风险管理能够持续进行自我完善和提升。

# 第二章
## 明确海洋石油企业法律风险环境信息

海洋石油企业以海上油气田的开发为主要经营范围,石油天然气开采业作为国民经济的重要支柱之一,其发展关系到国民经济的发展和国家安全,而海洋油气开发则在石油天然气开采业中占据重要地位。全国第四次油气调查数据显示,海洋石油剩余技术可采储量占中国石油剩余技术可采储量的34%;海洋天然气剩余技术可采储量占中国天然气剩余技术可采储量的52%。

如前所述,明确海洋石油企业法律风险环境信息,是对企业内外部环境中与法律风险相关的信息进行收集、分析、整理、归纳的一系列活动。明确海洋石油企业法律风险环境信息,是后续建立健全法律风险防范体系的基础。

## 第一节　海洋石油企业所面临的外部法律风险环境信息

外部法律风险环境是指客观存在于企业外部、不以企业的意志为改变的一种状态,主要包括政治、经济、文化、法律、自然等相关信息。结合海洋石油企业,本书只针对以下几项外部法律风险环境进行分析。

### 一、本行业的业务模式及特点

与陆地油气勘探相比,海洋石油勘探与开发需要更多的资金投入和更高的技术标准。随着作业水深的增加,开发所面临的挑战越来越多。为了应对这些挑战,必须运用一系列尖端科学技术,包括但不限于先进的造船技术、卫星导航与电子计算机技术、现代化的机械制造、电机与液压技术,以及现代环保和防腐技术等。这些综合技术的应用旨在解决海洋石油勘探和开发过程中的一系列问题,如在浮动环境下进行钻井作业、完井操作、油气水的分离处理、废水的处理排放,以及海上油气的存储和运输。通过有效整合和应用这些技术,确保海洋石油勘探与开发活动的顺利进行,同时,保障环境的可持续性和开发的经济性。

除此之外,海洋石油勘探开发还涉及海域使用问题,包括石油平台、油气开采用栈桥、浮式储油装置、输油管道、油气开采用人工岛及其连陆或连岛道路等所使用的海域。

其中,

石油平台及浮式生产储油装置(含立管和系泊系统)等所使用的海域,用海方式为平台式油气开采;

油气开采用栈桥所使用的海域,用海方式为透水构筑物;

输油管道所使用的海域,用海方式为海底电缆管道;

油气开采用人工岛所使用的海域,用海方式为人工岛式油气开采;

油气开采用人工岛的连陆或连岛道路(含涵洞式)等所使用的海域,用海方式为非透水构筑物。

## 二、宏观经济风险

企业所处行业与宏观经济密切相关,当前,海洋石油企业面临的宏观经济风险主要包括以下几个方面:一是全球经济增速放缓,全球经济增速放缓可能影响能源需求的增长,尤其是对石油的需求;可能导致能源消费下降,进而影响海洋石油企业的盈利能力和投资回报。二是地缘政治紧张局势,如俄乌冲突,可能导致能源供应中断或不稳定,影响全球能源市场,进而对海洋石油企业的运营和市场预期造成影响。三是国际原油和天然气价格的波动对海洋石油企业具有重大影响。其价格的下跌会直接影响企业的收入和利润,而价格的上涨可能导致生产成本增加和市场需求下降。四是全球主要经济体的货币政策调整影响企业的财务状况和投资决策。五是全球范围内对环境保护和低碳发展日益重视,可能导致对传统化石能源的限制和对可再生能源的支持,这要求海洋石油企业在维持传统业务的同时,考虑转型和可持续发展。六是技术的进步和创新可能改变能源行业的格局,如提高能源效率和新能源技术的发展可能减少对传统石油资源的依赖,这对海洋石油企业的发展构成挑战。七是由于海洋石油企业往往涉及跨国经营,汇率波动可能影响企业的收入和成本,尤其是那些以美元计价但成本支出在当地形成的企业。

海洋石油企业在面对这些宏观经济风险时,需要采取有效的风险管理措施,如多元化投资、对冲策略、成本控制和市场预测,以确保企业的稳健运营和长期发展。同时,企业需要密切关注全球经济和政策动向,以便及时调整战略和应对措施。

## 三、行业主管部门及监管体制

石油和天然气行业涉及国家能源安全,与国家经济命脉紧密相关,受到政府部门的高度重视和管控。企业想进入石油及天然气勘探开发与生产行业,需要各级主管部门的审批和监督。目前,行业主管部门包括国家发展和改革委员会(以下简称"发改委")、自然资源部、国家能源局、应急管理部、生态环境部等。此外,行业自律性管理组织为中国石油和化学工业联合会。上述政府部门及管理组织在油气行业涉及的主要职责如表 2.1 所列。

表2.1 石油、天然气行业监管部门及管理组织主要职责概览

| 监管部门/自律组织 | 主要职责 |
| --- | --- |
| 发改委 | 拟订并组织实施国民经济和社会发展战略、中长期规划和年度计划;提出加快建设现代化经济体系、推动高质量发展的总体目标、重大任务以及相关政策;统筹提出国民经济和社会发展主要目标,监测预测预警宏观经济和社会发展态势趋势,提出宏观调控政策建议;推进实施可持续发展战略,推动生态文明建设和改革,协调生态环境保护与修复、能源资源节约和综合利用等工作等 |
| 自然资源部 | 履行全民所有土地、矿产、森林、草原、湿地、水、海洋等自然资源资产所有者职责和所有国土空间用途管制职责;负责自然资源调查监测评价;负责自然资源统一确权登记工作;负责自然资源资产有偿使用工作;负责自然资源的合理开发利用;负责管理地质勘查行业和全国地质工作;负责矿产资源管理工作;负责监督实施海洋战略规划和发展海洋经济;负责海洋开发利用和保护的监督管理工作等 |
| 国家能源局 | 负责起草能源发展和有关监督管理的法律法规送审稿和规章,拟订并组织实施能源发展战略、规划和政策,推进能源体制改革,拟订有关改革方案,协调能源发展和改革中的重大问题;组织制定煤炭、石油、天然气、电力、新能源、可再生能源等能源以及炼油、煤制燃料、燃料乙醇的产业政策及相关标准;负责能源预测预警,发布能源信息,参与能源运行调节和应急保障,拟订国家石油、天然气储备规划、政策并实施管理等 |
| 应急管理部 | 组织编制国家应急总体预案和规划,指导各地区各部门应对突发事件工作,推动应急预案体系建设和预案演练等 |
| 生态环境部 | 负责建立健全生态环境基本制度;负责重大生态环境问题的统筹协调和监督管理;负责监督管理国家减排目标的落实;负责环境污染防治的监督管理;指导协调和监督生态保护修复工作;负责生态环境监测工作等 |
| 中国石油和化学工业联合会 | 开展行业经济发展调查研究,向政府提出有关经济政策和立法方面的意见与建议;开展行业统计调查工作,建立统计调查制度,负责统计信息的收集、分析、研究和发布等 |

**四、行业主要法律法规**

随着我国国民经济的快速增长、能源需求的日益增加,海洋石油勘探开发相关法律法规体系和行业监管体系正在不断地完善和发展。

通过前期梳理与海洋石油勘探开发相关的法律规范,形成了一个包含法律、行政法规、地方性法规、部门规章、地方政府规章以及规范性文件的海洋石油勘探开发法律体系,具体情况如下所述。

**（一）法律及法律解释**

全国人民代表大会（以下简称"全国人大"）和全国人民代表大会常务委员会（以下简称"全国人大常委会"）行使国家立法权,其中全国人大制定的法律被称作基本法律,

全国人大常委会制定的法律则被称作普通法律或一般法律。全国人大常委会的法律解释同法律具有同等效力。司法解释是立法机关授予最高人民法院和最高人民检察院(以下简称"两高")在审判和检察监督过程中对适用法律问题所做出的具有法律效力的阐释和说明的权力。司法解释具有法律效力,但不可以与其上位法相冲突,法院判决时可以直接引用司法解释。

与海洋石油勘探开发相关的法律及司法解释,如表 2.2 所列。

表 2.2　与海洋石油勘探开发相关的法律及司法解释概览

| 序号 | 法律 | 发文机关 | 首次发文时间 | 修正/修订时间 |
|---|---|---|---|---|
| 1 | 《中华人民共和国海洋环境保护法》 | 全国人大常委会 | 1982 年 8 月 23 日 | 2023 年 10 月 24 日 |
| 2 | 《中华人民共和国海上交通安全法》 | 全国人大常委会 | 1983 年 9 月 2 日 | 2021 年 4 月 29 日 |
| 3 | 《中华人民共和国渔业法》 | 全国人大常委会 | 1986 年 1 月 20 日 | 2013 年 12 月 28 日 |
| 4 | 《中华人民共和国矿产资源法》 | 全国人大常委会 | 1986 年 3 月 19 日 | 2014 年 11 月 8 日 |
| 5 | 《中华人民共和国环境保护法》 | 全国人大常委会 | 1989 年 12 月 26 日 | 2014 年 4 月 24 日 |
| 6 | 《中华人民共和国矿山安全法》 | 全国人大常委会 | 1992 年 11 月 7 日 | 2009 年 8 月 27 日 |
| 7 | 《中华人民共和国海商法》 | 全国人大常委会 | 1992 年 11 月 7 日 | —— |
| 8 | 《中华人民共和国行政处罚法》 | 全国人大常委会 | 1996 年 3 月 17 日 | 2021 年 1 月 22 日 |
| 9 | 《中华人民共和国节约能源法》 | 全国人大常委会 | 1997 年 11 月 1 日 | 2018 年 10 月 26 日 |
| 10 | 《中华人民共和国消防法》 | 全国人大常委会 | 1998 年 4 月 29 日 | 2021 年 4 月 29 日 |
| 11 | 《中华人民共和国行政复议法》 | 全国人大常委会 | 1999 年 4 月 29 日 | 2023 年 9 月 1 日 |
| 12 | 《中华人民共和国职业病防治法》 | 全国人大常委会 | 2001 年 10 月 27 日 | 2018 年 12 月 29 日 |
| 13 | 《中华人民共和国海域使用管理法》 | 全国人大常委会 | 2001 年 10 月 27 日 | —— |
| 14 | 《中华人民共和国安全生产法》 | 全国人大常委会 | 2002 年 6 月 29 日 | 2021 年 6 月 10 日 |
| 15 | 《中华人民共和国清洁生产促进法》 | 全国人大常委会 | 2002 年 6 月 29 日 | 2012 年 2 月 29 日 |
| 16 | 《中华人民共和国环境影响评价法》 | 全国人大常委会 | 2002 年 10 月 28 日 | 2018 年 12 月 29 日 |

| 序号 | 法律 | 发文机关 | 首次发文时间 | 修正/修订时间 |
|---|---|---|---|---|
| 17 | 《中华人民共和国可再生能源法》 | 全国人大常委会 | 2005 年 2 月 28 日 | 2009 年 12 月 26 日 |
| 18 | 《中华人民共和国突发事件应对法》 | 全国人大常委会 | 2007 年 8 月 30 日 | 2024 年 6 月 28 日 |
| 19 | 《中华人民共和国石油天然气管道保护法》 | 全国人大常委会 | 2010 年 6 月 25 日 | —— |
| 20 | 《中华人民共和国特种设备安全法》 | 全国人大常委会 | 2013 年 6 月 29 日 | —— |
| 21 | 《中华人民共和国环境保护税法》 | 全国人大常委会 | 2016 年 12 月 25 日 | 2018 年 10 月 26 日 |
| 22 | 《中华人民共和国资源税法》 | 全国人大常委会 | 2019 年 8 月 26 日 | —— |
| 23 | 《中华人民共和国海警法》 | 全国人大常委会 | 2021 年 1 月 22 日 | —— |
| 24 | 《中华人民共和国湿地保护法》 | 全国人大常委会 | 2021 年 12 月 24 日 | —— |
| 序号 | 司法解释/司法文件 | 发文机关 | 首次发文时间 | 修正/修订时间 |
| 1 | 《最高人民法院关于审理船舶碰撞和触碰案件财产损害赔偿的规定》 | 最高人民法院 | 1995 年 8 月 18 日 | 2020 年 12 月 29 日 |
| 2 | 《最高人民法院民事审判第四庭、中国海事局关于规范海上交通事故调查与海事案件审理工作的指导意见》 | 最高人民法院、海事局 | 2006 年 1 月 19 日 | —— |
| 3 | 《最高人民法院关于审理船舶油污损害赔偿纠纷案件若干问题的规定》 | 最高人民法院 | 2011 年 5 月 4 日 | 2020 年 12 月 29 日 |
| 4 | 《最高人民法院关于审理矿业权纠纷案件适用法律若干问题的解释》 | 最高人民法院 | 2017 年 6 月 24 日 | 2020 年 12 月 29 日 |
| 5 | 《最高人民法院关于审理海洋自然资源与生态环境损害赔偿纠纷案件若干问题的规定》 | 最高人民法院 | 2017 年 12 月 29 日 | —— |

| 序号 | 司法解释/司法文件 | 发文机关 | 首次发文时间 | 修正/修订时间 |
|---|---|---|---|---|
| 6 | 《最高人民法院关于审理生态环境侵权纠纷案件适用惩罚性赔偿的解释》 | 最高人民法院 | 2022 年 1 月 12 日 | —— |
| 7 | 《最高人民法院、最高人民检察院关于办理海洋自然资源与生态环境公益诉讼案件若干问题的规定》 | "两高" | 2022 年 5 月 10 日 | —— |
| 8 | 《最高人民法院关于审理生态环境侵权责任纠纷案件适用法律若干问题的解释》 | 最高人民法院 | 2023 年 8 月 14 日 | —— |

## （二）行政法规

国务院根据宪法和法律制定与海洋石油勘探开发相关的行政法规，如表 2.3 所列。

表 2.3　与海洋石油勘探开发相关的行政法规概览

| 序号 | 行政法规 | 发文机关 | 首次发文时间 | 修正/修订时间 |
|---|---|---|---|---|
| 1 | 《中华人民共和国对外合作开采海洋石油资源条例》 | 国务院 | 1982 年 1 月 30 日 | 2013 年 7 月 18 日 |
| 2 | 《中华人民共和国海洋石油勘探开发环境保护管理条例》 | 国务院 | 1983 年 12 月 29 日 | —— |
| 3 | 《中华人民共和国海洋倾废管理条例》 | 国务院 | 1985 年 3 月 6 日 | 2017 年 3 月 1 日 |
| 4 | 《铺设海底电缆管道管理规定》 | 国务院 | 1989 年 2 月 11 日 | —— |
| 5 | 《中华人民共和国防治陆源污染物污染损害海洋环境管理条例》 | 国务院 | 1990 年 6 月 22 日 | —— |
| 6 | 《中华人民共和国防治海岸工程建设项目污染损害海洋环境管理条例》 | 国务院 | 1990 年 6 月 25 日 | 2018 年 3 月 19 日 |
| 7 | 《中华人民共和国船舶和海上设施检验条例》 | 国务院 | 1993 年 2 月 14 日 | 2019 年 3 月 2 日 |
| 8 | 《中华人民共和国矿产资源法实施细则》 | 国务院 | 1994 年 3 月 26 日 | —— |
| 9 | 《中华人民共和国自然保护区条例》 | 国务院 | 1994 年 10 月 9 日 | 2017 年 10 月 7 日 |

续表

| 序号 | 行政法规 | 发文机关 | 首次发文时间 | 修正/修订时间 |
|---|---|---|---|---|
| 10 | 《中华人民共和国监控化学品管理条例》 | 国务院 | 1995 年 12 月 27 日 | 2011 年 1 月 8 日 |
| 11 | 《探矿权采矿权转让管理办法》 | 国务院 | 1998 年 2 月 12 日 | 2014 年 7 月 29 日 |
| 12 | 《矿产资源开采登记管理办法》 | 国务院 | 1998 年 2 月 12 日 | 2014 年 7 月 29 日 |
| 13 | 《矿产资源勘查区块登记管理办法》 | 国务院 | 1998 年 2 月 12 日 | 2014 年 7 月 29 日 |
| 14 | 《国务院对确需保留的行政审批项目设定行政许可的决定》 | 国务院 | 2004 年 6 月 29 日 | 2016 年 8 月 25 日 |
| 15 | 《防治海洋工程建设项目污染损害海洋环境管理条例》 | 国务院 | 2006 年 9 月 19 日 | 2018 年 3 月 19 日 |
| 16 | 《规划环境影响评价条例》 | 国务院 | 2009 年 8 月 17 日 | —— |
| 17 | 《防治船舶污染海洋环境管理条例》 | 国务院 | 2009 年 9 月 9 日 | 2018 年 3 月 19 日 |
| 18 | 《海洋观测预报管理条例》 | 国务院 | 2012 年 3 月 1 日 | 2023 年 7 月 20 日 |
| 19 | 《防止拆船污染环境管理条例》 | 国务院 | 2017 年 3 月 1 日 | |
| 20 | 《中华人民共和国环境保护税法实施条例》 | 国务院 | 2017 年 12 月 25 日 | —— |
| 21 | 《生产安全事故应急条例》 | 国务院 | 2019 年 2 月 17 日 | —— |
| 22 | 《排污许可管理条例》 | 国务院 | 2021 年 1 月 24 日 | —— |

**（三）地方性法规**

省、自治区、直辖市的人民代表大会及其常务委员会根据本行政区域的具体情况和实际需要，可以制定地方性法规。设区的市人民代表大会及其常务委员会根据本市的具体情况和实际需要，可以对城乡建设与管理、环境保护、历史文化保护等方面的事项制定地方性法规。

以山东省为例，与海洋石油勘探开发相关的地方性法规如表 2.4 所列。

表 2.4　与海洋石油勘探开发相关的地方性法规概览

| 序号 | 省级地方性法规 | 发文机关 | 首次发文时间 | 修正/修订时间 |
|---|---|---|---|---|
| 1 | 《山东省实施〈中华人民共和国渔业法〉办法》 | 山东省人大及其常委会 | 1987 年 9 月 1 日 | 2018 年 1 月 23 日 |
| 2 | 《山东省行政处罚听证程序实施办法》 | 山东省人民政府 | 1997 年 6 月 24 日 | 2024 年 1 月 4 日 |

| 序号 | 省级地方性法规 | 发文机关 | 首次发文时间 | 修正/修订时间 |
|------|------|------|------|------|
| 3 | 《山东省海域使用管理条例》 | 山东省人大及其常委会 | 2003 年 9 月 26 日 | 2015 年 7 月 24 日 |
| 4 | 《山东省海洋环境保护条例》 | 山东省人大及其常委会 | 2004 年 9 月 23 日 | 2018 年 11 月 30 日 |

### （四）部门规章与地方政府规章

国务院各部、委员会、中国人民银行、审计署和具有行政管理职能的直属机构,可以根据法律和国务院的行政法规、决定、命令,在本部门的权限范围内制定部门规章。部门规章规定的事项应当属于执行法律或者国务院的行政法规、决定、命令的事项。

省、自治区、直辖市和设区的市、自治州的人民政府,可以根据法律、行政法规和本省、自治区、直辖市的地方性法规制定地方政府规章。没有法律、行政法规、地方性法规的依据,地方政府规章、部门规章不得设定减损公民、法人和其他组织权利或者增加其义务的规范。

与海洋石油勘探开发相关的部门规章与地方政府规章(以山东省为例),如表 2.5 所列。

表 2.5　与海洋石油勘探开发相关的部门规章与地方政府规章概览

| 序号 | 部门规章 | 发文机关 | 首次发文时间 | 修正/修订时间 |
|------|------|------|------|------|
| 1 | 《中华人民共和国海洋石油勘探开发环境保护管理条例实施办法》 | 国土资源部① | 1990 年 9 月 20 日 | 2016 年 1 月 5 日 |
| 2 | 《中华人民共和国海洋倾废管理条例实施办法》 | 国土资源部 | 1990 年 9 月 25 日 | 2017 年 12 月 29 日 |
| 3 | 《铺设海底电缆管道管理规定实施办法》 | 国家海洋局② | 1992 年 8 月 26 日 | —— |
| 4 | 《环境保护法规解释管理办法》 | 国家环境保护总局 | 1998 年 12 月 8 日 | |
| 5 | 《海洋行政处罚实施办法》 | 国土资源部 | 2002 年 12 月 25 日 | —— |
| 6 | 《海底电缆管道保护规定》 | 国土资源部 | 2024 年 1 月 9 日 | —— |

---

① 2018 年 3 月,《国务院机构改革方案》公布,要求整合国土资源部和其他多个部门的职能,组建自然资源部,不再保留国土资源部。该文件系 2018 年 3 月前发布,故保留原称。

② 2018 年 3 月,《国务院机构改革方案》公布,组建自然资源部,不再保留国家海洋局。该文件系 2018 年 3 月前发布,故保留原称。

| 序号 | 部门规章 | 发文机关 | 首次发文时间 | 修正/修订时间 |
|---|---|---|---|---|
| 7 | 《海洋石油安全生产规定》 | 国家安全生产监督管理总局① | 2006年2月7日 | 2015年5月26日 |
| 8 | 《海域使用管理违法违纪行为处分规定》 | 财政部、人事部 | 2008年2月26日 | —— |
| 9 | 《海洋石油安全管理细则》 | 国家安全生产监督管理总局 | 2009年9月7日 | 2015年5月26日 |
| 10 | 《海上油气生产设施废弃处置管理暂行规定》 | 发改委、国家能源局、财政部、国家税务总局、国家海洋局 | 2010年6月23日 | —— |
| 11 | 《中华人民共和国船舶及其有关作业活动污染海洋环境防治管理规定》 | 交通运输部 | 2010年11月6日 | 2017年5月23日 |
| 12 | 《中华人民共和国船舶污染海洋环境应急防备和应急处置管理规定》 | 交通运输部 | 2011年1月27日 | 2019年11月28日 |
| 13 | 《中华人民共和国海上船舶污染事故调查处理规定》 | 交通运输部 | 2011年11月14日 | 2021年9月3日 |
| 14 | 《水上交通事故统计办法》 | 交通运输部 | 2014年9月30日 | 2021年9月1日 |
| 15 | 《环境保护主管部门实施按日连续处罚办法》 | 环境保护部② | 2014年12月19日 | —— |
| 16 | 《环境保护主管部门实施限制生产、停产整治办法》 | 环境保护部 | 2014年12月19日 | —— |
| 17 | 《建设项目环境影响后评价管理办法（试行）》 | 环境保护部 | 2015年12月10日 | —— |
| 18 | 《海洋观测站点管理办法》 | 国土资源部 | 2017年6月7日 | 2019年7月24日 |
| 19 | 《海洋观测资料管理办法》 | 国土资源部 | 2017年6月7日 | —— |
| 20 | 《环境影响评价公众参与办法》 | 生态环境部 | 2018年7月16日 | —— |

---

① 2018年3月，《国务院机构改革方案》公布，组建应急管理部，不再保留国家安全生产监督管理总局。该文件系2018年3月前发布，故保留原称。

② 2018年3月，《国务院机构改革方案》公布，组建生态环境部，不再保留环境保护法。该文件系2018年3月前发布，故保留原称。

续表

| 序号 | 部门规章 | 发文机关 | 首次发文时间 | 修正/修订时间 |
|---|---|---|---|---|
| 21 | 《建设项目环境影响报告书(表)编制监督管理办法》 | 生态环境部 | 2019年9月20日 | —— |
| 22 | 《生态环境部建设项目环境影响报告书(表)审批程序规定》 | 生态环境部 | 2020年11月23日 | —— |
| 23 | 《建设项目环境影响评价分类管理名录(2021年版)》 | 生态环境部 | 2020年11月30日 | —— |
| 24 | 《企业环境信息依法披露管理办法》 | 生态环境部 | 2021年12月11日 | —— |
| 25 | 《生态环境行政处罚办法》 | 生态环境部 | 2023年5月8日 | —— |
| 26 | 《生态环境部行政复议办法》 | 生态环境部 | 2024年4月11日 | —— |
| 27 | 《中华人民共和国海上海事行政处罚规定》 | 交通运输部 | 2021年9月1日 | —— |
| 28 | 《渔业水域污染事故调查处理程序规定》 | 农业部① | 1997年3月26日 | —— |
| 序号 | 地方政府规章 | 发文机关 | 首次发文时间 | 修正/修订时间 |
| 1 | 《山东省浅海滩涂养殖管理规定》 | 山东省人民政府 | 1992年11月16日 | 2014年10月28日 |

综上,在我国这种多元主体的立法体制下,法律体系呈现出一个复合金字塔形的位阶形式,法律之间的位阶关系大致如下:① 宪法为第一位阶;② 基本法律为第二位阶;③ 普通法律为第三位阶;④ 行政法规为第四位阶;⑤ 地方性法规、自治条例、单行条例为第五位阶;⑥ 部门规章、地方政府规章为第六位阶②。上述位阶关系如图2.1所示。

当然,上述六位阶均属于法律的范畴,但在实践中,行政机关为科学地领导或管理各项工作,会依照法定职权、按照规定程序制定对行政法律关系主体具有普遍约束力的除行政法规、规章以外的其他各类行政性文件,统称为其他规范性文件。其不属于法律范畴,但在海洋石油勘探开发过程中,其他规范性文件的数量占主要部分,详见下文。

---

① 2018年3月,《国务院机构改革方案》公布,农业部被撤销,并设立了农业农村部。该文件系2018年3月前发布,故保留原称。

② 张强,梅扬. 论法律位阶的概念及其划分标准——兼议《立法法》第87—91条的修正[J]. 东华大学学报(社会科学版),2015(4):173-178.

### （五）其他规范性文件

其他规范性文件范围包括以下方面：① 国务院制定的行政法规以外的具有普遍约束力的决定、命令；② 国务院各部门制定的部门规章以外的具有普遍约束力的决定、命令；③ 有规章制定权的地方政府制定的政府规章以外的具有普遍约束力的决定、命令；④ 其他地方各级人民政府制定的具有普遍约束力的决定、命令。

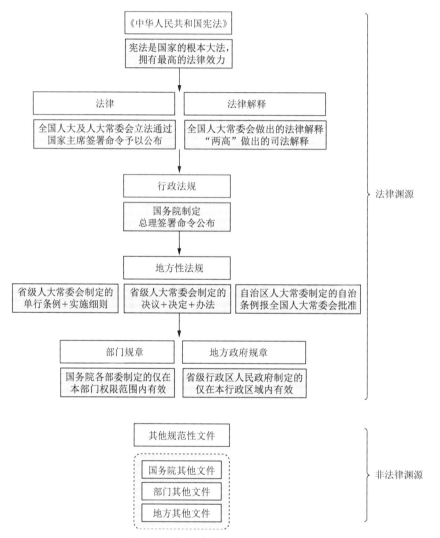

图 2.1　我国法律体系的位阶关系

根据《中华人民共和国宪法》（以下简称《宪法》）和《地方各级人民代表大会和地方各级人民政府组织法》，所有行政机关，上至国务院、下至乡镇人民政府及县级以上人民政府各部门，都有权制定其他规范性文件，其效力等级与制定主体无关，因为非法律渊源性其他规范性文件的效力并不理所当然低于法律渊源，如《中华人民共和国立法法》（以下简称《立法法》）第九十一条第二款规定："部门规章规定的事项应当属于执行法律或者国务院的行政法规、决定、命令的事项。"也就是说，国务院发布的决定或命令的效力高于部门规章。

综上所述,在海洋石油勘探开发的实际操作中,由于缺乏有效的后续监管和更新机制,一些已出台的规范性文件在实施后未能得到适时的审视和修订。这导致了一些问题的出现:部分规范性文件之间存在冲突和矛盾,使得执行机构和海洋石油企业在遵守法规时感到困惑和无所适从;有些规范已经明显落后于社会发展和实际情况的需求,实际上已经失去了应有的效力和作用;还有一些规范性文件与当前的改革方向或国家政策不符,对海洋石油企业的发展构成了障碍。这些情况构成了海洋石油企业当前面临的、亟须解决的外部法律风险问题。

与海洋石油勘探开发相关的国务院其他文件,如表2.6所列。

表2.6　与海洋石油勘探开发相关的国务院其他文件概览

| 序号 | 国务院其他文件 | 发文机关 | 发文时间 | 发文字号 |
|---|---|---|---|---|
| 1 | 《国务院办公厅关于开展勘定省县两级海域行政区域界线工作有关问题的通知》 | 国务院办公厅 | 2002年2月11日 | 国办发〔2002〕12号 |
| 2 | 《国务院办公厅关于沿海省、自治区、直辖市审批项目用海有关问题的通知》 | 国务院办公厅 | 2002年7月6日 | 国办发〔2002〕36号 |
| 3 | 《国务院办公厅关于印发〈国家突发环境事件应急预案〉的通知》 | 国务院办公厅 | 2014年12月29日 | 国办函〔2014〕119号 |
| 4 | 《国务院办公厅关于鼓励和支持社会资本参与生态保护修复的意见》 | 国务院办公厅 | 2021年10月25日 | 国办发〔2021〕40号 |
| 5 | 《国务院办公厅关于全面实行行政许可事项清单管理的通知》 | 国务院办公厅 | 2022年1月30日 | 国办发〔2022〕2号 |
| 6 | 《国务院办公厅关于进一步规范行政裁量权基准制定和管理工作的意见》 | 国务院办公厅 | 2022年7月29日 | 国办发〔2022〕27号 |
| 7 | 《国务院关于印发〈矿产资源权益金制度改革方案〉的通知》 | 国务院 | 2017年4月13日 | 国发〔2017〕29号 |
| 8 | 《国务院关于加强滨海湿地保护严格管控围填海的通知》 | 国务院 | 2018年7月14日 | 国发〔2018〕24号 |
| 9 | 《国务院关于"十四五"海洋经济发展规划的批复》 | 国务院 | 2021年12月15日 | 国函〔2021〕131号 |
| 10 | 《国务院关于全国海洋功能区划的批复》 | 国务院 | 2002年8月22日 | 国函〔2002〕77号 |
| 11 | 《国务院关于国土资源部〈省级海洋功能区划审批办法〉的批复》 | 国务院 | 2003年3月7日 | 国函〔2003〕38号 |

| 序号 | 国务院其他文件 | 发文机关 | 发文时间 | 发文字号 |
|---|---|---|---|---|
| 12 | 《国务院关于国土资源部〈报国务院批准的项目用海审批办法〉的批复》 | 国务院 | 2003 年 4 月 19 日 | 国函〔2003〕44 号 |
| 13 | 《国务院关于山东省海洋功能区划(2011—2020 年)的批复》 | 国务院 | 2012 年 10 月 10 日 | 国函〔2012〕165 号 |
| 序号 | 部门其他文件 | 发文机关 | 发文时间 | 发文字号 |
| 1 | 《自然资源部关于规范海域使用论证材料编制的通知》 | 自然资源部 | 2021 年 1 月 8 日 | 自然资规〔2021〕1 号 |
| 2 | 《自然资源部、生态环境部、国家林业和草原局关于加强生态保护红线管理的通知(试行)》 | 自然资源部、生态环境部、国家林业局、草原局 | 2022 年 8 月 16 日 | 自然资发〔2022〕142 号 |
| 3 | 《自然资源部关于印发〈自然资源违法行为立案查处工作规程(试行)〉的通知》 | 自然资源部 | 2022 年 9 月 30 日 | 自然资发〔2022〕165 号 |
| 4 | 《国家海洋局关于印发〈临时海域使用管理暂行办法〉的通知》 | 国家海洋局 | 2003 年 8 月 20 日 | 国海发〔2003〕18 号 |
| 5 | 《国家海洋局关于加强区域建设用海管理工作的若干意见》 | 国家海洋局 | 2006 年 4 月 20 日 | 国海发〔2006〕14 号 |
| 6 | 《国家海洋局关于进一步规范海洋自然保护区内开发活动管理的若干意见》 | 国家海洋局 | 2006 年 9 月 22 日 | 国海发〔2006〕26 号 |
| 7 | 《国家海洋局关于印发〈海域使用权管理规定〉的通知》 | 国家海洋局 | 2006 年 10 月 13 日 | 国海发〔2006〕27 号 |
| 8 | 《国家海洋局关于印发〈海洋功能区划备案管理办法〉的通知》 | 国家海洋局 | 2008 年 5 月 6 日 | 国海发〔2008〕12 号 |
| 9 | 《国家海洋局关于印发〈海洋石油开发工程环境影响后评价管理暂行规定〉的通知》 | 国家海洋局 | 2003 年 10 月 27 日 | 国海环字〔2003〕346 号 |
| 10 | 《国家海洋局关于印发〈海域使用论证评审专家库管理办法〉的通知》 | 国家海洋局 | 2004 年 3 月 4 日 | 国海管字〔2004〕90 号 |
| 11 | 《国家海洋局海域管理司关于印发〈国家海域使用动态监视监测管理系统建设与管理的意见〉的通知》 | 国家海洋局 | 2006 年 3 月 27 日 | 国海管字〔2006〕134 号 |

| 序号 | 部门其他文件 | 发文机关 | 发文时间 | 发文字号 |
|---|---|---|---|---|
| 12 | 《国家海洋局关于印发〈海域使用权管理有关文书格式〉的通知》 | 国家海洋局 | 2007 年 3 月 29 日 | 国海管字〔2007〕193 号 |
| 13 | 《国家海洋局关于加强海上人工岛建设用海管理的意见》 | 国家海洋局 | 2007 年 4 月 4 日 | 国海管字〔2007〕91 号 |
| 14 | 《国家海洋局关于改进围填海造地工程平面设计的若干意见》 | 国家海洋局 | 2008 年 1 月 24 日 | 国海管字〔2008〕37 号 |
| 15 | 《国家海洋局关于印发〈国家海域使用动态监视监测管理系统业务化运行职责分工意见及数据资料管理办法〉的通知》 | 国家海洋局 | 2008 年 5 月 19 日 | 国海管字〔2008〕290 号 |
| 16 | 《国家海域使用动态监视监测管理系统传输网络管理办法》 | 国家海洋局 | 2008 年 7 月 24 日 | 国海管字〔2008〕363 号 |
| 17 | 《国家海洋局关于印发〈海域使用统计管理暂行办法〉的通知》 | 国家海洋局 | 2009 年 2 月 27 日 | 国海管字〔2009〕140 号 |
| 18 | 《国家海洋局关于进一步规范海域使用项目审批工作的意见》（2016 年修改） | 国家海洋局 | 2009 年 4 月 13 日 | 国海管字〔2009〕206 号 |
| 19 | 《国家海洋局关于进一步规范地方海域使用论证报告评审工作的若干意见》 | 国家海洋局 | 2009 年 4 月 15 日 | 国海管字〔2009〕210 号 |
| 20 | 《国家海洋局关于全面推进海域动态监视监测工作的意见》 | 国家海洋局 | 2011 年 4 月 18 日 | 国海管字〔2011〕222 号 |
| 21 | 《国家海洋局关于加强海域使用论证报告评审工作的意见》 | 国家海洋局 | 2011 年 12 月 6 日 | 国海管字〔2011〕838 号 |
| 22 | 《国家海洋局关于印发〈国家海洋局海洋石油勘探开发溢油应急预案〉的通知》 | 国家海洋局 | 2015 年 4 月 3 日 | —— |
| 23 | 《国家海洋局关于进一步规范海域使用论证管理工作的意见》 | 国家海洋局 | 2016 年 12 月 27 日 | 国海规范〔2016〕10 号 |
| 24 | 《国家海洋局关于铺设海底电缆管道管理有关事项的通知》 | 国家海洋局 | 2017 年 5 月 2 日 | 国海规范〔2017〕8 号 |
| 25 | 《国家海洋局关于印发〈深海海底区域资源勘探开发样品管理暂行办法〉的通知》 | 国家海洋局 | 2017 年 12 月 29 日 | 国海规范〔2017〕14 号 |

| 序号 | 部门其他文件 | 发文机关 | 发文时间 | 发文字号 |
|---|---|---|---|---|
| 26 | 《国家海洋局关于印发〈深海海底区域资源勘探开发资料管理暂行办法〉的通知》 | 国家海洋局 | 2017 年 12 月 29 日 | 国海规范〔2017〕15 号 |
| 27 | 《财政部、国家海洋局关于印发〈海域使用金减免管理办法〉的通知》 | 财政部、国家海洋局 | 2006 年 7 月 5 日 | 财综〔2006〕24 号 |
| 28 | 《财政部、国家海洋局关于加强海域使用金征收管理的通知》 | 财政部、国家海洋局 | 2007 年 1 月 24 日 | 财综〔2007〕10 号 |
| 29 | 《财政部、国家海洋局关于海域使用金减免管理等有关事项的通知》 | 财政部、国家海洋局 | 2008 年 9 月 12 日 | 财综〔2008〕71 号 |
| 30 | 《财政部、国家海洋局印发〈关于调整海域 无居民海岛使用金征收标准〉的通知》 | 财政部、国家海洋局 | 2018 年 3 月 13 日 | 财综〔2018〕15 号 |
| 31 | 《财政部、自然资源部、税务总局、人民银行关于将国有土地使用权出让收入、矿产资源专项收入、海域使用金、无居民海岛使用金四项政府非税收入划转税务部门征收有关问题的通知》 | 财政部、自然资源部、国家税务总局、中国人民银行 | 2021 年 5 月 21 日 | 财综〔2021〕19 号 |
| 32 | 《国家安全生产监督管理总局海洋石油作业安全办公室工作规则》 | 国家安全生产监督管理总局 | 2006 年 12 月 31 日 | 海油函〔2006〕80 号 |
| 序号 | 地方其他文件 | 发文机关 | 发文时间 | 发文字号 |
| 1 | 《山东省财政厅、省海洋与渔业厅关于进一步加强海域使用金征收管理的通知》 | 山东省财政厅、山东省海洋与渔业厅 | 2007 年 11 月 30 日 | 鲁财综〔2007〕108 号 |
| 2 | 《山东省财政厅、山东省自然资源厅关于印发〈山东省海域使用金征收标准〉的通知》 | 山东省财政厅、山东省自然资源厅 | 2021 年 2 月 19 日 | 鲁财综〔2021〕6 号 |
| 3 | 《山东省渤海海洋生态红线区划定方案(2013—2020 年)》 | 山东省生态环境厅 | 2019 年 5 月 24 日 | —— |
| 4 | 《山东省人民政府办公厅关于建立实施渤海海洋生态红线制度的意见》 | 山东省人民政府 | 2013 年 12 月 13 日 | 鲁政办发〔2013〕39 号 |
| 5 | 《关于山东省海岸线修测成果的批复》 | 山东省人民政府 | 2021 年 12 月 6 日 | 鲁政字〔2021〕206 号 |

| 序号 | 地方其他文件 | 发文机关 | 发文时间 | 发文字号 |
|---|---|---|---|---|
| 6 | 《山东省人民政府办公厅关于印发〈山东省"十四五"海洋经济发展规划〉的通知》 | 山东省人民政府 | 2021 年 10 月 26 日 | 鲁政办字〔2021〕120 号 |
| 7 | 《关于印发〈山东省海岸线修测成果〉的通知》 | 山东省自然资源厅 | 2021 年 12 月 13 日 | 鲁自然资发〔2021〕16 号 |

| 序号 | 党内规范性文件 | 发文机关 | 发文时间 |
|---|---|---|---|
| 1 | 《中共中央办公厅、国务院办公厅印发〈关于划定并严守生态保护红线的若干意见〉》 | 中共中央办公厅、国务院办公厅 | 2017 年 2 月 7 日 |
| 2 | 《中共中央办公厅、国务院办公厅印发〈关于在国土空间规划中统筹划定落实三条控制线的指导意见〉》 | 中共中央办公厅、国务院办公厅 | 2019 年 11 月 1 日 |
| 3 | 《中共中央办公厅、国务院办公厅印发〈关于深化生态保护补偿制度改革的意见〉》 | 中共中央办公厅、国务院办公厅 | 2021 年 9 月 12 日 |

## 五、行业政策

与海洋石油勘探开发相关的行业政策,如表 2.7 所列。

表 2.7　与海洋石油勘探开发相关的行业政策概览

| 序号 | 时间 | 名称 | 主要内容 |
|---|---|---|---|
| 1 | 2023 年 2 月 27 日 | 《加快油气勘探开发与新能源融合发展行动方案(2023—2025 年)》 | 统筹推进陆上油气勘探开发与风光发电,充分利用陆上油气田风能和太阳能资源禀赋较好、建设条件优越的优势,提升新能源就地消纳能力;统筹推进海上油气勘探开发与海上风电建设,通过海上风电开发为油气平台提供绿色电力,替代分散式燃气或燃油发电 |
| 2 | 2021 年 3 月 13 日 | 《中华人民共和国国民经济和社会发展第十四个五年规划和 2035 年远景目标纲要》 | ① 在类脑智能、量子信息、基因技术、未来网络、深海空天开发、氢能与储能等前沿科技和产业变革领域,组织实施未来产业孵化与加速计划,谋划布局一批未来产业;② 从国家急迫需要和长远需求出发,集中优势资源攻关新发突发传染病和生物安全风险防控、医药和医疗设备、关键元器件零部件和基础材料、油气勘探开发等领域关键核心技术;③ 加强重点盆地油气勘探开发,稳定渤海湾、松辽盆地老油区产量,建设川渝天然气生产基地;④ 有序放开油气勘探开发市场准入,加快深海、深层和非常规油气资源利用,推动油气增储上产;因地制宜地开发、利用地热能 |

### 六、自然环境风险

由于海洋石油平台项目的安装主要发生在海上,所以海上的环境变化对项目进度的影响显得尤为关键。其面临的自然环境风险主要包括以下几个方面。

(1)极端天气条件:海洋石油勘探开发活动常面临飓风、台风、海啸、巨浪等极端天气的威胁。这些天气现象可能导致设备损坏、作业中断,甚至造成人员伤亡和环境污染。

(2)海洋环境变化:海洋温度、海流、盐度等环境因素的变化可能影响钻井作业的稳定性和安全性。例如,水温的变化可能影响油气的流动性,而海流的变化可能导致钻井平台移位。

(3)海底地质条件:复杂的海底地质条件,如断层、沉积物不稳定、海底滑坡,可能对钻井作业造成困难,增加作业风险。

(4)海洋生物影响:海洋生物的活动,如珊瑚礁的生长、海洋生物的附着,可能对海洋石油设施造成损害或增加维护难度。

### 七、气候变化及环保政策趋严风险

随着全球对于气候变化问题的关注度日益增加以及《巴黎协定》的生效,各国政府纷纷提出了"碳达峰、碳中和"的目标,旨在减少温室气体排放,推动能源结构的转型。中国也宣布了 2030 年前碳排放达到峰值和 2060 年前实现碳中和的目标。这些目标的设定给油气产业(尤其是海洋石油勘探开发行业)带来了前所未有的挑战和压力。绿色低碳转型可能导致能源供应市场的竞争加剧,从而导致企业运营成本提高。随着清洁能源的快速发展,传统油气企业面临来自新能源的竞争压力。这可能导致油气需求增长放缓,进而影响海洋石油企业的市场份额和盈利能力。海洋石油企业在气候变化和环保政策趋严的双重压力下,必须采取积极措施,通过技术创新、环保管理和战略调整实现可持续发展,并为全球能源转型作出贡献。

# 第二节 海洋石油企业所面临的内部法律风险环境信息

### 一、经营管理流程中的风险

#### 1. 项目投资决策风险

海洋石油企业在项目投资决策过程中可能存在对政策法规、市场需求、技术可行性等方面的误判,导致投资失败或遭受重大损失。

#### 2. 供应链管理风险

企业在采购、运输、仓储等环节可能面临供应链中断、货物损坏、质量问题等法律风险。

### 3. 人力资源管理风险

海洋石油企业在员工招聘、培训、考核、离职等环节可能存在劳动合同纠纷、工伤事故、商业秘密泄露等法律风险。

### 4. 环保合规风险

企业在生产经营过程中可能因违反环境保护法规而面临行政处罚、民事赔偿甚至刑事责任。

## 二、法律风险管理相关制度和资源配置情况

### 1. 法律风险管理体制不完善

企业可能缺乏健全的法律风险管理体制,导致无法及时发现和有效控制法律风险。

### 2. 法律风险管理制度不健全

企业可能没有制定完善的法律风险管理制度,或者制度执行不力,导致法律风险无法得到有效控制。

### 3. 法律风险管理资源配置不足

企业可能没有为法律风险管理配备足够的专业人员、经费和技术支持,导致法律风险管理能力不足。

## 三、法律事务工作及法律风险管理现状

### 1. 法律事务工作水平不高

企业法律事务工作人员可能缺乏专业知识和经验,无法为企业提供高质量的法律服务。

### 2. 法律风险管理意识不强

企业员工可能普遍缺乏法律风险管理意识,无法主动识别和防范法律风险。

### 3. 法律风险监控不到位

企业可能没有建立有效的法律风险监控机制,导致无法及时发现和处理法律风险。

## 四、海洋石油企业签订重大合同及其管理情况

### 1. 合同签订前的法律风险

签订合同前,可能存在对合同对方的资信调查不充分、合同条款不明确等法律风险。

### 2. 合同履行过程中的法律风险

在履行合同的过程中,可能存在违约行为、合同变更、合同解除等法律风险。

### 3. 合同纠纷处理的法律风险

在合同纠纷处理过程中,可能存在诉讼策略不当、证据不足等法律风险。

**五、本企业发生的重大法律纠纷案件或法律风险事件情况**

1. 法律纠纷案件处理不当

企业在处理重大法律纠纷案件时,可能存在处理策略不当、执行不力等问题,导致企业的利益受损。

2. 法律风险事件应对不力

企业在面临重大法律风险事件时,可能存在应对措施不及时、不充分等问题,导致企业的声誉受损或遭受经济损失。

综上所述,海洋石油企业因在远离陆地的海上环境开展作业,因此,勘探开发作业使企业面临一些风险,包括可能发生的重大安全事故、自然灾害、人员的健康、不可预见的外力破坏等带来的结果,如台风、海冰可能破坏平台结构,海底管线因遭受外力破坏可能引发泄漏。如果发生重大事故,可能发生人员受伤、死亡、环境损害、业务活动中断等状况,公司声誉也会受到重大影响,公司甚至会失去部分区块的经营权。

# 第三章

# 海洋石油勘探开发
# 法律风险识别与防范

开展法律风险识别,使企业能够全面了解自身面临的法律风险状况,为后续的风险评估、应对和监控打下坚实的基础。通过这一过程,企业能够更加自信地应对市场挑战,实现可持续发展和增长。本章的目的是全面地、系统地、准确地描述海洋石油勘探开发法律风险的状况,为建立健全法律风险防范体系奠定基础。

海洋石油企业法律风险的识别框架可以按照海洋石油勘探开发生产流程搭建,即勘探评价阶段、油田开发阶段、油田生产阶段、油田废弃阶段,如表 3.1 所列。

表 3.1　海洋石油勘探开发生产流程及风险点

| 阶段 | 内容 | 风险点 |
|---|---|---|
| 勘探评价 | 了解油田情况并开展预可行性研究;<br>编制可行性报告;<br>报全国矿产储量委员会审查,形成储量报告;<br>编制油田总体开发方案,报政府批准 | 与生态保护红线的冲突 |
| | | 勘查开采矿产资源风险 |
| | | 环境影响评价制度风险 |
| | | 海域使用风险 |
| | | 铺设海底电缆管道法律风险 |
| 油田开发 | 分项目设计建造;<br>海上安装施工;<br>设施连接与系统调试;<br>钻生产井/完井测试投产与试生产;<br>工程建设(新建、改建、扩建);<br>完工验收 | 环境影响后评价制度风险 |
| | | "三同时"制度风险 |
| | | 船舶触碰风险 |
| | | 海底电缆、管道的路由调查和勘测风险 |
| | | 溢油风险 |
| | | 海洋环境侵权风险 |
| 油田生产 | 制定油田开发政策;<br>油井测压;<br>油藏动态分析与油层管理;<br>钻补充井、调整井、修井;<br>设施维修保养与扩容;<br>提油终端作业与原油销售 | 船舶触碰风险 |
| | | 对海底电缆管道造成威胁的海上作业行为 |
| | | 溢油风险 |
| | | 海洋环境侵权风险 |

| 阶段 | 内容 | 风险点 |
|------|------|--------|
| 油田废弃 | 生产期的终止,实施油田废弃 | 弃置风险 |

# 第一节　海洋生态红线区

## 一、海洋生态红线制度

2011 年 10 月,《国务院关于加强环境保护重点工作的意见》首次提出了在关键生态功能区、陆地与海洋生态敏感和脆弱区域划定生态红线的概念。此后,《中共中央关于全面深化改革若干重大问题的决定》也重申了通过实施生态保护红线等手段来强化中国生态环境保护管理体系的决心,并致力于构建更加全面和完善的生态文明制度框架。这些政策文件的发布反映了政府对生态文明建设的高度重视,并将生态红线视为生态文明建设的核心组成部分。这些措施的目的是保障生态环境的安全,确保国家生态安全,推动社会的可持续发展。2017 年年底,国家海洋局颁布了《关于在渤海等关键海域优先推行排污总量控制制度的指导意见》,并随之发布了《重点海域排污总量控制技术指南》。这一举措象征着重点海域排污总量控制制度在我国的正式启动,同时,为全国范围内海洋生态红线的划定提供了指导。这一系列行动体现了我国对海洋环境保护的坚定承诺,旨在通过科学管理和控制排污总量,促进海洋环境质量的改善和海洋生态系统的可持续发展。

2016 年 11 月,全国人大常委对《中华人民共和国海洋环境保护法》(以下简称《海洋环境保护法》)进行了修正,正式将海洋生态保护红线制度纳入该法律体系。这一修正体现了我国政府对海洋生态保护的高度重视,并将海洋生态红线制度视为确保海洋生态安全和推动海洋可持续发展的关键措施。通过在法律层面确立海洋生态保护红线制度,政府能够更加有效地进行海洋生态保护的监督和管理,加强环境保护责任,推动海洋生态文明建设和绿色发展战略。这对于保障我国的海洋资源和生态环境以及实现海洋的长期可持续发展具有深远的影响。

海洋生态红线制度旨在识别并界定对国家和地区生态安全以及经济社会的持续发展至关重要的海洋生态功能区、敏感区和脆弱区,并针对这些区域实施严格的保护措施,以保障生态安全的底线。然而,尽管《中华人民共和国环境保护法》(以下简称《环境保护法》)和《海洋环境保护法》均在法律层面确认了生态保护红线的概念,但二者在具体实施生态保护红线制度方面的规定更多地体现了原则性和宣言性,缺少具体的操作指南。这可能会对生态保护红线的实际执行效果造成一定的制约,影响其可执行性。因此,需要进一步明确具体的实施细则和操作指南,以确保生态保护红线制度能够有效地落地执行。

具体而言,《环境保护法》第二十九条第一款和《海洋环境保护法》第十三条对生态保护红线的规定较为宽泛,这可能导致不同领域对生态保护红线的理解和应用存在差异。这种差异性可能引起实施过程中法律的重叠、交叉乃至冲突。此外,尽管两部法律都强调了遵守生态保护红线的重要性,但并未详细阐述应遵循的具体类别或标准。

这种模糊性可能导致执行过程中的混淆,因为不同部门和领域可能会根据各自的理解来制定和执行生态保护红线制度。对于海洋生态红线而言,除了国家海洋局发布的相关意见和技术指南外,还有环境保护部的技术指南、国务院的规划文件以及地方政府的规定等。这些文件涵盖了从国家级到地方各级的法律法规和技术标准,但在实际操作中,这些文件之间的衔接和适用缺乏明确的指导性标准,这可能影响海洋生态保护工作的连贯性和有效性。

因此,面对生态保护红线的具体实施问题,海洋石油勘探开发等活动面临不确定性风险。在缺乏明确指导的情况下,企业难以把握如何遵守生态保护红线的要求,这会导致项目延期、成本上升,增加法律风险。为了解决这些问题,需要进一步明确和细化生态保护红线的实施细则,提供具体的操作指南和标准,以确保海洋生态保护工作的顺利进行和有效实施。

### 二、海洋生态保护红线与海洋石油勘探开发矛盾识别

为了辨别海洋石油勘探开发活动是否与海洋生态保护红线存在冲突,首先需采用ArcGIS等地理信息系统软件,将海洋石油勘探开发的地理位置与海洋生态保护红线图层进行叠加对比。通过这一空间分析过程,可以识别出二者的交集区域,即那些海洋石油勘探开发活动可能与生态保护红线发生重叠的特定海域。随后,收集这些交集区域关于海洋生态保护红线的详细信息,如红线划定的具体目的、所涉及的生态敏感性,以及相关的管理与保护要求。在此基础上,进一步分析海洋石油勘探开发活动的性质和规模,评估其是否遵循了生态保护红线的规定。如果发现勘探开发活动与生态保护红线的要求不符,可能对海洋生态环境造成负面影响,那么就需要对这些活动进行必要的调整或采取改正措施。这可能包括改变作业方式、采用更环保的技术,或是重新规划开发区域等,以确保在开展海洋石油勘探开发业务的同时,不损害海洋生态环境,维护生态保护红线的严肃性和有效性。

在海洋生态保护红线的矛盾识别过程中,可以将识别出的矛盾分为两类:可协调的矛盾和不可协调的矛盾。

一方面,可协调的矛盾指的是那些通过实施特定的措施和方法能够解决的矛盾,这些措施在解决冲突的同时,不会对海洋生态保护红线划定的主体功能产生负面影响。对于可协调的矛盾,相关的监管部门和企业可以采取一系列行动,如调整勘探开发的区域范围、实施有效的生态保护措施,以实现海洋石油勘探开发活动与海洋生态保护红线的和谐共存。另一方面,不可协调的矛盾指的是那些无法通过任何措施或方法解决的矛盾。在当前阶段,对于生态保护红线内的禁止开发区域的油气开发活动,如果存在此类不可协调的矛盾,通常需要遵循《关于划定并严守生态保护红线的若干意见》等相关规定,对

现有的生产设施进行强制性的退出处理,并禁止在该区域内开展新的勘探开发项目。这样的措施旨在确保生态保护红线的权威性和有效性,以保障海洋生态环境的长期健康和稳定。①

### 三、海洋石油勘探开发与海洋生态红线的矛盾解决路径

基于矛盾识别的结果,我们可以确定解决海洋石油勘探开发与海洋生态保护红线之间矛盾的方法。海洋生态保护红线的设立并不是为了对所有海域进行全面保护,也不是为了规范海域内的所有开发活动,而是专注于保护关键海域中的生态功能。

#### (一)可协调的矛盾

矛盾可以根据其解决的可能性分为两类:历史遗留问题和规划勘探项目。

1. 历史遗留问题

这涉及在海洋生态保护红线划定之前已经批准或正在运行的海洋平台和海底管线建设项目,这些项目现在位于红线范围内。

2. 规划勘探项目

这指的是在海洋生态保护红线划定之后,计划在红线内进行的勘探活动和建设项目。

针对这些矛盾,提出以下解决方案。

(1)调整海洋生态保护红线:对于不合理的红线划定,经过科学论证后,提出调整建议,特别关注重要的滨海旅游区、渔业水域和自然景观文化遗迹等。

(2)扣除红线内的勘探开发面积:在无法调整红线的情况下,可以在不影响生态系统连通性和完整性的前提下,扣除必要的勘探开发面积。

(3)使项目符合管控要求:对于无法调整红线或扣除面积的情况,应根据管控要求,研究在何种条件下采取措施,使勘探开发活动与红线功能兼容。

对于新建的海底管线,可以在符合国土空间规划的前提下,允许建设必要的线性基础设施。对于无法避开红线的输油管线,可以将其视为线性基础设施建设项目,并纳入国土空间规划,作为红线内允许的有限人为活动之一。对于已有的油田、管线和规划中的勘探项目,建议企业与自然资源主管部门积极沟通协商。

由于海洋生态保护红线划定时间较早,存在较多历史遗留问题,故自然资源部和生态环境部于2019年4月共同开展了生态保护红线评估调整工作。在调整过程中,需要妥善处理红线内的一些必要的人为活动,建议允许建设航道、隧道、电缆管道等线性基础设施以及进行捕捞、养殖和适度旅游等活动。对于对生态功能有明显影响的活动(如集中养殖、油气开发),应进行合理处置;对于早于红线划定的用海活动,可以依法调整红线

---

① 王茂君,刘保占. 基于生态保护红线的海洋油气勘探开发用海矛盾初探[J]. 海洋经济,2021,11(6):62-67.

范围;对于晚于红线划定的用海活动,可以让其逐步退出。

综上所述,海洋石油企业应利用生态保护红线评估调整的机遇,有序解决油气开发与海洋生态保护之间的矛盾。对于在红线内限制区的勘探开发项目,应在不影响生态服务功能的前提下,加强精准管控措施的研究。

### (二)不可协调的矛盾

在不可协调的矛盾之情况下,海洋生态保护红线内的海洋石油勘探开发活动与任何可能采取的措施均无法达成一致,存在固有的冲突。为了遵守生态保护红线的管理规定,海洋石油企业应当及时制定并执行退出策略,主动采取必要的措施,以确保符合这些生态保护要求。

# 第二节　海洋石油勘探开发权

海洋石油勘探开发权所涉较广,不仅包括对指定海域的占有、使用和控制,还涉及对矿区或作业区地下空间及其蕴藏的石油资源的所有权、使用权、收益权和支配权。因此,海洋石油勘探开发权并非单一的权利,而是由一系列相互独立、各有差异的权利构成的集合体。根据权利的客体和功能,这些权利可被细分为海域使用权、探矿权和采矿权。

## 一、海洋石油勘探开发"权利群"

### (一)海域使用权

进行海上油气勘探开发作业,其前提是作业人必须实际占有、支配一定面积的海域。因此,海域使用权是海洋石油勘探开发权的组成部分。海域使用权是《中华人民共和国海域使用管理法》(以下简称《海域使用管理法》)所创设的一种新型的物权。该法第二条规定:"本法所称海域,是指中华人民共和国内水、领海的水面、水体、海床和底土。"第三条规定:"海域属于国家所有,国务院代表国家行使海域所有权。任何单位或个人不得侵占、买卖或者以其他形式非法转让海域。单位和个人使用海域,必须依法取得海域使用权。"由于海域使用权的特性在于其直接的控制力和排他性,所以海洋油气资源的勘探开发往往需要占用一定范围的海域。这类开发行为在实际操作中通常被称作"矿业用海"或"油气开采用海",并被视为《海域使用管理法》所规范和管理的海域使用类别之一。因此,在开展海洋石油资源勘探开发的相关工作之前,涉及的用海主体必须首先获得相应海域的海域使用权。这确保了海洋资源的合理利用和海洋环境的保护,同时,符合相关法律法规和政策要求。

在获得海域使用权之后,用海主体需遵循相关的法律法规,并严格按照批准的海域范围和用途进行使用,以保障海洋石油勘探开发活动能够与海洋生态保护红线的要求保持一致。此外,得益于海域使用权的排他性质,海域使用权能有效防止其他用海主体对指定海域的干扰,为海洋油气资源的勘探和开发提供一个平稳有序的环境。因此,可以认为,在海洋石油勘探开发的进程中,获得相应的海域使用权是实现探矿权和采矿权的基础。

### (二)探矿权

石油是我国法定的矿产资源类别之一,国家对石油的勘查活动实施行政许可制度。任何单位或个人在进行矿产资源勘查时,都必须依法提出申请,完成登记手续,并获得勘查许可证,以此取得探矿权。因此,在海洋石油勘探开发过程中,取得探矿权是一个不可或缺的环节。探矿权使得持证单位或个人依法在许可的范围内开展矿产资源勘查活动,目的在于评估矿产资源的潜力并进行开发。探矿权的客体,一是特定矿区或作业区的海底下层空间;二是该空间中蕴藏的石油资源。在实际操作中,矿产资源勘查的工作区域通常以经纬度界定的区块作为基本单位,而石油和天然气矿产勘查项目允许的最大登记区块数量为 2 500 个基本单位区块。获得勘查许可证的单位或个人被称为探矿权人,其有权在规定的区域内开展勘查活动。

### (三)采矿权

在海洋石油勘探开发的一系列权利构成中,采矿权是其中的关键组成部分。根据《中华人民共和国矿产资源法》,任何单位或个人若要开采石油等矿产资源,都必须依法申请和登记,并获得相应的采矿许可证,从而获得采矿权。采矿权与探矿权共同构成了所谓的矿业权。

## 二、海洋石油勘探开发权的优先权效力

海洋石油勘探开发权拥有一定的优先权效力,这主要体现在以下几个方面。

### (一)优先于普通债权

海洋石油勘探开发权包括构成这一权利体系的海域使用权和矿业权,具有高于普通债权的法律地位。例如,如果某一海域已经被授权用于油气开采用海,而海域所有者又将该海域出租给他人,那么海域使用权将优先于租赁权。

### (二)法律效力优先

在法律效力上,海域使用权和矿业权优先于海域所有权和矿产资源所有权。尽管海域所有权和矿产资源所有权是海域使用权和矿业权的基础,但在特定海域的占有、矿区或工作区内石油资源的勘探与开发,以及原油产品的归属等方面,主要由海域使用权和矿业权来规范,矿产资源所有权在这些方面并不直接起作用。

### (三)续期登记优先

在海域使用权和矿业权的有效期限届满之前,权利持有人有权申请这些权利的续期。续期后的权利被视为新的权利,因此,原有权利持有人可以优先于其他申请人继续保有这些权利。

### （四）申请在先原则

当两个或多个主体申请同一海域的石油资源矿业权时,应根据申请在先的原则来授予矿业权。

这些优先效力的存在确保了海洋石油勘探开发权在实际操作中的主导地位,为相关权益的保护和管理提供了坚实的法律基础。

综上所述,我们可以清晰地看到海洋石油勘探开发权的物权特性得到了显著的体现。然而,值得注意的是,尽管海洋石油勘探开发所涉及的"权利群"本质上属于私权范畴,但是它们却不可避免地带有公法的特征。这是因为海洋石油勘探开发活动不仅关系到社会公共利益,还涉及国家能源安全的大局,同时,这些活动通常在其他海上活动频繁的区域进行。因此,在主体资格的认定、权利的设定方式以及权利的行使等多个方面,海洋石油勘探开发权被赋予了许多公法性质的义务。法律也为此设立了一系列的监管机制,包括审批程序、海洋环境保护规定等。基于这些原因,可以说海洋石油勘探开发权是一种融合了公权特质的私权,这就要求该权利的行使必须受到严格的限制,并且在操作过程中需要考虑其他类型的权利或利益,确保与它们和谐共存,避免产生冲突。否则,可能会给海洋石油企业的勘探开发活动带来法律风险。

### 三、防范勘查、开采矿产资源法律风险

随着中国石油长庆油田与陕西延长石油(集团)有限责任公司在陕北地区资源勘探开发中的矛盾日益突出,矿业权的保护问题开始受到广泛关注。在学术领域,矿业权通常包括探矿权和采矿权两个层面。在我国,探矿权和采矿权的管理遵循双证制度。在油气勘探开发的实际操作中,探矿权和采矿权的许可证是确保油气企业合法进行勘探和开发活动的关键。

矿业权纠纷主要分为两类:一是矿业权合同纠纷,这涉及矿业权出让和转让的合同问题;二是矿业权侵权纠纷,包括探矿权侵权、采矿权侵权以及矿产资源个人所有权的侵权问题。在海洋石油勘探开发的背景下,矿业权侵权纠纷较为普遍。矿业权侵权是指行为人因过错侵害他人矿业权,或在无过错的情况下依法仍需承担侵权责任的行为。这类纠纷通常表现为未经许可擅自进入他人矿区、越界开采、非法占用矿产资源以及以勘探名义进行开采等侵权行为。

海上油气勘探开发是在水面进行的,需要借助船只、平台等工具作为施工介质;同时,海上油气勘探开发易受海上环境的影响,缺乏明确的界限标志,所以容易引发矿业权纠纷。笔者基于现有的勘查开采矿产资源法律法规,梳理了勘查、开采矿产资源法律风险清单,如表 3.2 所列。

表 3.2　勘查、开采矿产资源法律风险清单

| 基础信息区 | | | 法律信息区 | | |
|---|---|---|---|---|---|
| 风险名称 | 引发法律风险的行为 | 涉及的法律法规 | 相关的法律法规 | 引发的法律责任和后果 | 法律建议 |
| 勘查、开采矿产资源法律风险 | 勘查矿产资源许可制度（探矿权）　事前审批勘查矿证（勘查许可证） | 《中华人民共和国矿产资源法》《矿产资源勘查区块登记管理办法》 | 勘查矿产资源，必须依法申请，经批准登记，取得探矿权并办理勘查登记，国家保护探矿权不受侵犯，保障矿区和勘查作业区正常生产秩序、工作秩序不受影响和破坏；勘查领域及中国管辖的其他海域的矿产资源，由国务院地质矿产主管部门审批登记并颁发勘查许可证；申请探矿权时，应当向登记管理机关提交下列资料（略） | 违反本办法规定，未取得勘查许可证擅自进行勘查工作的，由县级以上人民政府负责地质矿产管理工作的部门按照国务院地质矿产主管部门规定的权限，责令停止违法行为，予以警告，可以并处10万元以下的罚款 | 严格按照法律法规的规定，申请勘查许可证；采矿许可证：勘查、开采过程中，禁止非法侵占、越界开采、覆压矿产资源，以采代探等情形，避免产权纠纷、业权侵权纠纷 |
| | 许可证有效期 | 《矿产资源勘查区块登记管理办法》 | 勘查许可证有效期最长为3年；但是，石油、天然气勘查许可证有效期最长为7年；需要延长勘查工作时间的，探矿权人应当在勘查许可证有效期届满的30日前，到登记管理机关办理延续登记手续，每次延续时间不得超过2年；石油、天然气滚动勘探开发的采矿许可证有效期最长为15年 | 探矿权人逾期不办理延续登记手续的，勘查许可证自行废止 | |
| | 有偿取得 | 《矿产资源勘查区块登记管理办法》 | 国家实行探矿权有偿取得的制度；探矿权使用费以勘查年度计算，逐年缴纳；探矿权使用费标准：①第一个勘查年度至第三个勘查年度，100元/平方千米；②从第四个勘查年度起，每年增加100元/平方千米，但是最高不超过每年500元/平方千米 | 违反本办法规定，不按期缴纳本办法规定应当缴纳的费用的，由登记管理机关责令限期缴纳，并从滞纳之日起每日加收2‰的滞纳金；逾期仍不缴纳的，由原发证机关吊销其勘查许可证 | |

续表

| 基础信息区 | | 法律信息区 | | | 法律建议 |
|---|---|---|---|---|---|
| 风险名称 | 引发法律风险的行为 | 涉及的法律法规 | 相关的法律法规 | 引发的法律责任和后果 | |
| 勘查、开采矿产资源法律风险 | 勘查矿产资源许可证制度（探矿权） 具备资质 | 《中华人民共和国矿产资源法》 | 从事矿产资源勘查和开采，必须符合规定的资质条件 | | |
| | 施工 | 《矿产资源勘查区块登记管理办法》 | 探矿权人应当自领取勘查许可证之日起6个月内开始施工；在开始施工时，应当向勘查项目所在地的县级人民政府负责地质矿产管理工作的部门报告，并向登记管理机关报告开工情况 | 已经领取勘查许可证的勘查项目，满6个月未开始施工，或者施工后无故停止勘查工作满6个月的，由县级以上人民政府负责地质矿产管理工作的部门按照国务院地质矿产主管部门规定的权限，责令限期改正；逾期不改正的，处5万元以下的罚款；情节严重的，原发证机关可以吊销其勘查许可证 | |
| | 优先采矿权 | 《中华人民共和国矿产资源法》 | 探矿权人有权在划定的勘查作业区内进行规定的勘查作业，有权优先取得勘查作业区内矿产资源的采矿权 | | |
| | 越界勘查 | 《矿产资源勘查区块登记管理办法》 | 禁止任何单位和个人进入他人依法取得探矿权的勘查作业区内进行勘查或者采矿的活动 | 超越批准的勘查区块范围进行勘查工作的，由县级以上人民政府负责地质矿产管理工作的部门按照国务院地质矿产主管部门规定的权限，责令停止违法行为，予以警告，并处10万元以下的罚款 | |

续表

| 基础信息区 | | | 法律信息区 | | |
|---|---|---|---|---|---|
| 风险名称 | 引发法律风险的行为 | 涉及的法律法规 | 相关的法律法规 | 引发的法律责任和后果 | 法律建议 |
| 勘查、开采矿产资源法律风险 | 勘查矿产资源许可制度（探矿权） | 最低勘查投入 | 《矿产资源勘查区块登记管理办法》 | 探矿权人应当自领取勘查许可证之日起，按照下列规定完成最低勘查投入：①第一个勘查年度，5 000元／平方千米；②第二个勘查年度，2 000元／平方千米；③从第三个勘查年度起，每个勘查年度1万元／平方千米；探矿权人当年度的勘查投入高于最低勘查投入标准的，高于的部分可以计入下一个勘查年度的勘查投入；由自然灾害等不可抗原因导致勘查工作不能正常进行的，探矿权人应当自恢复正常勘查工作之日起30日内，向登记管理机关提交申请核减相应的最低勘查投入的报告；登记管理机关应当自收到报告之日起30日内予以批复 | 未完成最低勘查投入的，由县级以上人民政府负责地质矿产管理工作的部门按照国务院地质矿产主管部门规定的权限，责令限期改正；逾期不改正的，处5万元以下的罚款；情节严重的，原发证机关可以吊销其勘查许可证 | |

| 基础信息区 | | | | 法律信息区 | | |
|---|---|---|---|---|---|---|
| 风险名称 | 引发法律风险的行为 | | 涉及的法律法规 | 相关的法律法规 | 引发的法律责任和后果 | 法律建议 |
| 勘查、开采矿产资源法律风险 | 勘查矿产资源许可制度（探矿权） | 探矿权保留期 | 《矿产资源勘查区块登记管理办法》 | 探矿权人在勘查许可证有效期内探明可供开采的矿体的，经登记管理机关批准，可以停止相应区块的勘查投入，并可以在勘查许可证有效期届满的30日前，申请保留探矿权（但国家为了公共利益或者因技术条件暂时难以利用等情况下需要保护开采的除外）；保留探矿权的期限，最长不得超过2年，需要延长保留期的，可以申请延长2次，每次不得超过2年；保留探矿权的范围为可供开采的矿体范围；在停止最低勘查投入期间，探矿权人应当依照本办法的规定，缴纳探矿权保留期使用费；探矿权保留期届满，勘查许可证应当予以注销 | | |
| | | 探矿权转让 | 《中华人民共和国矿产资源法》 | 探矿权人在完成规定的最低勘查投入后，经依法批准，可以将探矿权转让他人；禁止将探矿权倒卖牟利 | 将探矿权倒卖牟利的，吊销其勘查许可证，没收其违法所得，并处罚款 | |

续表

| 基础信息区 | | | 法律信息区 | | |
|---|---|---|---|---|---|
| 风险名称 | 引发法律风险的行为 | 涉及的法律法规 | 相关的法律法规 | 引发的法律责任和后果 | 法律建议 |
| 勘查、开采矿产资源法律风险 | 勘查矿产资源许可证制度（探矿权） | 探矿权转让 | 《探矿权采矿权转让管理办法》 | 转让探矿权，应当具备下列条件：①自颁发勘查许可证之日起满2年，或者在勘查作业区内发现可供进一步勘查或者开采的矿产资源；②完成规定的最低勘查投入；③探矿权属无争议；④按照国家有关规定已经缴纳探矿权使用费、探矿权价款；⑤国务院地质矿产主管部门规定的其他条件；申请转让探矿权时，应当向审批管理机关提交下列资料（略） | 未经审批管理机关批准，擅自转让探矿权，由登记管理机关责令改正，没收违法所得，处10万元以下的罚款；情节严重的，由原发证机关吊销勘查许可证；探矿权人被吊销勘查许可证的，自勘查许可证被销之日起6个月内，不得再申请探矿权 | |
| | | 勘查成果资料 | 《中华人民共和国矿产资源法》 | 矿产资源勘查成果档案资料和各类矿产储量的统计资料，实行统一的管理制度，按照国务院规定或者填报 | | |
| | | 实物标本资料 | | 矿产资源勘查的原始地质编录和图件，矿芯、岩芯、测试样品和其他实物标本资料，各种勘查标志，应当按照有关规定保护和保存 | | |
| | | 有价值的勘查资料 | | 矿床勘探报告及其他有价值的勘查资料，按照国务院规定实行有偿使用 | | |

| 基础信息区 | | | 法律信息区 | | | |
|---|---|---|---|---|---|---|
| 风险名称 | 引发法律风险的行为 | | 涉及的法律法规 | 相关的法律法规 | 引发的法律责任和后果 | 法律建议 |
| 勘查、开采矿产资源法律风险 | 开采矿产资源许可制度（采矿权） | 事前审批 | 《中华人民共和国矿产资源法》《中华人民共和国矿产资源法实施细则》 | 开采矿产资源，必须依法申请，经批准取得采矿权，并办理登记；国家保护采矿权不受侵犯 | 未取得采矿许可证擅自采矿的，擅自进入国家规划矿区、对国民经济具有重要价值的矿区范围采矿的，擅自开采国家规定实行保护性开采的特定矿种的，责令停止开采，赔偿损失，没收采出的矿产品和违法所得，可以并处罚款（处以违法所得50%以下的罚款）；拒不停止开采，造成矿产资源破坏的，依照有关法律规定，对直接责任人员追究刑事责任 | |
| | | 采矿许可证 | | 开采领海及中国管辖的其他海域的矿产资源，并经国务院地质矿产主管部门审批，由国务院发采矿许可证；非经国务院授权的有关主管部门同意，不得在国家划定的自然保护区、重要风景区开采开发矿产资源 | | |

37

续表

| 基础信息区 | | | 法律信息区 | | |
|---|---|---|---|---|---|
| 风险名称 | 引发法律风险的行为 | 涉及的法律法规 | 相关的法律法规 | 引发的法律责任和后果 | 法律建议 |
| 勘查、开采矿产资源法律风险 | 开采矿产资源许可制度（采矿权） | 《矿产资源开采登记管理办法》 | 采矿许可证有效期确定：大型以上的，采矿许可证有效期最长为30年；中型的，采矿许可证有效期最长为20年；小型的，采矿许可证有效期最长为10年；采矿权人应当在采矿许可证有效期届满的30日前，到登记管理机关办理延续登记手续 | 采矿权人逾期不办理延续登记手续的，采矿许可证自行废止 | 续期的海域使用权和矿业权可视为新的权利，因此，矿业权人即原海域使用权人，矿业权优先于他人取得该等新权利 |
| | | | 国家实行采矿权有偿取得的制度；采矿权使用费按照矿区范围的面积逐年缴纳，标准为每年1 000元/平方千米 | 违反本办法规定，不按期缴纳本办法规定应当缴纳的费用的，由登记管理机关责令限期缴纳，并从滞纳之日起每日加收2‰的滞纳金，仍不缴纳的，由原发证机关吊销其采矿许可证；采矿权人被吊销采矿许可证的，自采矿许可证被吊销之日起2年内不得再申请采矿权 | |

续表

| 基础信息区 | | 法律信息区 | | | |
|---|---|---|---|---|---|
| 风险名称 | 引发法律风险的行为 | 涉及的法律法规 | 相关的法律法规 | 引发的法律责任和后果 | 法律建议 |
| 勘查、开采矿产资源法律风险 | 开采矿产资源许可制度（采矿权）<br>采矿权价款 | 《矿产资源开采登记管理办法》 | 申请国家出资勘查并已经探明矿产地的采矿权的，采矿权申请人除缴纳采矿权使用费用外，还应当缴纳国家出资勘查形成的采矿权价款；采矿权价款按照国家有关规定，可以一次缴纳，也可以分期缴纳 | | |
| | 越界开采 | 《中华人民共和国矿产资源法》<br>《最高人民法院关于审理矿业权纠纷案件适用法律若干问题的解释》 | 因越界勘查开采矿产资源引发的侵权责任纠纷，涉及自然资源主管部门限予批准的勘查开采范围重复或者界限不清的，人民法院应告知当事人先向自然资源主管部门申请解决 | 超越批准的矿区范围采矿的，责令退回本矿区范围内开采，没收越界开采的矿产品和违法所得，可以并处罚款（处以违法所得30%以下的罚款）；拒不退回本矿区范围内开采，且造成矿产资源破坏的，吊销其采矿许可证；矿区范围内采矿造成资源破坏的，依照刑法有关规定对直接责任人员追究刑事责任<br>因他人越界勘查开采矿产资源，矿业权人请求停止侵害、排除妨碍、返还财产、赔偿损失等侵权责任的，人民法院应予支持，但探矿权人请求侵权人返还越界开采的矿产品及收益的除外 | |

续表

| 基础信息区 | | | 法律信息区 | | |
|---|---|---|---|---|---|
| 风险名称 | 引发法律风险的行为 | 涉及的法律法规 | 相关的法律法规 | 引发的法律责任和后果 | 法律建议 |
| | | | 已取得采矿权的矿山企业，因企业合并、分立，与他人合资、合作经营，或者因企业资产出售以及有其他需要变更采矿权主体的情形而需要将采矿权转让他人采矿的，经依法批准可以将采矿权转让；禁止将采矿权倒卖牟利 | 买卖、出租或者以其他形式转让矿产资源的，没收违法所得，处以罚款（对卖方、出租方处以违法所得1倍以下的罚款）；出让方处以违法所得1倍以下的罚款；将采矿权倒卖牟利的，吊销其采矿许可证，没收其违法所得，处以罚款 | |
| 勘查、开采矿产资源法律风险 | 开采矿产资源许可证制度（采矿权） | 《探矿权采矿权转让管理办法》 | 转让采矿权应当具备下列条件：①矿山企业投入采矿生产满1年；②采矿权属无争议；③按照国家有关规定已经缴纳采矿权使用费、采矿权价款、矿产资源补偿费和资源税，已经缴纳国务院地质矿产主管部门规定的其他条件；④国有矿山企业在申请转让采矿权前，应当征得矿山企业主管部门的同意；申请转让采矿权时，应当向审批管理机关提交下列资料（略） | 未经审批管理机关批准，擅自转让采矿权的，由登记管理机关责令改正，没收其违法所得，处10万元以下的罚款；情节严重的，由原发证机关吊销采矿许可证 | |

续表

| 基础信息区 | | | 法律信息区 | | |
|---|---|---|---|---|---|
| 风险名称 | 引发法律风险的行为 | 涉及的法律法规 | 相关的法律法规 | 引发的法律责任和后果 | 法律建议 |
| 勘查、开采矿产资源法律风险 | 开采矿产资源许可制度（采矿权） 破坏性开采 | 《中华人民共和国矿产资源法》 《中华人民共和国矿产资源法实施细则》 | 在开采主要矿产的同时，对具有工业价值的共生和伴生矿产应当统一规划，综合开采，综合利用，防止浪费；对暂时不能综合开采或者必须综合利用而暂时还不能综合利用的矿产以及含有有用组分的尾矿，应当采取有效的保护措施，防止损失破坏 | 采取破坏性开采方法采矿产资源的，处以罚款；造成矿产资源严重破坏的，吊销其采矿许可证；造成矿产资源严重破坏的，依照刑法有关规定对直接责任人员追究刑事责任；造成矿产资源严重破坏的，处以相当于矿产资源损失价值50%以下的罚款 | |
| | 依法缴纳资源税和矿产资源补偿费 | | 采矿权人应当履行下列义务：依法缴纳资源税和矿产资源补偿费 | | |

# 第三节　海域使用权

2007 年施行的《中华人民共和国物权法》(已废止)确认了海域使用权,明确了其用益物权的地位。2021 年施行的《中华人民共和国民法典》(以下简称《民法典》)再次明确依法取得的海域使用权受法律保护。一系列法律法规的出台,一方面旨在加强"规划用海、集约用海、生态用海、科技用海和依法用海",另一方面保障了海域使用权人依法使用海域并获得收益的权利。

海洋石油企业勘探开发海洋油气资源需占用一定面积的海域,这种开发活动在实务上被称为"矿业用海"或者"油气开采用海",属于《海域使用管理法》调整规范的用海类型之一。在进行海洋石油资源的勘探开发活动之前,相关的用海主体必须先取得相应海域的海域使用权。同时,由于海域使用权具有排他性,可以有效地对抗其他用海主体对相应海域的使用的妨害,使海洋油气资源的勘探和开发具有和平稳定的空间。因此,在海洋油气开发中,取得相应的海域使用权是海洋石油企业勘探开发得以有效实现的必不可少的条件。

## 一、海域使用法律风险识别

海域使用权是指个人或单位根据相关法律在特定的海域使用期内,合法使用海域并获得收益的权利。在 2002 年开始实施的《海域使用管理法》中,海域使用权制度作为一项核心内容,确定了海域功能区划、海域有偿使用、海域使用论证等多种海域使用管理机制。在该制度框架下,海域使用管理被视为海洋资源管理的一个关键领域,其核心目标是确保海域资源得到合理开发与保护。这一制度是国家为了有效管理和促进海洋资源的可持续利用而建立的。海洋石油企业在勘探开发海洋油气田的过程中,若违反相应的海域使用管理制度,将面临行政机关的处罚,这是海洋石油企业在油气开采用海过程中要防范的主要法律风险。

海域使用法律风险主要出现在海域使用权审批、海域使用金的缴纳等环节。

## 二、海域使用权设立方式

根据《海域使用管理法》,单位和个人使用海域,必须依法获得海域使用权。在这里,海域是指中华人民共和国内水、领海的水面、水体、海床和底土,而使用则是涉及持续排他性用海活动 3 个月以上的情况。对于 3 个月以下的排他性用海活动,可以申请临时用海。这些规定旨在确保国家对于海域资源的管理和保护,促进海域资源的合理利用。

在我国,关于近海海域使用审批制度的法律法规主要有《海域使用管理法》《中华人民共和国行政许可法》以及《海域使用申请审批暂行办法》,其中《海域使用申请审批暂行办法》已被《国家海洋局关于印发〈海域使用权管理规定〉的通知》废止。基于上述规定,海域使用权的设定有两种基本方式:一是行政许可,即向海洋行政主管部门提出海域使用申请,经政府审批,取得海域使用权,这种方式实际上就是海域使用权的出让;二是因法律行为取得,即根据《海域使用管理法》第二十条及第二十七条,以招标、拍卖或者转让的方式取得海域使用权,不同的设定方式对应着不同的审批程序,海洋石油企业需熟悉不同的审批流程,避免因此而产生的风险。

### 三、海域有偿使用

在海域使用管理制度体系中,海域有偿使用制度具有举足轻重的作用,其既连接着海域权属制度和海域管理制度这两大支柱,又是海域产权制度的关键组成部分。对于海洋石油企业而言,时刻关注与海域使用金缴纳相关的最新法规是至关重要的。

### 四、行政执法典型案例

#### (一)非法占用海域行政处罚案

案件概述:某公司在未取得《海域使用权证书》的情况下,自 2019 年 5 月 31 日起在舟山某海域实施了临时施工平台和施工便道工程,市海洋执法局依法对案件进行了调查,并委托第三方测量单位对非法占用海域面积进行实地测量。测量单位提供的《实际用海面积测量成果技术报告》(以下简称《技术报告》)显示:临时施工平台和施工便道用海面积共 0.257 8 公顷,其中临时施工平台用海面积为 0.194 8 公顷,施工便道用海面积为 0.063 公顷,用海方式均为构筑物用海中的非透水构筑物用海。

案件定性:该案是未经批准非法占用海域的典型案件,该公司在未取得《海域使用权证书》的情况下,擅自在海域内建造了临时施工平台和施工便道,破坏了海域的自然属性和海洋生态环境,影响了舟山海域的合理开发和可持续利用,违反了《海域使用管理法》第三条第二款"单位和个人使用海域,必须依法取得海域使用权"的规定,应当受到法律负面评价。

裁量认定:《海域使用管理法》第四十二条规定:"未经批准或者骗取批准,非法占用海域的,责令退还非法占用的海域,恢复海域原状,没收违法所得,并处非法占用海域期间内该海域面积应缴纳的海域使用金五倍以上十五倍以下的罚款。"为确定罚款数额,必须确定"用海时间""用海面积""海域使用金基数""罚款倍数"等要件对应的数据。

根据业主单位、施工单位、监理单位的询问笔录及提取的施工日志,认定该案用海时间为 2019 年 5 月 31 日至发出《责令停止违法行为通知书》之日 2019 年 9 月 3 日止。根据第三方测量单位提供的《技术报告》,该案的用海面积为 0.257 8 公顷(包括临时施工平台和施工便道用海面积)。根据案件项目工程的实施时间,结合中国海警局《关于做好海域使用金征收标准调整后相关执法工作的通知》规定,该案海域使用金实行一次性征收 100 万元/公顷的标准。根据中国海监总队《关于进一步规范海洋行政处罚裁量权行使的若干意见》《浙江省海洋与渔业行政处罚裁量基准》,该工程用海符合海洋功能区划,且用海面积在 20 公顷以下、用海时间在 1 年以内,经综合考量,确定该案罚款倍数为 6。

案件处理:根据《海域使用管理法》第三条第二款、第四十二条,同时,参照《浙江省海洋与渔业行政处罚裁量基准》,市海洋执法局对该公司处以责令退还非法占用的海域,恢复海域原状,并处 154.68 万元的行政处罚。

### (二)辽宁大连长兴岛港兴土地开发有限公司违法填海案

案件概述:该公司在未取得海域使用权的情况下,实施了两个填海项目,违法填海面积分别为 7.55 公顷和 61.99 公顷。

处理结果:大连长兴岛经济区海洋与渔业局进行了立案查处,责令该公司停止违法行为,并处 8 492.63 万元和 9.3 亿元的行政处罚。罚款已执行到位,相关责任人的责任追究正在落实。

### (三)山东烟台蓬莱西海岸海洋文化旅游产业开发有限公司违法填海案

案件概述:该公司在未取得海域使用权的情况下,擅自填海,违法填海面积为 105.8 公顷。

处理结果:蓬莱市海洋与渔业局进行了立案查处,责令该公司退还非法占用海域,恢复海域原状,并处罚款 11.11 亿元。罚款已执行到位,相关责任人的责任追究正在落实。

### (四)江苏通州湾港口发展有限公司违法填海案

案件概述:该公司在仅取得用海预审意见但未取得海域使用权证书的情况下,擅自填海,违法填海面积为 40.602 公顷。

处理结果:江苏省通州湾江海联动开发示范区海洋与渔业局进行了立案查处,责令该公司退还非法占用的海域,恢复海域原状,并处罚款 2.01 亿元。罚款已执行到位。

### (五)最高人民法院发布的第三十一批指导性案例:非法围填海案

案件概述:北海市乃志海洋科技有限公司未依法取得海域使用权,在海岸线向海一侧实施筑堤围割海域,将海域填成土地并形成有效岸线,改变海域的自然属性。

处理结果:北海海事法院审理该案,并入选最高人民法院发布的第三十一批指导性案例。该公司被要求恢复海域原状,并承担相应的法律责任。

### 五、海域使用法律风险防范

目前,我国海域使用管理的法律体系已得到了持续改进,以《民法典》为核心,以《海域使用管理法》为主要内容,并辅以省级地方性法规《山东海域使用管理条例》作为必要补充,如图 3.1 所示。

为了更有效地规范海域使用,确保《海域使用管理法》和《山东海域使用管理条例》的实施,国务院、国务院各部门以及具有规章制定权的地方政府制定的具有普遍约束力的规范性文件,包括海域使用审批、海域使用金征收标准、海域使用金征收减免、海域使用金征收部门以及海域使用论证等方面的管理和防治措施,如图3.2所示。这些规范性文件在海域使用管理过程中发挥着关键作用,但也存在一定问题,如不同文件之间的规定相互冲突或抵触,导致海洋石油企业在实际操作中难以适从。

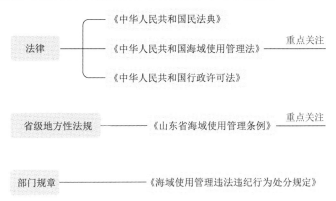

图3.1　我国海域使用管理法律体系概览

为了降低海域使用过程中的风险,需要进一步梳理规范性文件之间的矛盾与冲突,厘清法律规范的适用,从而避免因违反海域使用管理制度而造成的行政处罚。

### (一)海域使用权设立方式

我国主要的海域油气勘探开发区域集中在渤海湾盆地,因其位于渤海湾经济圈内,故具有复杂的用海功能和较高的矿区限制面积。由于该区域涉及海洋生态红线区、军事禁区以及交通航运限制,所以用海的矛盾较为显著,海域使用证的办理面临较大的挑战。此外,申请海域使用证的过程需要经过自然资源部、生态环境部、交通运输部等部门的审批,涉及的部门较多,且在征求下级单位意见的环节中存在不确定性,这可能导致办理周期延长,从而影响海洋石油企业在油气勘探方面的规划和部署。

基于前文分析,海域使用权的设定有两种基本方式:一是行政许可,即向海洋行政主管部门提出海域使用申请,经政府审批,取得海域使用权,这种方式实际上就是海域使用权的出让;二是因法律行为取得,即根据《海域使用管理法》第二十条及第二十七条,以招标、拍卖或者转让的方式取得海域使用权。就海洋石油勘探开发而言,一般采取第一种方式(行政特许)取得海域使用权。

具体的审批程序如下所述。

1.申请人提交申请材料

根据《国家海洋局关于印发〈海域使用权管理规定〉的通知》,对于油气等海洋矿产资源勘查开采项目,必须直接向国家海洋行政主管部门提出海域使用申请,同时,需要提交海域使用申请书、申请海域的坐标图、资信等相关证明材料,油气开采项目需要提交油田开发总体方案,国家级保护区内的开发项目应提交保护区管理部门的许可文件,如有利益相关者,需提交解决方案或协议。受理机关在收到申请材料后,应当对项目进行现场调查和权属核查,并对其申请海域项目的用海是否符合海洋功能区划、是否已设置海

《国务院办公厅关于沿海省、自治区、直辖市审批项目用海有关问题的通知》

《国务院关于国土资源部〈报国务院批准的项目用海审批办法〉的批复》

《自然资源部关于实施海砂采矿权和海域使用权"两权合一"招拍挂出让的通知》

《自然资源部关于规范海域使用论证材料编制的通知》

《国家海洋局关于印发〈临时海域使用管理暂行办法〉的通知》

《国家海洋局关于加强区域建设用海管理工作的若干意见》

《国家海洋局关于印发〈海域使用权管理规定〉的通知》　　　　重点关注

《国家海洋局关于印发〈海域使用论证评审专家库管理办法〉的通知》

《国家海洋局海域管理司关于印发〈国家海域使用动态监视监测管理系统建设与管理的意见〉的通知》

《国家海洋局关于印发〈海域使用权管理有关文书格式〉的通知》

《国家海洋局关于加强海上人工岛建设用海管理的意见》

《国家海洋局关于印发〈国家海域使用动态监视监测管理系统业务化运行职责分工意见及数据资料管理办法〉的通知》

**规范性文件** ── 《国家海域使用动态监视监测管理系统传输网络管理办法》

《国家海洋局关于印发〈海域使用统计管理暂行办法〉的通知》

《国家海洋局关于进一步规范海域使用项目审批工作的意见》

《国家海洋局关于进一步规范地方海域使用论证报告评审工作的若干意见》

《国家海洋局关于全面推进海域动态监视监测工作的意见》

《国家海洋局关于加强海域使用论证报告评审工作的意见》

《国家海洋局关于进一步规范海域使用论证管理工作的意见》

《财政部、国家海洋局关于印发〈海域使用金减免管理办法〉的通知》

《财政部、国家海洋局关于加强海域使用金征收管理的通知》

《财政部、国家海洋局关于海域使用金减免管理等有关事项的通知》

《财政部、国家海洋局印发〈关于调整海域 无居民海岛使用金征收标准〉的通知》　　重点关注

《财政部、自然资源部、税务总局、人民银行关于将国有土地使用权出让收入、矿产资源专项收入、海域使用金、无居民海岛使用金四项政府非税收入划转税务部门征收有关问题的通知》　　重点关注

《山东省财政厅、省海洋与渔业厅关于进一步加强海域使用金征收管理的通知》

《山东省财政厅、山东省自然资源厅关于印发〈山东省海域使用金征收标准〉的通知》　　重点关注

图 3.2　我国海域使用管理规范性文件概览

域使用权以及申请海域的界址与面积是否准确进行严格审查。

结合自然资源部发布的《海域使用权设立(自然资源部审核后报国务院批准且不涉及填海造地项目)审核服务指南》,申请材料如表 3.3 所列。

表 3.3　海域使用权设立申请材料目录

| 序号 | 材料名称 | 原件/复印件 | 份数 | 纸质/电子件 | 要求 |
|---|---|---|---|---|---|
| 1 | 项目用海申请函 | 原件 | 5 | 纸质及电子件 | |
| 2 | 海域使用申请书(含宗海图) | 原件 | 5 | 纸质及电子件 | 海域使用申请书格式见海域使用权申请书符合形式要求,宗海图(包括宗海位置图和宗海界址图)应由具备海洋测绘资质的单位绘制,并使用统一的坐标系统进行标注 |
| 3 | 海域使用论证报告 | 原件 | 1 | 纸质及电子件 | 由用海申请人自主或委托开展编制 |
| 4 | 建设项目批准(核准或备案)文件 | 复印件 | 1 | 纸质及电子件 | 属于国务院或国务院投资主管部门审批或核准的项目,可在项目取得批准或核准后补充提交 |
| 5 | 利益相关者处理协议或解决方案 | 复印件 | 1 | 纸质及电子件 | |

2. 主管部门进行审查

符合如下条件的,通过审核,并按程序报国务院审批。

(1)属于国务院批准权限。

(2)建设项目前期工作执行了国家规定的有关建设程序。

(3)项目用海申请和受理符合规定程序和要求。

(4)项目用海符合海洋功能区划和相关规划。

(5)项目用海符合海洋生态保护红线、自然岸线保有率管控要求。

(6)项目用海与国家有关产业政策相协调。

(7)项目用海不影响国防安全和海上交通安全。

(8)申请海域是否计划设置其他海域使用权。

(9)海域使用论证按照规定程序和技术标准开展,论证结论切实可行。

(10)项目用海的界址、面积清楚,权属无争议。

(11)不存在违法用海行为或存在违法用海行为但已依法查处。

(12)不存在信访事项或存在信访事项但已处理完毕。

(13)利益相关者已协调完毕;属于自然资源部出具用海预审意见的项目,在用海预审阶段,利益相关者具有可协调途径。

（14）有关部门意见一致。

（15）其他事项符合国家法律法规的规定和有关政策。

审核机关在接到提交的材料后,首先,进行初步审查。然后,通知申请人开展海域使用论证并补充相关材料。收到论证报告后,该机关将组织专家评审。如有必要,会征求同级有关部门的意见。评审通过的海域使用论证报告的有效期为3年。审核机关将针对符合条件的申请,提请同级人民政府批准,而对于不符合条件的申请,则将以法定方式告知申请人。

3. 缴纳海域使用金并办理海域使用权证书

一旦海域使用申请获得批准,审核机关应立即将项目用海批复送达海域使用申请人,并同时抄送给相关人民政府及海洋行政主管部门。

申请人需按照项目用海批复的要求缴纳海域使用金。若希望减免海域使用金,申请人应在收到《项目用海批复通知书》后的30日内,向相应的财政部门与海洋主管部门提交书面减免申请。审核工作将在30天内完成,申请人最后将获得书面形式的批复结果。

**（二）海域有偿使用——海域使用金的缴纳**

1. 国家海域使用金征收标准

2018年,财政部和国家海洋局共同制定了《海域使用金征收标准》和《无居民海岛使用金征收标准》（财综〔2018〕15号）。该文件要求,沿海省、自治区、直辖市、计划单列市应根据本地区的具体情况,合理划分海域级别,并制定不低于国家标准的地方海域使用金征收标准。对于以申请审批方式出让海域使用权的,应执行地方标准；对于以招标、拍卖、挂牌方式出让海域使用权的,出让底价不得低于按照地方标准计算的海域使用金金额。对于尚未颁布地方海域使用金征收标准的地区,则应执行《国家标准》。

2. 山东省海域使用金征收标准

2021年2月,山东省财政厅和山东省自然资源厅共同发布了关于印发《山东省海域使用金征收标准》（鲁财综〔2021〕6号）的通知,于2021年4月1日起施行,有效期至2026年3月31日。该项通知规定了山东省海域使用金的具体征收标准。

（1）政策依据。

根据《财政部 国家海洋局印发〈关于调整海域无居民海岛使用金征收标准〉的通知》（财综〔2018〕15号）,沿海省应根据本地区情况,合理划分海域级别,并制定不低于国家标准的地方海域使用金征收标准。山东省财政厅、省自然资源厅（省海洋局）依据自然资源部《海域定级技术指引（试行）》要求,结合本省实际,对省内35个沿海县（市、区）海域进行定级,并制定了相应的海域使用金征收标准。

（2）制定过程。

省财政厅、省自然资源厅（省海洋局）委托中国海洋大学制定了《山东省海域定级和海域使用金征收标准（征求意见稿）》（以下简称《标准》）,先后征求了相关领域专家、社会公众以及沿海各市财政、海洋主管部门意见,报经省政府常务会议审议同意,形成了本《标准》。

（3）主要内容。

主要明确《标准》印发后海域使用金的征收、缴纳以及实施期限。一是本文件自施行之日起:针对以申请审批方式出让海域使用权的,需按照《标准》执行;针对通过招标、拍卖、挂牌方式出让海域使用权的,出让底价不得低于依照《标准》计算得出的海域使用金额。海域使用权的续期或用海方案调整等需经政府重新批准的,批准后应依照《标准》执行。本文件施行前已获得批准,但尚未缴纳海域使用金的用海项目,依然执行批准时的海域使用金征收标准。其中,对于通过招标、拍卖、挂牌方式出让的项目,批准时间以政府批复出让方案的时间为准。对于经批准分期缴纳海域使用金的用海项目,在批准的分期缴款时间内,应按照出让合同或分期缴款批复缴纳剩余部分。此外,财综〔2018〕15号文件所确定的县(市、区)海域等别将不会随行政区划的调整而变更。

① 海域级别。按照国家已确定的海域等别,对我省沿海 35 个县(市、区)海域进行定级。其中,一等海域划分为一个级别,即Ⅰ级;二等海域划分为两个级别,即Ⅰ级和Ⅱ级;三等至六等海域分别划分为三个级别,即Ⅰ级、Ⅱ级和Ⅲ级。

② 海域使用金征收标准。在确定海域级别的基础上,制定了我省的海域使用金征收标准,较国家标准上浮 0%～8%,平均上浮 2.65%。其中,Ⅰ级海域上浮 0%～8%,平均上浮 4.58%;Ⅱ级海域上浮 0%～4%,平均上浮 2.46%;Ⅲ级海域执行国家标准。对于跨海桥梁、海底隧道用海,人工岛式油气开采用海,平台式油气开采用海,海底电缆管道用海,海砂等矿产开采用海,取、排水口用海,污水达标排放用海,温、冷排水用海,倾倒用海,以及种植用海 10 类用海方式,由于其效益区域差异不明显,海域使用金将执行国家标准。

依据上述规定,在海洋石油企业的油气开采用海过程中,如属于人工岛式油气开采用海、平台式油气开采用海以及海底电缆管道用海等情况,其海域使用金将继续执行国家标准。

3. 海域使用金征收主体

根据《财政部、自然资源部、税务总局、人民银行关于将国有土地使用权出让收入、矿产资源专项收入、海域使用金、无居民海岛使用金四项政府非税收入划转税务部门征收有关问题的通知》(财综〔2021〕19 号)第一条、第二条,自 2022 年 1 月 1 日起,海域使用金(含滞纳金)由税务部门征收,不需要再到政府其他部门缴纳。

**（三）未及时足额缴纳海域使用金的滞纳金收取比例**

《财政部、国家海洋局关于加强海域使用金征收管理的通知》(财综〔2007〕10 号)第六条规定:"对不按规定及时足额缴纳海域使用金的,一律按照其滞纳日期及滞纳金额按日加收 1‰的滞纳金。"例如,某企业海域使用权期限为 2022 年 5 月 10 日至 2023 年 5 月 9 日,在 2022 年 5 月 12 日缴纳海域使用金 3 万元,滞后了 3 天,应缴滞纳金为 30 000×3×1‰ =90 元。

## （四）海域使用权人拒不缴纳海域使用金的法律责任

《海域使用管理法》第四十八条规定:"违反本法规定,按年度逐年缴纳海域使用金的海域使用权人不按期缴纳海域使用金的,限期缴纳;在限期内仍拒不缴纳的,由颁发海域使用权证书的人民政府注销海域使用权证书,收回海域使用权。"

《山东省海域使用管理条例》第四十条规定:"违反本条例规定,海域使用权人不按期缴纳海域使用金的,由海洋行政主管部门责令限期缴纳;逾期不缴纳的,由颁发海域使用权证书的人民政府注销海域使用权证书,收回海域使用权。"

综上所述,基于现有的海域使用法律规范,如表3.4所列,笔者梳理了海洋石油勘探开发企业海域使用法律风险清单,如表3.5所列。

表 3.4　海域使用相关法律规范

| 序号 | 主要内容 | 法律及规范性文件 | 颁布单位 | 颁布时间 | 发文字号 |
|---|---|---|---|---|---|
| 1 | 海域使用权设立方式 | 《中华人民共和国民法典》 | 全国人大 | 2020 年 5 月 28 日 | 主席令 第 45 号 |
| 2 | | 《中华人民共和国海域使用管理法》 | 全国人大常委会 | 2001 年 10 月 27 日 | 主席令 〔2001〕61 号 |
| 3 | | 《中华人民共和国行政许可法》 | 全国人大常委会 | 2019 年 4 月 23 日 | 主席令第二十九号 |
| 4 | | 《国务院办公厅关于沿海省、自治区、直辖市审批项目用海有关问题的通知》 | 国务院办公厅 | 2002 年 7 月 6 日 | 国办发 〔2002〕36 号 |
| 5 | | 《国务院关于国土资源部〈报国务院批准的项目用海审批办法〉的批复》 | 国务院 | 2003 年 4 月 19 日 | 国函〔2003〕44 号 |
| 6 | | 《国家海洋局关于印发〈海域使用权管理规定〉的通知》 | 国家海洋局 | 2006 年 10 月 13 日 | 国海发 〔2006〕27 号 |
| 7 | | 《国家海洋局关于印发〈临时海域使用管理暂行办法〉的通知》 | 国家海洋局 | 2003 年 8 月 20 日 | 国海发 〔2003〕18 号 |
| 8 | 海域使用金征收国家标准 | 《财政部、国家海洋局印发〈关于调整海域 无居民海岛使用金征收标准〉的通知》 | 财政部、国家海洋局 | 2018 年 3 月 13 日 | 财综〔2018〕15 号 |
| 9 | 海域使用金征收地方标准 | 《山东省财政厅、山东省自然资源厅关于印发〈山东省海域使用金征收标准〉的通知》 | 山东省财政厅、山东省自然资源厅 | 2021 年 2 月 19 日 | 鲁财综〔2021〕6 号 |

| 序号 | 主要内容 | | 法律及规范性文件 | 颁布单位 | 颁布时间 | 发文字号 |
|---|---|---|---|---|---|---|
| 10 | 统一海域使用金征收标准 | | 《财政部、国家海洋局关于加强海域使用金征收管理的通知》*① | 财政部、国家海洋局 | 2007年1月24日 | 财综〔2007〕10号 |
| 11 | 地方海域使用金征收标准 | | 《山东省财政厅、省海洋与渔业厅关于进一步加强海域使用金征收管理的通知》*② | 山东省财政厅、山东省海洋与渔业厅 | 2007年1月30日 | 鲁财综〔2007〕108号 |
| 12 | 海域使用金减免 | | 《财政部、国家海洋局关于印发〈海域使用金减免管理办法〉的通知》 | 财政部、国家海洋局 | 2006年7月5日 | 财综〔2006〕24号 |
| 13 | 海域使用金征收主体 | 税务部门征收 | 《财政部、自然资源部、税务总局、人民银行关于将国有土地使用权出让收入、矿产资源专项收入、海域使用金、无居民海岛使用金四项政府非税收入划转税务部门征收有关问题的通知》 | 财政部、自然资源部、国家税务总局、中国人民银行 | 2021年5月21日 | 财综〔2021〕19号 |
| 14 | 海域使用金征收主体 | 海洋行政主管部门征收/国家海洋局 | 《财政部、国家海洋局关于加强海域使用金征收管理的通知》*③ | 财政部、国家海洋局 | 2007年1月24日 | 财综〔2007〕10号 |
| 15 | 滞纳金收取比例 | | 《财政部、国家海洋局关于加强海域使用金征收管理的通知》 | 财政部、国家海洋局 | 2007年1月24日 | 财综〔2007〕10号 |
| 16 | 不缴纳海域使用金的法律责任 | | 《中华人民共和国海域使用管理法》 | 全国人大常委会 | 2001年10月27日 | 主席令〔2001〕61号 |
| 17 | | | 《山东省海域使用管理条例》 | 山东省人大及其常委会 | 2015年7月24日 | —— |
| 18 | | | 《国家海洋局关于印发〈临时海域使用管理暂行办法〉的通知》 | 国家海洋局 | 2003年8月20日 | 国海发〔2003〕18号 |

---

① 标＊的规范性文件在实践中已被最新的规范性文件所替代。

② 标＊的规范性文件在实践中已被最新的规范性文件所替代。

③ 标＊的规范性文件在实践中已被最新的规范性文件所替代。

| 序号 | 主要内容 | 法律及规范性文件 | 颁布单位 | 颁布时间 | 发文字号 |
|---|---|---|---|---|---|
| 19 | 海域使用论证报告评审 | 《国家海洋局关于加强海域使用论证报告评审工作的意见》 | 国家海洋局 | 2011 年 12 月 6 日 | 国海管字〔2011〕838 号 |
| 20 | | 《国家海洋局关于进一步规范地方海域使用论证报告评审工作的若干意见》 | 国家海洋局 | 2009 年 4 月 15 日 | 国海管字〔2009〕210 号 |
| 21 | | 《国家海洋局关于印发〈海域使用论证评审专家库管理办法〉的通知》 | 国家海洋局 | 2004 年 3 月 4 日 | 国海管字〔2004〕90 号 |
| 22 | 有关责任人员违法违纪行为的处分 | 《海域使用管理违法违纪行为处分规定》 | 财政部、人事部 | 2008 年 2 月 26 日 | 监察部①、人事部、财政部、国家海洋局第 14 号令 |

---

① 2018 年 3 月，第十三届全国人民代表大会第一次会议审议通过了宪法修正案，设立国家监察委员会，不再保留监察部，并入国家监察委员会。该文件系 2018 年 3 月前发布，故保留原称。

表 3.5　海域使用法律风险清单

| 基础信息区 | | | 法律信息区 | | |
|---|---|---|---|---|---|
| 风险名称 | 引发法律风险的行为 | 涉及的法律法规 | 相关的法律法规 | 引发的法律责任和后果 | 法律建议 |
| 海域使用法律风险 | 未取得海域使用权 | 新建、改建、扩建 | 《中华人名共和国海域使用管理法》 | 在中华人民共和国内水、领海持续使用并特定海域3个月以上的排他性用海活动，适用本法；海域属于国家所有，国务院代表国家行使海域所有权，任何单位或者个人不得侵占、买卖或者以其他形式非法转让海域，单位和个人使用海域，必须依法取得海域使用权 | 未经批准或者骗取批准、非法占用海域的，责令退还非法占用的海域，恢复海域原状，没收违法所得，并处非法占用海域期内该海域缴纳的海域使用金5倍以上15倍以下的罚款；对未经批准或者骗取批准，进行围海、填海活动的，并处非法占用海域期内该海域缴纳的海域使用金10倍以上20倍以下的罚款 | 依据法律规定，必须依法取得海域使用权 |
| | | | | 在中华人民共和国内水、领海使用特定海域不足3个月，可能对国防安全、海上交通安全和其他用海活动造成重大影响的排他性用海活动，参照本法有关规定办理临时海域使用证 | | |
| | 临时占用用海域 | 《临时用海使用管理暂行办法》 | 在中华人民共和国内水、领海使用特定海域不足3个月的排他性用海活动，依照本办法办理临时用海域使用证 | 依据法律规定，使用海域，依法取得海域使用权 | |

续表

| 基础信息区 | | 法律信息区 | | | |
|---|---|---|---|---|---|
| 风险名称 | 引发法律风险的行为 | 涉及的法律法规 | 相关的法律法规 | 引发的法律责任和后果 | 法律建议 |
| 海域使用法律风险 | 未缴纳海域使用金 | 《中华人名共和国海域使用管理法》 | 国家实行海域有偿使用制度；单位和个人使用海域，应当按照国务院的规定缴纳海域使用金。海域使用金应当按照国务院的规定上缴财政 | 违反本法规定，按年度逐年缴纳海域使用权人不按期缴纳海域使用金的，限期缴纳；在限期内仍不缴纳的，由颁发海域使用权证书的人民政府注销其海域使用权证书，收回其海域使用权 | 平台式油气开采用海、海底电缆管道用海的海域使用金依旧执行国家标准（财综〔2018〕15号） |
| | | 《临时用海使用管理暂行办法》 | 经营性临时海域使用应当缴纳海域使用金，计征方法：用海面积×海域使用金征收标准×25% | | |
| | 到期未办理续期 | 《中华人名共和国海域使用管理法》 | 海域使用权最高期限，按照下列用途确定：①养殖用海20年；②拆船用海15年；③旅游、娱乐用海25年；④盐业、矿业用海30年；⑤公益事业用海40年；⑥港口、修造船厂等建设工程用海50年 | 违反本法规定，海域使用权期满，未办理有关手续仍继续使用海域的，责令限期办理的，可以并处1万元以下的罚款；拒不办理的，以非法占用海域论处 | 海域使用权期满后，应在期限内及时办理续期 |

| 基础信息区 | | | 法律信息区 | | |
|---|---|---|---|---|---|
| 风险名称 | 引发法律风险的行为 | 涉及的法律法规 | 相关的法律法规 | 引发的法律责任和后果 | 法律建议 |
| | 到期未办理续期 | 《中华人名共和国海域使用管理法》 | 海域使用权期限届满，海域使用权人需要继续使用海域的，应当至迟于期限届满前2个月向原批准用海的人民政府申请续期；除根据公共利益或者国家安全需要收回海域使用权的外，原批准用海的人民政府应当准予续期；准予续期的，海域使用权人应当依法缴纳续期的海域使用金；临时海域使用期届满，不得批准续期 | 违反本法规定，海域使用权期届满，未办理有关手续仍继续使用海域的，责令限期办理，可以并处1万元以下的罚款；拒不办理的，以非法占用海域论处 | 海域使用权期限届满后，应在期限内及时办理续期 |
| 海域使用法律风险 | 未按照批准的海域使用类型使用海域 | 《中华人名共和国海域使用管理法》 | 海域使用权人不得擅自改变经批准的海域用途；确需改变的，应当在符合海洋功能区划的前提下，报原批准用海的人民政府批准 | 违反本法规定，擅自改变海域用途的，责令限期改正，没收违法所得，并处非法改变海域用途的期间内该海域面积应缴纳的海域使用金5倍以上15倍以下的款款；对拒不改正的，由颁发海域使用权证书的人民政府注销其海域使用权证书，收回其海域使用权 | |

续表

| 基础信息区 | | | 法律信息区 | | |
|---|---|---|---|---|---|
| 风险名称 | 引发法律风险的行为 | 涉及的法律法规 | 相关的法律法规 | 引发的法律责任和后果 | 法律建议 |
| 海域使用法律风险 | 海域使用权终止，用海设施和构筑物未按规定拆除 | 《中华人名共和国海域使用管理法》 | 海域使用权期满，未申请续期或者申请续期未获批准的，海域使用权终止；海域使用权终止后，原海域使用权应当拆除或者可能造成海洋环境污染或拆除可能影响其他用海项目的用海设施和构筑物 | 海域使用权终止，原海域使用权人不按规定拆除用海设施和构筑物的，责令限期拆除；逾期拒不拆除的，处5万元以下的罚款，并由县级以上人民政府海洋行政主管部门委托有关单位代为拆除，所需费用由原海域使用权人承担 | 针对用海设施和构筑物拆除的具体要求，可参考海洋环境侵权法律风险清单 |

# 第四节　海上触碰

由于船舶航行和石油勘探开发都在海上进行,它们之间便存在着潜在的冲突。从实践的角度来观察,二者的冲突主要体现为海洋石油勘探生产设施对航行安全构成威胁,造成因绕航导致的航行时间延长以及水上交通拥挤,甚至酿成船舶与钻井平台等石油生产设施相撞这样的重大事故,造成人员伤亡、财产损失乃至石油泄漏、海洋生态被破坏等严重后果。以海洋石油勘探开发权和航行权的冲突为例,假设某一船舶在海上油田的安全地带之外但紧贴安全地带的界限航行,而当时海洋上的气候条件不佳,能见度差,船舶随时有可能误入安全地带,甚至与钻井平台相撞。若发生触碰事故,海洋石油勘探开发权之主体在其权利受侵害的情况下,该如何寻求救助?

需要明确的是,此处的碰撞不等同于《中华人民共和国海商法》中所规定的船舶碰撞。《中华人民共和国海商法》规定:"船舶碰撞是指船舶在海上或者与海相通的可航水域发生接触造成损害的事故。"区别于两艘船舶间发生的船舶碰撞案件,单艘船舶触碰码头、桥梁、水下或空中电缆管道等引起纠纷的被称作船舶触碰损害责任纠纷,也是海事法院受理的一类重要的海上侵权案件。《水上交通事故统计办法》第十二条规定:"船舶触碰岸壁、码头、航标、桥墩、浮动设施、钻井平台等水上水下建筑物或者沉船、沉物、木桩、鱼栅等碍航物并造成损害,按触碰事故统计。船舶本身和岸壁、码头、航标、桥墩、钻井平台、浮动设施、鱼栅等水上水下建筑物的人员伤亡和损失,均应当列入触碰事故的伤亡和直接经济损失。"

由此可见,上述情形属于船舶触碰,与船舶碰撞在事故调查、法律适用方面均存在差异。当发生船舶触碰事故时,如何索赔并最大限度地维护自身合法权益,是海洋石油企业需要重点关注的问题。需要从船舶触碰事故类型、纠纷的法律性质、纠纷的管辖、纠纷的案由界定、纠纷的归责原则、纠纷的认定、财产损失的认定方面展开研究。

## 一、海上触碰风险识别与分析

### (一)船舶触碰事故的类型

结合近几年发生的船舶触碰事故案例,初步总结与海洋石油勘探开发相关的船舶触碰事故大致可以分为船舶触碰海底管道、船舶触碰钻井平台、船舶触碰原油码头。

### (二)船舶触碰事故损害赔偿纠纷的法律性质

根据《最高人民法院关于审理船舶碰撞和触碰案件财产损害赔偿的规定》,船舶触碰是指船舶与设施或障碍物发生接触,并因此导致财产损失的事故。从本质上看,与海洋石油勘探开发相关的船舶触碰事故所引发的损害赔偿纠纷,属于侵权责任纠纷的范畴。这类纠纷与船舶碰撞事故一样,都是水上交通安全领域中的常见问题。这些事故引发的责任纠纷是典型的海上侵权纠纷,具有以下典型特征。

（1）事故责任主体明确。侵权纠纷的责任方主要是加害方,在与海洋石油企业相关的船舶触碰事故中,加害方主要是指引起触碰事故的船舶所有人或经营人。

（2）事故责任划分清晰。由于与海洋石油企业相关的船舶触碰事故中,钻井平台、海底管道等多处于静止状态,触碰往往由船舶造成,故除非船方（船舶所有人或经营人）能够证明损害的发生是由不可抗力或者被触碰的海洋石油企业的过错造成,否则船方就应该承担全部赔偿责任。

### （三）船舶触碰事故损害赔偿纠纷的管辖

如前所述,与海洋石油勘探开发相关的船舶触碰事故纠纷属于典型的海事侵权纠纷。《最高人民法院关于适用〈中华人民共和国海事诉讼特别程序法〉若干问题的解释》第六十一条规定:"依据《中华人民共和国海商法》第一百七十条的规定提起的诉讼和因船舶触碰造成损害提起的诉讼,参照海事诉讼特别程序法关于审理船舶碰撞案件的有关规定审理。"

《中华人民共和国民事诉讼法》第三十一条规定:"因船舶碰撞或者其他海事损害事故请求损害赔偿提起的诉讼,由碰撞发生地、碰撞船舶最先到达地、加害船舶被扣留地或者被告住所地人民法院管辖。"此处的"被告住所地"不难理解,一般是指船方公司的公司登记地或作为自然人的被告户籍地、经常居住地。且上述管辖无先后顺序之分,因此,对于准备提起诉讼解决船舶触碰损害责任纠纷的当事人,应在考虑便捷性、经济性以及其他有利于己方的因素,在上述有管辖权的法院中选择管辖法院。

对不具有涉外因素的船舶碰撞损害责任纠纷案件,适用中国法律当无疑义。那么对于具备涉外因素的船舶碰撞损害责任纠纷案件（如事故一方为外籍船舶）,《中华人民共和国涉外民事关系法律适用法》第四十四条规定:"侵权责任,适用侵权行为地法律,但当事人有共同经常居所地的,适用共同经常居所地法律。侵权行为发生后,当事人协议选择适用法律的,按照其协议。"法律允许当事人协议选择适用的法律,但是,当《中华人民共和国涉外民事关系法律适用法》与《中华人民共和国海商法》关于涉外法律关系适用发生冲突时,应优先适用《中华人民共和国海商法》的规定（特别法优于一般法）。

### （四）船舶触碰损害责任纠纷的案由界定

《最高人民法院关于审理船舶碰撞和触碰案件财产损害赔偿的规定》（2020 修正）第十六条针对"设施"及"船舶触碰"做出明确界定,其中,"'设施'是指人为设置的固定或者可移动的构造物,包括固定平台、浮鼓、码头、堤坝、桥梁、敷设或者架设的电缆、管道等","'船舶触碰'是指船舶与设施或者障碍物发生接触并造成财产损害的事故"。上述有关船舶触碰的定义比较广泛,几乎涵盖了除船舶碰撞外的其他船舶侵权行为,包括以下四种类型:一是船舶触碰码头,触碰结果会导致船舶、船载货物、码头产生巨大财产损失及人员伤亡;二是船舶触碰桥梁,造成桥梁部分破损,影响正常通行或施工,威胁桥上人员及财产安全;三是船舶（包括船舶属具）触碰水下或空中电缆管道,公共设施遭破坏,导致大面积长时间停电、停气;四是船舶触碰沉船等障碍物,造成航行船舶严重受损或人员伤亡。

最高人民法院在《民事案件案由规定》[①]《最高人民法院关于海事法院受理案件范围的规定》[②]中将上述第三类和第四类情形与船舶触碰损害责任纠纷区分出来,分别列为船舶损坏空中设施、水下设施损害责任纠纷和海上、通海水域财产损害责任纠纷。将船舶触碰的定义限定为涉及海上、通海可航水域、港口及其岸上设施或其他财产的损害责任纠纷案件,具体包括船舶与码头、防波堤、栈桥、船闸、桥梁、航标、钻井平台等设施发生触碰所导致的损害责任纠纷案件。

综上所述,结合《最高人民法院关于审理船舶碰撞和触碰案件财产损害赔偿的规定》《民事案件案由规定》《最高人民法院关于海事法院受理案件范围的规定》,船舶触碰损害责任纠纷符合以下特征。

(1)船舶触碰对象是设施或障碍物。

(2)船舶和设施或障碍物要发生接触,浪损等未接触不构成船舶触碰。

(3)要存在损害结果,没有损害不构成法律意义上的船舶触碰。

**(五)船舶触碰损害责任纠纷中的归责原则**

船舶触碰作为一种特殊的海上侵权行为,与船舶碰撞有所区别。确定船舶触碰责任的归责原则是判断各方责任的关键所在。然而,《中华人民共和国海商法》并未对船舶触碰的归责原则做出明确规定。在司法实践中,通常将《民法典》第一千一百六十五条第一款作为认定侵权责任的法律依据,即采用过错责任原则。[③] 根据过错责任原则的理论,受害人只需证明在类似条件下,一个合理谨慎的船舶不会发生触碰,即可证明船方存在过错。简言之,如无特殊情况,一方的财产侵犯了另一方的财产,这就表明侵害方在合理谨慎的注意方面存在缺失或疏忽。

一般情况下,船舶触碰案件的原告多为码头、桥梁、钻井平台或者其他设施的所有人、管理人,被告为导致触碰事故的船方。原告应先举证,证明船方存在违反通常的技术和谨慎或者违反良好船艺的过错,如果不能证明,被告无须承担责任。但在审判实务中,某些触碰案件会根据受害人的举证能力适当调整举证责任,特别是当受害人要证明行为人过错难度过大、明显有失公平时,将举证责任倒置,作为在证据规则领域的一种补救措施。

当然,在众多案例中,部分被告希望通过证明原告本身也存在过错,继而适用过错相抵原则,让原告分担部分责任,但事实上,被告很难证明原告是否存在过错或者原告的过错与船舶触碰之间存在因果关系,即原告的过错是否足以使得合理谨慎驾驶的船舶触

---

① 《民事案件案由规定》(法〔2020〕347 号)。

② 《最高人民法院关于海事法院受理案件范围的规定》(法释〔2016〕4 号)第二、第三、第六条。

③ 《民法典》第一千一百六十五条:"行为人因过错侵害他人民事权益造成损害的,应当承担侵权责任。"

碰到静止的设施。在船舶触碰设施案件的过错责任认定中,法官对船方举证要求会相对严格。

综上所述,在目前的法律框架下,船舶触碰的归责原则是过错责任,不能适用过错推定。受害人应首先提供初步证据证明加害方存在过错,而非仅仅证明损害的事实,加害方再通过证明其没有过错、对方亦有过错或者存在免责的事由来减轻或者免除其责任。船舶触碰案件有不同的类型,在审判实务中,过错责任的认定会随个案有所变化。例如,在船舶触碰静止的码头、空中或水下设施时,法官会根据当事人的举证能力采取举证责任倒置的方式来认定过错责任,实际上是在证据规则领域对受害人采取的一种救济措施。

### (六)船舶触碰损害责任纠纷的认定

与海洋石油企业相关的船舶触碰事故本质上属于水上交通事故,类似道路交通事故由公安交警部门根据《道路交通安全法》进行事故认定。根据《中华人民共和国海上交通安全法》,该类事故的调查处理由海事管理机构负责。在海上船舶触碰事故损害赔偿纠纷案件中,海事管理机构的地位与道路交通事故中的公安交警部门类似,其主要根据相关法律规定的实体及程序性要求,对触碰事故发生的原因进行技术判断,并制作《海上交通事故调查报告》。该类报告书、结论书在性质上属于民事证据,可作为划分纠纷当事人之间民事责任的参考依据,且除非有相反证据足以推翻的,法院一般会按照该报告书进行责任划分。

海事调查报告是船舶触碰损害责任纠纷案件中的重要证据,也是人民法院审理该类案件的重要依据。对于海事调查报告对事故原因及责任认定方面存在的明显问题(对己方不利的情况下),应积极寻找证据予以推翻,尤其是针对事实认定(如未能考虑不可抗力因素)以及程序方面的问题(如明显违反事故调查程序),要及时向法院提交意见。

应特别注意的是,与海洋石油勘探开发相关的船舶触碰事故认定中,船方一般会以海洋石油企业没有尽到管理职责为由,要求海洋石油企业分担事故责任。根据相关司法实践,船方主张海洋石油企业未尽管理职责主要有两类,即未规范设置标识、未划定管道保护区并及时向海洋行政主管部门报告。《海底电缆管道保护规定》第十条第一款规定:"国家鼓励海底电缆管道所有者对海底电缆管道保护区和海底电缆管道的线路等设置标识。"这表明,设置标识是对海底电缆管道所有者的一种鼓励性措施,而非强制性义务。在司法实践中,未设置规范标识并不足以被认定为管理瑕疵。

依据《中华人民共和国海上交通事故调查处理条例》,海上交通事故调查报告书通常包括以下内容:船舶和设施的概况以及主要数据;船舶和设施的所有人或经营人的名称和地址;事故发生的时间、地点、经过、气象海况以及损害情况;事故发生的原因及相关证据;当事人各方的责任及依据;其他与事故相关的情况。值得注意的是,海事调查报告通常仅会明确指出主要责任和次要责任,而具体的责任比例则需要各方当事人通过举证来确定各自的过失程度,最终由海事法院根据所提供的证据来判定责任比例,参考案例如表3.6所列。

表 3.6　船舶触碰损害责任纠纷案例

| 案件名称 | 舟山实华原油码头有限公司与 ENE 艾斯提帕船舶触碰损害责任纠纷 |
| --- | --- |
| 案号 | （2013）甬海法事初字第 18 号 |
| 案由 | 船舶触碰损害责任纠纷 |
| 基本案情 | 2011 年 8 月 18 日，被告所属的"阿斯提"轮在靠泊原告所属的 30 万吨级原油码头时操作不当，在断缆漂移后触碰码头设施，造成该码头上的输油臂及其他附属设施不同程度受损，并使原油码头无法正常接卸船舶，生产运营陷入停顿 |
| 事故认定 | 舟山海事局整理出调查报告，认定事故原因为：<br>① 不排除在稳泊期间（缆绳崩断前）可能存在使用主机等不当操作行为；<br>② 断缆发生的可能原因：系泊缆绳受力不均，船方未及时调整；系泊缆绳存在缺陷；"阿斯提"轮甲板巡查值班人员未及时发现船体移动情况及缆绳受力异常，存在值班疏忽；尾横缆发生异常时船员应急处置不力；<br>③ "阿斯提"轮断缆漂移后，船长采取倒车措施，致使船尾向码头内侧偏转，是造成"阿斯提"轮驾驶台左翼与码头输油臂发生刮擦的原因；<br>④ 事发当日为天文大潮汛（农历七月十九），码头前沿水域潮流较急，因码头所处地形影响，在码头前沿水域存在回流，事发当时为大潮汛急落流时段，船舶受水流影响使系泊缆绳受力增加 |
| 原告主张 | 原告根据海事局对事故原因的认定，主张被告系事故的唯一责任主体，应对所有损失承担赔偿责任 |
| 被告主张 | ① 事故系因原告所属码头的潮流对船舶的巨大冲击，以及码头的安全防护措施未到位，未能按照海事局在类似案件中的指导意见制定妥善的安全防护和应急措施所致，被告船舶在事故中不存在任何过错；<br>② 对于原告诉称的各项损失，被告仅认可消防系统修复费用的合理性 |
| 法院认为 | 综合海事局调查报告总结的事故原因及事故当时的监控录像，"阿斯提"轮在靠泊完成后发生漂移，系在水流的作用下发生，被告虽辩称其缆绳完好、应对妥当，但码头为固定设施，断缆事故的发生仍应归咎于其缆绳条件及船员应对等均不能满足当时的水文条件下在码头稳泊的要求；被告针对码头的设计提出疑问，然而，船舶所靠泊的码头系船方的选择，其船舶靠泊的码头及泊位是否安全，并不属于该案纠纷所处理的范围；被告还辩称码头未安排拖轮应急或向被告提醒以尽其注意义务，法院认为，原告与拖轮方之间并不存在合同关系，拖轮系船方为助泊而安排，被告向原告追究拖轮安排的责任缺乏依据，故对被告的辩称不予采纳；综上所述，被告应对涉案触碰事故的发生承担责任 |

### （七）船舶触碰案件财产损失的认定

　　根据《最高人民法院关于审理船舶碰撞和触碰案件财产损害赔偿的规定》[①]，请求人可以请求赔偿因触碰所造成的财产损失包括以下方面。

---

① 《最高人民法院关于审理船舶碰撞和触碰案件财产损害赔偿的规定》（2020 修正）第五条规定："船舶触碰造成设施损害的赔偿包括：设施的全损或者部分损坏修复费用；设施修复前不能正常使用所产生的合理的收益损失。"

（1）触碰直接造成的财产损失。

（2）触碰后相继发生的有关费用和损失。

（3）为避免和减少损害而产生的合理费用和损失。

（4）预期可得利益损失（设施修复前不能正常使用所产生的合理的收益损失）。

## 二、海上触碰法律风险防范

海上触碰法律规范如图 3.3 所示。

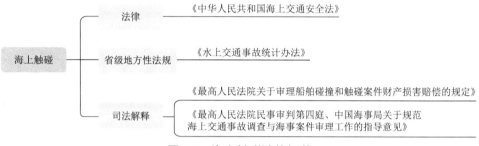

图 3.3　海上触碰法律规范

触碰事故发生后，海洋石油企业最关心的莫过于尽快修复设施，保护生态环境，维护人民群众的生命及财产安全，因修复设施以及与修复设施产生的相关费用，均可向事故责任方（船舶所有人、经营人以及保险公司）索赔。为提高索赔成功率，结合司法实践中处理该类纠纷中人民法院的裁判规则，笔者提出以下索赔思路，如图 3.4 所示。

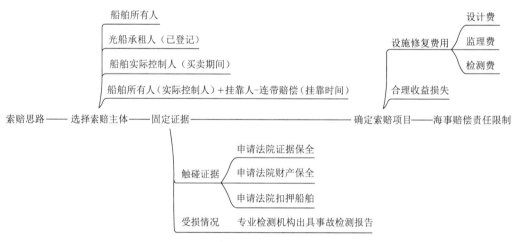

图 3.4　海上触碰纠纷索赔思路

### （一）选择合适的索赔主体

根据《民法典》侵权责任编的相关规定，侵权责任应由实施侵权行为的人承担。在船舶触碰损害责任纠纷案件中，侵权行为人主要是指那些依据《最高人民法院关于审理船舶碰撞纠纷案件若干问题的规定》应当承担责任的船舶所有人以及经过依法登记的光船承租人。这些主体在船舶触碰事件中,需依法对受害人承担相应的侵权责任。该两类主体在船舶碰撞、触碰损害责任纠纷中承担侵权责任没有争议,但在现实中,船舶碰撞、触碰损害责任纠纷中的责任主体往往并没有如此清晰简单。例如,在船舶买卖期间、挂靠经营期间等特殊情况下的侵权责任主体认定,就相对复杂。

在船舶买卖期间,如果买卖双方已签署买卖合同但尚未完成过户登记手续,应根据《民法典》物权编以及侵权责任编的有关规定,结合船舶实际控制(指挥、管理等)具体情况认定责任主体,即船舶实际控制人承担船舶碰撞、触碰损害赔偿责任;对于挂靠经营期间船舶发生的碰撞、触碰事故引起的损害责任纠纷,应结合挂靠经营法律关系中的受益人理论,由船舶所有人(实际控制人)与挂靠人承担连带赔偿责任。

如前所述,船舶触碰事故中的责任人主要是指船舶所有人、光船租赁期间依法登记的光船承租人。在提起索赔诉讼时,应重点将该两类主体作为索赔对象,同时,要考虑船舶触碰损害责任纠纷中的责任主体的特殊性,如在船舶买卖期间、挂靠经营期间等特殊情况下的侵权责任主体,应在提起诉讼前进行充分调查,力争提起诉讼时即锁定最终真实的责任承担者,避免在诉讼过程中浪费时间,徒增诉讼成本。

**（二）重视对关键证据及财产的保全**

因船舶触碰导致的损害责任纠纷往往涉及大量的专业证据,部分证据保存在海事主管部门以及对方船舶处,在难于取证的情况下(如海事主管部门不配合或者对方船舶不配合),为保证案件的顺利推进,应及时向人民法院申请证据保全。同时,为保证案件最后的有效执行,可提前对负有责任一方的相应财产申请保全,必要时可申请人民法院扣押涉案船舶。

**（三）通过专业机构,固定设施受损情况的相关证据**

与海洋石油企业相关的设施大多属于技术等级较高的专业设施,尤其是海底管道与钻井平台,非专业机构难以准确判断因触碰事故导致的设施受损情况。因此,海洋石油企业可以委托具备检测资质的专业机构,对设施受损情况做专业检测,专业检测机构出具的事故检测报告以及依据事故检测报告形成的设施修复方案,除非船方有相反证据足以推翻,人民法院一般都会支持。

**（四）依法合理地确定索赔项目**

根据《最高人民法院关于审理船舶碰撞和触碰案件财产损害赔偿的规定》(以下简称《规定》),受害方可以请求赔偿因船舶碰撞或触碰所造成的财产损失,包括碰撞或触碰后产生的相关费用和损失,为避免或减少损害而产生的合理费用和损失,以及预期可得利益的损失。

《规定》第五条针对船舶触碰损害赔偿进行了细化规定,指出船舶触碰导致设施损害的赔偿范围包括设施的完全损毁或部分损坏修复费用,以及在设施修复期间无法正常使用所产生的合理收益损失。目前,各地海事法院在处理船舶触碰损害赔偿纠纷案件时,主要依据《规定》的第五条来判断赔偿事项。对于超出第五条规定范围的其他费用,一般不予支持。因此,在处理此类事故时,海洋石油企业应尽量将产生的费用归类为设施修复费用和合理收益损失两大类,以便在索赔过程中得到支持。

### (五)对于设施修复施工费用

结合近年来的司法实践,法院普遍接受并认可基于权威机构提供的、经过认证的设施损害检测报告,以及基于这些报告所形成的维修方案和相应的修复施工费用作为索赔的合法依据。海洋石油企业可提供维修施工合同、维修费支出发票等证据予以佐证。同时,《中华人民共和国招标投标法》第六十六条规定:"涉及国家安全、国家秘密、抢险救灾或者属于利用扶贫资金实行以工代赈、需要使用农民工等特殊情况,不适宜进行招标的项目,按照国家有关规定可以不进行招标。"因此,设施修复工程属于抢险工程,海洋石油企业可以不进行招投标,直接在有资质的单位中选定施工单位。

### (六)因设施修复过程中进行的设施受损情况检测及修复后质量检测费用,以及修复工程施工过程中的设计费、施工监理费

该类费用虽然不属于直接的设施修复施工费用,但由于海底管道、钻井平台涉及公共利益以及生态环境,修复工程是一个系统的复杂的工程,在施工之前必须进行相应的施工设计,在施工过程中对设施施工情况进行跟踪监理,在施工之后对工程质量进行检测。因设施修复工程而产生的设计费、监理费、质量检测费,是设施修复工程所必然产生的费用,没有突破上述《规定》第五条确定的修复费用范围,因此,可以作为索赔项目,同样,可以提供相关合同、费用支付凭证等作为证据。

### (七)对于合理的收益损失

设施在修复前因不能正常使用所产生的合理的收益损失,可被列为索赔项目。对于该类损失,海洋石油企业可向人民法院提交预期收益损失的合理计算依据(如可根据企业审计报告计算年平均收益),人民法院也会参照该类数据,结合自由裁量权,最终确定该类收益损失的金额。

在司法实践中,因侵权行为产生的修复费用、工程检测费、修复方案设计费以及监理费均应被纳入侵权人的赔偿范围。此外,营运损失属于被告的可得利益损失,相关损失的认定应依据《最高人民法院关于审理船舶碰撞和触碰案件财产损害赔偿的规定》进行。在处理此类纠纷时,法院会根据各项费用的性质和实际情况,依法判定侵权人应承担的赔偿责任,如表 3.7 所列。

表 3.7　侵权人承担赔偿责任的费用类别及标准

| 费用类别 | 具体分析 | 参考案例 |
|---|---|---|
| 修复费用 | 侵权赔偿的原则是尽量使受害方的损失恢复到未受损害状态；如果不能完全恢复原状，侵权人应承担折价赔偿的责任(如在涉及码头、桥吊等设施全损或部分损坏的案件中，侵权人需要支付相应的修复费用，以实现受害方损失的补偿；在计算赔偿金额时，应充分考虑设施的原有价值、损坏程度、修复成本等因素，以确保受害方得到合理的赔偿) | (2013)甬海法事初字第 9 号该案中，原告提供了初步证据证明码头桩基为Ⅰ类桩，而被告未证明在事故发生前该泊位的部分桩基已经变成Ⅱ类桩，应由被告承担举证不能的法律后果；根据恢复原状的赔偿原则，被告应承担对Ⅱ类桩的修复费用 |
| 检测费监理费设计费 | 在船舶触碰损害责任纠纷中(特别是受损设备为码头、桥梁等公共设施时)，因设施的生产经营涉及公共安全或容易造成重大损失，在修复过程中往往要经过前期检测、委托具有资质的单位设计修复方案等，由此产生了检测费、设计费及施工过程中的监理费，该类费用属于因设施修复所必要产生的费用，与侵权事故具有因果关系，属于侵权人应当承担赔偿责任的范围 | (2013)甬海法事初字第 9 号针对原告主张的设计费、监理费、检测费，法院认为，原告已经提供了证据证明上述费用发生的事实，被告未提供反证证明上述费用不合理，故针对原告主张的损失予以认定 |
| 为避免和减少损害而产生的合理费用和损失 | | (2013)甬海法事初字第 54 号在大桥修复期间，因水上航标指示灯损毁，为避免出现安全事故，原告与案外人签订船舶租赁协议，在该租赁船舶上设立临时航标指示灯，产生了租赁费；法院认为，该项费用属于为避免和减少损害而产生的合理费用和损失，对原告主张的租赁费予以支持 |
| 间接损失(收益损失) | 船舶触碰引发的间接损失主要是指因设施在修复前不能正常使用所产生的合理的收益损失(如码头受损后因停止运营遭受的收益损失)。根据《最高人民法院关于审理船舶碰撞和触碰案件财产损害赔偿的规定》，关于设施损害赔偿的计算，"期限以实际停止使用期间扣除常规检修的期间为限；设施部分损坏或者全损，分别以合理的修复费用或者重新建造的费用，扣除已使用年限的折旧费计算；设施使用的收益损失，以实际减少的净收益，即按停止使用前 3 个月的平均净盈利计算；部分使用并有收益的，应当扣减" | (2013)甬海法事初字第 18 号法院认为，原告提供的审计报告中将营业收入分为装卸收入、港口设施保安费收入及港务管理收入，其中，装卸收入约占总营业收入的 93%，涉案事故仅影响装卸收入，另两项收入不应计入，而原告的营业成本系其固定支出，在计算其利润时不应扣除；原告已经提供 2010—2012 年的公司审计报告，以 3 年的装卸收入平均值计算更能公平地反映其通常利润，故法院以此标准计算其收入损失为 308 816.50 元/天 |

### （八）船舶触碰事故损害赔偿纠纷是否适用海事赔偿责任限制及船舶优先权制度

在海事侵权纠纷案件中，请求人为保障索赔的有效执行，一般会要求对涉案船舶行使船舶优先权，同样，作为事故责任方的船舶所有人、经营人等也会提出基于海事赔偿责任限制制度要求对自己的赔偿责任进行限制。在与海洋石油企业相关的船舶触碰事故损害赔偿纠纷中，是否适用前述海事特别制度，主要看涉事船舶登记的性质。如果船舶登记为《中华人民共和国海商法》规定的"海船"，则不论其发生事故的地点是在通海水域还是在内河，均可适用上述海事特别制度，即与事故发生地点无关。不过司法实践中存在例外，即虽然涉事船舶并不是《中华人民共和国海商法》规定的"海船"，而是内河船舶，但如果该内河船舶具备相应的航海能力，且触碰事故发生在海上，则其主张适用上述海事特别制度一般会得到法院支持。

总之，在船舶触碰事故损害赔偿纠纷案件中，判断船方是否享有海事赔偿责任限制以及海洋石油企业对船舶是否享有优先权，主要依据船舶的登记性质。然而，要证明船东存在故意或者明知会造成损害而轻率行为（参见《中华人民共和国海商法》第二百零九条的规定），受害方需要提供更为充分的证据，这在实际操作中往往较为困难。即便船员的行为属于故意行为，这并不自动等同于船东的故意行为，因此，要打破船东的海事赔偿责任限制是相当困难的。船东可能免除责任的情况主要包括海洋石油企业的过失、不可抗力因素以及意外事故等。在解决这类纠纷时，法院将依据案件的具体状况和所提供的证据，依法做出判断，明确各方的权利与义务。

# 第五节　海底电缆管道铺设

## 一、我国海底电缆管道违法行为处罚规定存在的问题

### （一）法律位阶低且制定时间早

《铺设海底电缆管道管理规定》由国务院制定，属于行政法规，其法律层级低于《宪法》和其他法律。该规定颁布于1989年，而《铺设海底电缆管道管理规定实施办法》和《海底电缆管道保护规定》属于部门规章，法律层级相对更低。在法律实施过程中，如果上述规定与其他法律或行政法规存在不一致的情况，由于这些规定处于较低的法律地位，它们不具备优先适用的权利，就可能导致海底电缆和管道无法得到充分的法律保护。这两个部门规章分别颁布于1992年和2004年，尽管《铺设海底电缆管道管理规定实施办法》于2016年得以修订，但其他两项规定尚未被系统地修订。近些年来，由于海上活动日益呈现出多元化和复杂性的特点，海底电缆管道在发展过程中遇到了许多新兴问题，这些问题在早期规划和制定相关政策时并未被充分预见。由于这些行政法规和部门规章的滞后性，海底电缆管道的铺设及保护措施难以被充分规范。

### （二）相关规定呈现出较为分散的状态

上述规定均关系到海底电缆管道的管理机构审批、拥有者以及其他海洋利用参与

者,涵盖了审批流程、路径勘查、施工作业以及后续维护等多个环节。在这些规定中,对于某些相同事项的重复性规定较为普遍,导致内容分散且出现冗余,这使得构建一个统一的管理框架变得困难。例如,《铺设海底电缆管道管理规定》第十三条第一款规定:"从事海上活动的作业者,必须保护已铺设的海底电缆、管道。造成损害的应当依法赔偿。"《海底电缆管道保护规定》第十五条规定:"单位和个人造成海底电缆管道及附属保护设施损害的,应当依法承担赔偿责任。"这两条规则都强调了损害赔偿责任,显示出规定内容的重复性。

### (三)部分条款内容之间存在矛盾

《铺设海底电缆管道管理规定》和《铺设海底电缆管道管理规定实施办法》较早开始执行,这些规定并未直接引入"保护区"的概念,而是界定了"海底电缆管道两侧各2海里(港区内为两侧各100米)"的保护范围。相比之下,《海底电缆管道保护规定》第七条明确提出了"国家实行海底电缆管道保护区制度",并具体规定了保护区的范围,其中,"(一)沿海宽阔海域为海底电缆管道两侧各500米;(二)海湾等狭窄海域为海底电缆管道两侧各100米;(三)海港区内为海底电缆管道两侧各50米"。显然,《海底电缆管道保护规定》所定义的保护区范围比《铺设海底电缆管道管理规定实施办法》所规定的范围要小。通常来讲,在小范围、明确的保护区内对违法行为的惩处应当更为严格,然而,实际情况却与之相悖。《海底电缆管道保护规定》第十八条对破坏海底电缆管道行为的罚款上限为1万元,而《铺设海底电缆管道管理规定实施办法》第二十条的罚款上限则为5万元,这种不一致导致了法条之间的冲突,如表3.8所列。

表3.8　我国海底电缆管道违法行为处罚规定存在的问题

| 文件名称 | 内容 | 存在的问题 | 保护范围的冲突 | 关于罚款的冲突 |
|---|---|---|---|---|
| 《铺设海底电缆管道管理规定》(1989年) | 主要关注和规范的是海底电缆管道的铺设过程,以及与此相关的路由调查、勘测等活动;相应的处罚规定主要针对的是海底电缆管道的所有者以及参与这些活动的作业者 | 属于行政法规,法律位阶低于《中华人民共和国宪法》和其他法律 | 未规定 | 未规定 |
| 《铺设海底电缆管道管理规定实施办法》(1992年) | | 这两个文件都属于部门规章,法律位阶相对较低;在保护海底电缆管道方面的效果可能受到限制,难以实现对海底电缆管道的有效保护 | 从事海上各种活动的作业者,应了解作业海区海底电缆、管道的布设情况;凡需在海底电缆、管道路由两侧各2海里(港内为两侧各100米)范围内从事可能危及海底电缆、管道安全和使用效能的作业的,应事先与所有者协商并报经主管机关批准 | 违反本办法规定,从事可能危及海底电缆管道安全和使用效能的作业的,罚款最高额为人民币5万元 |

| 文件名称 | 内容 | 存在的问题 | 保护范围的冲突 | 关于罚款的冲突 |
|---|---|---|---|---|
| 《海底电缆管道保护规定》（2004年） | 重点在于限制和监管可能对海底电缆管道构成威胁的海上作业行为，同时对电缆管道所有者未按规定进行备案、报告和公告的行为，以及主管部门工作人员的违法行为进行了约束；处罚规定涵盖了海底电缆管道所有者、海上作业者以及主管部门工作人员 | | 国家实行海底电缆管道保护区制度……海底电缆管道保护区的范围，按照下列规定确定：① 沿海宽阔海域为海底电缆管道两侧各500米；② 海湾等狭窄海域为海底电缆管道两侧各100米；③ 海港区内为海底电缆管道两侧各50米 | 海上作业者有下列情形之一的，由县级以上人民政府海洋行政主管部门责令限期改正，停止海上作业，并处1万元以下的罚款…… |

### （四）处罚缺乏针对性

尽管《海底电缆管道保护规定》详细列出了在保护区内可能发生的 4 种海上作业违法行为，但它并没有具体阐述如何判定一个海上作业者是否实施了这些违法行为，也没有指出哪些证据可以用来做出这样的判断。这导致在实际操作中，难以对这些违法行为进行准确识别，使得对违法行为的处罚缺乏明确的目的性和精确性。此外，该规定也没有对违法行为的不同严重程度做出明确的区分，这使得在处理违法行为时，难以做到量刑适当，缺乏必要的灵活性。

为了解决这些问题，需要对现行规定进行修订和完善，明确违法行为的判定标准和依据，并对违法行为的不同情节进行具体划分。这样做可以增强处罚措施的针对性和合理性，确保法规的有效执行。

### （五）处罚力度相对较轻

正如前文所提及的，无论罚款是 1 万元还是 5 万元，与海底电缆管道的建设及维护成本相比，这种处罚力度都显得微不足道。海底电缆管道一旦受损，其直接的维修成本和经济亏损通常是巨大的。以（2012）东刑一初字第 23 号判决书中记载的"12·2"泄油事件和"3·12"泄油事件为例，Φ559 和 Φ460 管线的破坏导致中心一号至海 3 站的海底输油管线及其复线无法满足原设计标准，承压能力和防腐保温效果受损，使得管线报废。在重建方案尚未敲定的情况下，根据财务审核的资产原值计算，总损失高达 198 175 900 元，其中，Φ460 管线报废的资产原值为 83 829 800 元，Φ559 管线报废的资产原值为 114 346 100 元。这显示了现行罚款标准与海底电缆管道的高成本之间存在显著差距，难以对违法行为者形成有效的威慑。此外，我国立法在处理海底电缆管道的一般违法行为时，主要采用经济处罚手段，如行政处罚罚款和民事赔偿。而在《中华人民共和国刑法》中，尚未设立专门针对海底电缆管道犯罪行为的罪名及相关刑罚规定。

## 二、海底电缆管道违法行为

海底电缆管道违法行为主要分为三大类：第一类涉及施工作业不规范，这类违法行为发生在海底电缆管道铺设、维修、改造和移动等阶段，具体包括施工前未向相关主管部门报告、违反行政许可规定、未遵循施工程序要求以及其他违规施工行为。第二类是破坏现有海底管道的行为，包括在海上作业时不慎或故意损坏已铺设的海底电缆管道，导致管道功能受损或影响海上正常秩序等行为。第三类是行政主管部门工作人员在海底电缆管道保护职责中的不当行为，如玩忽职守、滥用职权、徇私舞弊这类职务违法行为。

## 三、海底电缆管道法律风险防范对策

### （一）明确我国海底电缆管道违法行为处罚规定

在我国，海底电缆管道的管理和保护主要遵循以下专门性法律法规：《铺设海底电缆管道管理规定》《铺设海底电缆管道管理规定实施办法》以及《海底电缆管道保护规定》。其中，《铺设海底电缆管道管理规定》属于行政法规，《铺设海底电缆管道管理规定实施办法》与《海底电缆管道保护规定》属于部门规章。此外，《中华人民共和国专属经济区和大陆架法》《海洋环境保护法》《中华人民共和国石油天然气管道保护法》《中华人民共和国电力设施保护条例》和《中华人民共和国电信条例》等其他法律法规在有关条款中亦涉及海底电缆管道铺设、管理与保护的内容。

对海底电缆管道违法行为进行处罚的法律依据主要包括《铺设海底电缆管道管理规定》《铺设海底电缆管道管理规定实施办法》以及《海底电缆管道保护规定》。此外，《中华人民共和国刑法》第一百一十八条与第一百二十四条分别规定了破坏电力设备罪、破坏易燃易爆设备罪和破坏公用电信设施罪，但目前尚未设立针对海底电缆管道的专门罪名。

除了上述法律法规外，2017年5月2日，原国家海洋局发布了《国家海洋局关于铺设海底电缆管道管理有关事项的通知》。该通知旨在贯彻落实《国务院关于第二批取消152项中央指定地方实施行政审批事项的决定》（国发〔2016〕9号），规范海底电缆管道铺设路由调查、铺设施工活动的管理。根据国发〔2016〕9号文件，国务院取消了"地方对内水、领海范围内的海底电缆管道铺设路由调查勘测、铺设施工审批"这一行政审批事项。因此，国家海洋局不再委托地方海洋行政主管部门履行该行政审批事项的审批实施权。

### （二）海底电缆管道所有者：未按照规定开展海底电缆管道施工作业

根据《铺设海底电缆管道管理规定》《铺设海底电缆管道管理规定实施办法》以及《海底电缆管道保护规定》，对于上述违法行为，违法者通常需要承担行政责任，主要形式为行政罚款。具体的罚款金额和处罚措施将根据违法行为的性质、严重程度以及造成的后果等因素，由相关行政主管部门依法决定。

1. 江苏南通海警局如东工作站查处案

案情概述：在 2022 年的"净海"专项行动中，江苏南通海警局如东工作站发现某企业存在未经批准进行海底电缆铺设施工的嫌疑。经过 1 个月的调查，查明该单位在风电场建设过程中擅自铺设海底电缆 14 个回路，共计 227.5 千米。

处理结果：依据《铺设海底电缆管道管理规定实施办法》，南通海警局对涉事企业下达了 13 万元的行政处罚决定。

2. 河北海警局查处唐山某海上风电项目案

案情概述：在"海盾 2021"专项行动中，河北海警局发现唐山某海上风电项目 300MW 工程项目涉嫌未经批准擅自铺设海底电缆管道。海警局抽调精干力量成立专案组展开调查，通过实地勘察和查阅资料，查明违法事实。

处理结果：河北海警局依法对涉事企业处以行政罚款 10 万元。

3. 唐山海警局查处海底电缆管道类海洋资源开发利用案

案情概述：唐山海警局在"海盾 2021"专项行动中，通过上级通报线索获悉唐山乐亭菩提岛海上风电项目 300MW 工程项目疑似存在未经批准擅自铺设海底电缆管道的违法行为。经过 2 个月的调查，确定了违法主体和事实。

处理结果：唐山海警局根据《铺设海底电缆管道规定实施办法》对涉事公司下达了行政处罚决定，处行政罚款 10 万元。

**（三）区域内其他用海活动者：海上违规作业破坏海底电缆管道**

海上违规作业破坏海底电缆管道主要包括两类行为：第一，损害海底电缆管道的行为。第二，从事保护区内禁止行为，包括挖砂、钻探、打桩，抛锚、拖锚，底拖捕捞张网、养殖。

根据《铺设海底电缆管道管理规定》《铺设海底电缆管道管理规定实施办法》以及《海底电缆管道保护规定》，对于上述违法行为，违法者除了要承担行政责任外，还可能面临民事赔偿责任。民事赔偿责任通常涵盖以下几个方面：一是承担修复受损电缆管道所需的费用；二是负责清理由于违法行为造成的环境污染；三是向因损害遭受经济损失的受害方支付相应的赔偿金。

1. 违反禁止在海底电缆管道保护区内从事抛锚或其他可能破坏海底电缆管道安全的海上作业的规定

案件概述：2022 年 5 月 17 日，厦门海警局接到中国电信股份有限公司厦门长途线务局报警称，在厦金海缆保护区赤礁段海域有一艘工程船舶正在锚泊，已威胁到厦金海缆安全。厦门海警局第一时间派遣思明工作站船艇前往事发海域，对涉案船舶进行登临检查，并开展调查取证工作，固定涉案船舶的违法行为。通过 AIS（船舶自动识别系统），执法人员发现涉案船舶抛锚点距离厦金海缆约 100 米，时刻危及厦金海缆安全，厦门海警执法人员立即指导涉案船舶进行弃锚保缆，所幸未造成损失。经查，涉案船舶为避让其他船舶,在不知情的情况下在厦金海缆保护区抛锚。

处理结果:鉴于涉案船舶积极配合调查且未引发重大事故,依据《海底电缆管道保护规定》第十八条,对于在海底电缆管道保护区内进行抛锚或其他可能危及海底电缆管道安全的海上作业行为的海上作业者,已依法给予行政处罚。

2. HF 轮破坏海底光缆事件

案情概述:2023 年 2 月 21 日,HF 轮在从越南海防开往浙江宁波的途中,因遭遇恶劣海况,出现左舷锚固锚钢丝、制链器、锚机刹车接连失效,左锚锚链滑脱入水,连续钩断了汕头广澳海域的海底光缆的状况,造成中国电信汕头海缆登陆站 4 条海底光缆发生通信故障。

处理结果:该事件对国际通信造成了影响。根据相关法律法规,船舶在航行和作业时必须采取有效措施,避免对海底电缆管道造成损害。

3. 外籍船舶在海底光缆管道保护区内的抛锚事件

案情概述:2024 年 1 月 28 日,上海海警局官山舰在例行海上巡逻中发现一艘外籍船舶疑似在海底光缆管道保护区内抛锚,距国际通信光缆 TPES4 段不足 100 米,严重威胁光缆安全。

处理结果:海警执法员依法督导该船舶弃锚驶离该海域,并对其涉嫌违反《海底电缆管道保护规定》的行为进行立案调查。

4. 船舶刮断海底电缆事件

案情概述:2020 年 8 月,一艘集装箱船在锚泊过程中发生走锚,艏锚钩断了连接澳大利亚和新加坡的海底通信光缆,造成国际通信阻断。

处理结果:该事件提醒船舶在锚泊时必须注意海底电缆管道的位置,避免在可能影响海底管线的水域停泊。

**(四)海底电缆管道保护工作中玩忽职守、滥用职权、徇私舞弊**

在海底电缆管道保护工作中,针对玩忽职守、滥用职权、徇私舞弊等违法行为,根据《国务院公务员管理条例》以及《中华人民共和国刑法》,相关行为人需要承担行政责任或刑事责任。具体来说,在行政责任方面,行为人可能受到警告、记过、降职、撤职等不同程度的行政处分;而在刑事责任方面,行为人将依法被追究刑事责任,并根据相关法律规定接受相应的刑事处罚,如拘役、有期徒刑。表 3.9 所列为海底电缆管道法律风险清单。

表 3.9　海底电缆管道法律风险清单

| 风险名称 | 基础信息区 | | | 法律信息区 | | 法律建议 |
|---|---|---|---|---|---|---|
| | 引发法律风险的行为 | | 涉及的法律法规 | 相关的法律法规 | 引发的法律责任和后果 | |
| 海底电缆管道法律风险 | 海底电缆管道所有者 | 未按照规定开展海底电缆管道施工作业 | 未报申请 | 《铺设海底电缆管道管理规定》《铺设海底电缆管道管理规定实施办法》 | 海底电缆管道所有者，须在为铺设所进行的路由调查、勘测实施60天前，主动向管机关提出书面申请 | 未报经主管机关批准和备案，擅自进行海底电缆、勘测路由调查的，罚款最高额为人民币10万元；未报经主管机关批准和备案，擅自进行海底电缆管道铺设施工的，罚款最高额为人民币20万元 | 海底电缆管道所有者应严格遵守法律规定，开展海底电缆管道施工作业 |
| | | | 未报审批 | | 海底电缆、管道路由调查、勘测完成后，所有者应当在计划铺设施工60天前，将最后确定的海底电缆、管道路由报主管机关审批 | | |
| | | | 超出方案 | | 为海洋石油开发所铺设的超出石油开发区的海底电缆、管道的路由，应当在油（气）田总体开发方案审批前由总体开发方案审批的主管机关，由主管机关会商国家能源主管部门批准 | | |

72

| 基础信息区 | | | 法律信息区 | | |
| --- | --- | --- | --- | --- | --- |
| 风险名称 | 引发法律风险的行为 | 涉及的法律法规 | 相关的法律法规 | 引发的法律责任和后果 | 法律建议 |
| 海底电缆管道法律风险 | 海底电缆管道所有者未按照规定开展海底电缆管道施工作业 —— 变更未报告 | 《铺设海底电缆管道管理规定》《铺设海底电缆管道管理规定实施办法》 | 获准施工的海底电缆管道在施工前或施工中如需变动,所有者应及时向主管机关报告;如该项变动重大,主管机关可责令其停止施工 | 获准的路由调查、勘测或铺设施工发生变动,未报主管机关,罚款最高额为人民币5万元 | 海底电缆管道所有者应严格遵守法律规定,开展海底电缆管道施工作业 |
| | 资料未备案 | | 铺设施工完毕后,所有者应当将海底电缆管道的路由线路图、位置表等海图资料报送主管机关备案,并抄送港监机关;海底电缆管道铺设施工完毕后90天内,所有者应当将海底电缆管道准确的路由线路图、位置表等说明资料一式五份报送主管机关备案,并抄送有关港务监督机关 | 未按本办法规定,将有关资料报备案的,罚款最高额为人民币1万元 | |
| | 移动管道 | 《铺设海底电缆管道管理规定实施办法》 | 铺设海底电缆管道及其他海上作业,需要移动、切断已铺设的海底电缆管道时,应当先与所有者协商,就交越施工的技术处理及损失赔偿等问题达成协议,并经主管机关批准后方可施工;在协商和执行过程中,双方如有纠纷,可由主管机关协调解决 | 违反本办法规定,移动已铺设的海底电缆管道的,罚款最高额为人民币5万元 | |

续表

| 风险名称 | 基础信息区 | | 法律信息区 | | | |
|---|---|---|---|---|---|---|
| | 引发法律风险的行为 | | 涉及的法律法规 | 相关的法律法规 | 引发的法律责任和后果 | 法律建议 |
| 海底电缆管道法律风险 | 海底电缆管道所有者 | 未按照规定开展海底电缆管道施工作业 | 维修、改造、拆除《铺设海底电缆管道管理规定实施办法》 | 维修、改造、拆除，所有者应在实施作业30天前，将作业内容、原因、时间、海区及作业船只等情况书面报告主管机关；海底电缆管道的紧急修理，所有者可在维修船进入现场作业的同时，按上述内容向主管机关报告并说明紧急修理的理由；海底电缆、管道路由变动较大的改造，所有者事先应经主管机关批准；上述作业完毕后30天内，所有者应将作业结果报告主管机关 | 罚款最高额为人民币5万元 | |
| | | 废弃 | 《铺设海底电缆管道管理规定实施办法》 | 海底电缆管道的废弃，所有者应当在60天前向主管机关书面报告，内容应包括废弃的原因、废弃的准确时间，废弃部分的准确位置及处置办法。废弃产生对其他海洋开发利用可能产生的影响及应采取的防治措施。废弃的海底电缆管道应当妥善处理，不得对正常的海洋开发利用活动构成威胁或成妨碍 | 罚款最高额为人民币5万元 | |

续表

| 基础信息区 | | | 法律信息区 | | |
|---|---|---|---|---|---|
| 风险名称 | 引发法律风险的行为 | 涉及的法律法规 | 相关的法律法规 | 引发的法律责任和后果 | 法律建议 |
| 海底电缆管道法律风险 | 未妥善处置遗留物 | 《铺设海底电缆管道管理实施办法》 | 海底电缆管道的铺设或者拆除等工程的遗留物未妥善处理，对正常的海洋开发利用活动构成威胁或成妨碍的 | 罚款最高额为人民币5万元 | |
| | 海底电缆管道所有者 定期公告海底管道信息 | 《铺设海底电缆管道管理实施办法》 | 主管机关应将所辖海区已铺设或废弃的海底电缆、管道路由情况定期予以公告 | | 及时公告海底电缆管道最新信息 |
| | 规范设置标识 | 《海底电缆管道保护规定》 | 国家鼓励海底电缆管道所有者对海底电缆管道保护区和海底电缆管道的线路等设置标识 | | 项目组成员通过前期实地考察，发现海域内未设置标识，建议针对海底电缆管道保护区和海底电缆管道的线路等设置标识 |
| | 未划定管道保护区 | 《海底电缆管道保护规定》 | 国家实行海底电缆管道保护区制度 | | 划定海底电缆管道保护区，并向社会公告 |
| | 安全生产管理不到位 | 《海底电缆管道保护规定》 | 海底电缆管道所有者在向县级以上人民政府海洋行政主管部门报告后，可以对海底电缆管道采取定期复查、监视和其他保护措施，也可以委托有关单位进行保护 | | 落实企业安全生产管理主体责任，建立健全安全管理机制，加强对海底供水管道的日常管理，采取定期复查、监视和其他保护措施，切实落实海底供水管道日常保护管理责任 |

续表

| 基础信息区 | | | 法律信息区 | | |
|---|---|---|---|---|---|
| 风险名称 | 引发法律风险的行为 | 涉及的法律法规 | 相关的法律法规 | 引发的法律责任和后果 | 法律建议 |
| 海底电缆管道法律风险 | 区域内其他用海活动者 | 《铺设海底电缆管道管理规定》 | 从事海上各种活动的作业者，必须保护已铺设的海底电缆管道 | 造成损害的应当依法赔偿 | 联合海事部门加强安全知识宣传贯彻，船舶应及时接收航通（警）告，及时做好海图改正，在设计航线时要尽量选择远离供水管道的区域；船舶在航经该区域附近时，要勤测船位、加强瞭望，严禁在海底管道附近抛锚 |
|  | 船舶不适航 | 《海底电缆管道保护规定》 | 任何单位和个人都有保护海底电缆管道的义务，并有权对破坏海底电缆管道的行为进行检举控告 | 单位和个人造成海底管道及附属保护设施损害的，应当依法承担赔偿责任；禁止在海底电缆管道保护区内从事砂、钻探、打桩、抛锚、拖锚、底拖捕捞、张网、养殖或者其他可能破坏海底电缆管道安全的海上作业 | |

| 风险名称 | 基础信息区 | | 法律信息区 | | |
|---|---|---|---|---|---|
| | 引发法律风险的行为 | 涉及的法律法规 | 相关的法律法规 | 引发的法律责任和后果 | 法律建议 |
| 海底电缆管道法律风险 | 区域内其他用海活动者 | 从事禁止的海上作业 | 《海底电缆管道保护规定》 | 禁止在海底电缆管道保护区内从事挖掘、钻探、打桩、抛锚、拖锚、底拖捕捞、张网、养殖或者其他可能破坏海底电缆管道安全的海上作业 | | 联合海事部门定期开展清障活动，组织船舶对浮标、渔网、竹竿等拦航养殖物进行全面拆除，驱离锚泊船舶等；<br>联合海事部门加强安全知识宣贯，向海上作业人员和到港商渔船舶普及海底管道铺设情况，强调海上安全生产作业的重要性，提醒船方严禁走锚等危及海底管道行为，切实维护水上安全秩序持续稳定 |

续表

| 基础信息区 | | 法律信息区 | | | |
|---|---|---|---|---|---|
| 风险名称 | 引发法律风险的行为 | 涉及的法律法规 | 相关的法律法规 | 引发的法律责任和后果 | 法律建议 |
| 海底电缆管道法律风险 | 区域内其他用海活动者 | 《海底电缆管道保护规定》 | 海上作业者在从事海上作业前,应当了解海区海底电缆管道的铺设情况;对可能破坏海底电缆管道安全的,应当采取有效的防护措施 | 海上作业者为保护海底电缆管道致使财产遭受损失,有证据证明的,海底电缆管道所有者应当给予适当的经济补偿 | 受害方可以向肇事者主张如下赔偿责任:①受害方经济收入的损失及被破坏海底电缆管道的修复、更新费用;②清除、治理由于海底管道遭受损害而引起的海洋污染的损失,支付的费用和由于海洋资源的损害而引起的费用及为防止损害采取的应急措施所支付的费用;③调查、处理损害事件的费用 |
| | 海上作业者不了解作业区域情况 | 《铺设海底电缆管道管理规定实施办法》 | 从事海上各种活动的作业者,应了解作业海区海底电缆、管道管路的布设情况;凡需在海底电缆、管道路由两侧各100米(港内为2海里)范围内从事可能危及海底电缆管道安全和使用效能的作业的,应事先与所有者协商并报经主管机关批准 | 罚款最高额为人民币5万元;造成海洋资源、环境或海底电缆管道等公私财产损害和海上正常秩序危害的,肇事者应承担赔偿责任 | |

续表

| 基础信息区 | | | 法律信息区 | | |
|---|---|---|---|---|---|
| 风险名称 | 引发法律风险的行为 | 涉及的法律法规 | 相关的法律法规 | 引发的法律责任和后果 | 法律建议 |
| 海底电缆管道法律风险 | 区域内其他用海者 海上作业者不了解作业区域情况 | 《海底电缆管道保护规定》 | 国家实行海底电缆管道保护区制度 | 减轻或者免除赔偿责任 | |
| | 海活动 不可抗力或者紧急避险 | 《海底电缆管道保护规定》 | 因不可抗力或者紧急避险，采取必要的防护措施仍未能避免造成损害的，可以依法减轻或者免除赔偿责任 | | |

# 第六节　海洋石油勘探开发环境侵权

## 一、海洋环境侵权的概念及特征

根据《海洋环境保护法》中对"海洋环境污染损害"的定义,我们可以将"海洋环境侵权"定义为"由于人类活动,直接或间接地将物质或能量引入海洋环境,导致海洋环境污染或生态破坏,从而对他人的身体、财产以及环境权益或其他权益造成损害的特殊侵权行为"。环境侵权在性质上与一般侵权有所区别,主要表现在侵权主体和受害对象之间的不对等关系,以及受害对象的广泛性。环境侵权行为往往具有合法性、持续性和不确定性,所造成的损害程度深且范围广,严重侵害了社会公共利益。这些特性在很大程度上超出了传统侵权法律的理论和制度框架。作为环境侵权的一个分支,海洋环境侵权展现出以下更为鲜明的特点。

首先,海洋环境侵权的主体具有多样性。侵权主体不仅包括传统的加害方和受害方,即责任主体和赔偿权利主体,而且在海洋环境污染事件中,往往存在多方共同侵权的情况。当污染造成的损害在较长时间内逐渐显现时,追究多个责任主体的责任并进行责任分配变得极为复杂。即便在损害后果迅速显现的情况下,明确责任主体也非易事。 从赔偿权利主体的角度来看,海洋环境侵权的影响范围广泛,海洋的开放性使得污染迅速扩散,造成的损失可能涉及海洋、陆地、渔业、旅游业等多个领域。确定哪些主体有权获得赔偿是海洋环境侵权救济中的一个关键问题。责任主体和赔偿权利主体的不确定性使得海洋环境侵权比一般侵权更为复杂。

其次,海洋环境侵权不一定以违法性为前提。海洋环境侵权的行为往往通过海洋环境这一媒介间接导致损害。许多排放行为在法律允许的范围内是合法的,只有当这些行为超出环境承载能力且破坏生态平衡时,才构成海洋环境侵权。因此,在处理海洋环境侵权时,需要综合考虑经济、社会和环境等多方面的利益,以确定合理的赔偿范围。

再次,海洋环境侵权的赔偿责任具有分散性。海洋环境污染造成的损害往往较为严重,特别是事故性污染,如油污事故,可能导致灾难性后果和巨额赔偿责任。为了应对这种情况,国际公约和国内法往往采用多重赔偿体系,除了责任主体外,保险公司或财政担保人等应承担一定的赔偿责任风险。政府或机构管理的公共基金也是确保赔偿得以实现的有效机制。

最后,海洋环境侵权的客体具有公益性。虽然海洋环境侵权救济体现了对私法权利的保护,但侵权行为直接损害的是具有公益性质的环境,间接影响不特定人群或公共利益。污染事件发生时,政府应采取清污措施,以防止损害扩散。这些措施既是对环境的恢复救济,也是预防性手段。政府在预防性清污措施中承担一定责任,通常也会制订国家应急预案以应对大规模海洋环境侵权事件。当国家或其代表机构因清污措施产生费用时,它们成为索赔主体,向责任主体追讨费用。[①]

## 二、海洋环境侵权的分类

《海洋环境保护法》根据污染来源的不同,具体分为以下几类。

第一,陆源污染。陆地是海洋环境中各种污染物质的主要来源,对海洋环境影响最大。根据《防治陆源污染物污染损害海洋环境管理条例》,陆源污染指的是从陆地向海洋排放污染物,造成或可能造成海洋环境污染损害的场所、设施等。

第二,工程建设项目污染。工程建设项目包括海岸工程项目和海洋工程项目。海岸工程项目指的是那些位于海岸或与海岸相连,主体部分位于海岸线向陆一侧,对海洋环境产生影响的新建、改建、扩建工程项目。而海洋工程项目是指那些以开发、利用、保护、恢复海洋资源为目的,主体部分位于海岸线向海一侧的新建、改建、扩建工程。需要说明的是,这些工程项目在施工过程中由于本身质量问题或操作不当所造成的损害属于传统侵权领域的讨论范畴;而海洋环境侵权讨论的范畴则限于这些工程项目对海洋环境造成的污染所引发的损害。

第三,海洋倾倒废弃物。倾倒是指利用船舶、航空器、平台及其他运载工具,向海洋排放废弃物和其他物质;或将船舶、航空器、平台及其他海上人工构造物弃置于海洋中,以及将由于海底矿物资源的勘探开发及与该勘探开发相关的海上加工所产生的废弃物和其他物质处置于海洋中。此类行为不包括船舶、航空器及其他运载工具和设施在正常操作过程中产生的废弃物的排放。

第四,船舶及相关作业污染。船舶是海洋环境污染的主要污染源之一,其影响范围广泛、污染发生频率高,造成的后果严重。

第五,其他污染源。除了上述传统的分类方法,学术界在探讨海洋环境侵权类型化时提出了新的思路。其中一种方法是根据污染物质的性质和危害后果进行分类,将海洋环境侵权划分为油污损害、有毒有害物质损害、固体垃圾废弃物损害等类型。这种分类方法是对实际案例的反映和总结。从救济的角度来看,针对不同污染物质建立的救济制度在制度框架、逻辑体系、规则内容等方面将保持一致性,便于实际操作和执行。2021年生态环境部发布的《中国近岸海域环境质量公报》,主要围绕海洋油气平台生产水、生活污水、钻井泥浆、钻屑的排放量进行统计,对部分海洋油气区及邻近海域海水水质状况开展监测,此种统计方式也以污染物质的性状为标准。

在众多海洋污染物损害中,海洋油类污染尤为突出,对海洋环境侵权产生了重大影响,并导致了严重的后果。对其具体产生原因进行细化,我们有以下两点发现:一是船舶引起的污染损害主要涉及船上所载的货油、船舶使用的燃油以及船上携带的有毒有害物质,这些物质泄漏或排放到海洋或其他水体中,会导致环境污染和生态破坏;二是海洋石油勘探开发会导致油污损害。本书主要探讨后者,即海洋石油勘探开发所致的油污损害。

---

[①] 盖晓慧. 海洋环境侵权救济制度研究 [D]. 北京:对外经济贸易大学,2018.

### 三、我国海洋环境侵权状况概述

根据 2006—2016 年中国环境保护部发布的《中国近岸海域环境质量公报》[①]、2017—2021 年中国生态环境部发布的《中国近岸海域环境质量公报》[②]，我国每年都有多起船舶污染事故发生，这些事故通常包括油类和化学品的泄漏。除此之外，海上油田的溢油、石油被盗造成的污染、港口建设过程中的污染、港口开发区的生活和工业废水排放、建港填海工程的污染，以及陆上石油管道的泄漏等，同样是引发海洋渔业水域污染事故的主要原因。

在我国主要的沿海省份（如山东省、浙江省、广东省和福建省），海洋渔业水域的污染事故频发，造成了严重的后果。例如，过去 10 年间，山东省因海洋环境污染事故遭受了重大损失。山东省位于山东半岛，三面环海，临近渤海和黄海，拥有丰富的海洋渔业资源。渤海海域拥有丰富的油气资源，渤海油田作为中国最大的海上油田之一，也是国内重要的原油生产基地。这些因素综合作用，使得山东相关海域特别容易受到海洋环境污染的影响，面临巨大的经济损失风险。

据不完全统计，2006—2021 年，由海洋石油勘探开发所导致的海洋环境侵权事故整理如下。

（1）2006 年 2 月至 7 月，"大庆 91"油轮溢油事故和埕岛油田盗油事件，导致原油泄漏，使得事故发生地的近岸海域、烟台长岛海域、河北沧州海域和渤海湾中部海域受到严重污染，污染面积约为 1.99 万公顷。受此影响，长岛县、龙口市、蓬莱市等海域养殖的海参、鲍鱼、扇贝和网箱养鱼大量死亡，蒙受了巨大的经济损失。

（2）2010 年，山东省因海洋石油勘探开发所导致的经济损失高达 1 亿元。烟台长岛海域多次发现油污染，长岛县的 32 座岛屿和 146 千米海岸线均受到不同程度的污染，给海水养殖业带来了巨大的经济损失，但无法查明污染源。

（3）2011 年 6 月 4 日，渤海海域发生康菲溢油事故，导致 6 200 平方千米海面被污染，劣四类水质海面超过 870 平方千米，造成了重大损失。

（4）2012 年 1 月 29 日，中国籍"德涟"轮在渤海中部"渤中 28-1"平台海域与中国籍油船"大庆 75"轮发生碰撞。事故造成"大庆 75"轮燃油舱破损，部分重质燃料油泄漏，导致烟台北部 10 个县市区管辖海域发生油污染，污染面积约为 123 公顷，造成人工养殖和天然渔业资源损失约 5 000 万元。

（5）2013 年 11 月 22 日，山东青岛黄岛区中石化输油储运公司输油管线发生破裂，造成原油泄漏，直接经济损失 7.517 2 亿元。部分原油通过排水暗渠进入附近海域，造成胶州湾局部污染，油污面积约为 3 000 平方米。经调查，该起事故被定性为生产安全责任事故。

---

① 参见 2006—2016 年原环境保护部（2018 年 3 月，中华人民共和国环境保护部撤销）发布的《中国近岸海域环境质量报告》。

② 参见 2017—2021 年生态环境部发布的《中国近岸海域环境质量报告》。

（6）2018年11月4日，"天桐1"邮轮在福建泉州泉港区东港石油化工实业有限公司码头进行装船作业时，发生工业用裂解碳九化学品泄漏，泄漏量约69.1吨。通过应急处置吸收了40吨泄漏物，其余大部分自然挥发，小部分进入海洋。

对2006—2021年发生的船舶污染事故进行统计，发现船舶和海上油田事故是导致相关海域受到污染和损失的主要因素，其造成的损害后果最为严重，影响范围也最广。

### 四、我国海洋石油勘探开发污染损害防治存在的不足

#### （一）法律体系不健全

在立法方面，涉及海洋工程污染防治的法律法规及地方政府规章非常丰富。其中，包括全国人大颁布的《宪法》《环境保护法》和《海洋环境保护法》等法律，国务院制定的《防治海洋工程建设项目污染损害海洋环境管理条例》《海洋石油勘探开发环境保护管理条例》等行政法规，以及沿海各省、自治区、直辖市和较大的市等地方政府根据上述法律、行政法规和地方性法规，结合本地实际需求制定的各类规章。这些地方政府规章与部门规章相互作用，具有同等效力，在各自权限范围内实施，共同构成了多层次的海洋环境保护法律体系。

在众多涉及海洋工程污染防治的法律法规和地方政府规章中，只有国务院制定的《防治海洋工程建设项目污染损害海洋环境管理条例》是专门针对海洋工程污染损害防治的行政法规。其他的虽然在内容上涉及海洋工程污染损害的防治措施，但它们涉及的内容更丰富，包括海洋环境监督管理及管理机构设置等行政管理机制，并且调整的对象广泛，如海洋工程建设项目、海岸工程、陆源污染物、船舶及有关作业活动、倾倒废弃物。内容和调整对象的丰富性和全面性，使得这些法规在某种程度上影响了针对某一特定对象进行专门调整的专属性，在一定程度上影响我国对海洋工程污染防治的有效管理。

#### （二）规范性文件经常代替正式立法

在我国海洋石油勘探开发工程污染损害防治的管理上，因为法律的规定尚不完善且过于简单，使得实际工作的开展缺乏具体的指导依据。为了弥补法律法规的缺陷和不足，各级人民政府及其所属部门纷纷出台了大量规范性文件。这些规范性文件的出台和实施，在一定程度上保证了海洋工程建设项目的顺利开展，促进了海洋经济的平稳发展。目前，我国法律法规对于规范性文件的制发主体、制发程序和权限以及审查机制等尚无全面、统一的规定，经常发生规范性文件代替正式立法的情形，且往往与法律规定相冲突，影响了法律的严肃性。

#### （三）机构改革配套方案不完善

尽管《海洋环境保护法》赋予了生态环境部门统筹协调生态环境保护监管的权力，《深化党和国家机构改革方案》和《生态环境保护综合行政执法事项指导目录》对生态环境部门的职能进行了较大范围的调整，各沿海省市为了推进机构改革和促进海陆一体

化发展,也纷纷拟定了各自的权责清单。然而,这些权责清单在细节上尚显不足,部分海洋保护相关事项未能在清单中得到充分的展现,也未明确指定具体的监管和执法机构。由于权责划分不够明确,各地沿海市县在综合执法整合方面的做法存在较大差异。在多数地市级机构中,海洋生态环境的监督执法权尚未完全移交给生态环境部门,而是由海洋局和其他部门组成的多个海洋执法队伍负责,这使得执法队伍与行政管理部门之间的关系尚未完全明确。例如,山东省、福建省和浙江省选择成立下属执法队伍,这些队伍归属各自的业务部门,并由生态环境部门委托进行执法活动;江苏省和河北省采取了将执法队伍归属不同业务主管部门并保持单位建制的模式;天津市和上海市的执法队伍则分属不同的业务主管部门,并被纳入相应的综合执法体系。

总体而言,虽然沿海地区在海洋生态环境保护执法整合方面采取了不同的模式,但主要分为海上综合执法和委托执法两种形式。然而,目前大多数沿海地区的生态环境部门并未对实际执法队伍进行明确的委托,委托事项的不明确导致了地方海上环境执法存在一定的空白。实际执法队伍缺乏必要的执法权限,这限制了海洋生态环境保护工作的顺利进行。当前,各地海上执法的界限仍然模糊,加之生态环境部门缺乏专门的海上执法队伍,使得海洋生态环境保护的监督执法力量在实际操作中仍然显得分散和不足。

### 五、海洋石油勘探开发环境侵权法律风险防范对策

#### (一)明确海洋石油勘探开发污染损害防治的立法现状

随着社会发展和进步,海洋事业的作用和意义愈发凸显。在这样的大环境下,我国致力于不断加强和完善海洋生态环境保护的法律体系。《海洋环境保护法》于1983年实施,标志着我国海洋生态环境保护工作开始步入法治化轨道。目前,我国已经形成了以《宪法》为核心,以《环境保护法》为指导性法规,以《海洋环境保护法》《防治海洋工程建设项目污染损害海洋环境管理条例》《海洋石油勘探开发环境保护管理条例》为关键组成部分,并由地方性法律法规加以补充的法律体系,如图3.5所示。

#### 1.法律

我国《宪法》第一章总纲第二十六条规定:"国家保护和改善生活环境和生态环境,防治污染和其他公害。国家组织和鼓励植树造林,保护林木。"《宪法》将环境和生态问题提到了国家的根本任务和根本制度的高度,说明了国家对环境保护的重视。《宪法》作为我国海洋环境保护法律体系的统领和基础,为海洋环境污染损害立法提供了依据。

《环境保护法》经历了1979年试行、1989年正式实施以及2014年修订,是一部综合性的环境保护法律。作为环境保护法律体系中的基本法,《环境保护法》对海洋环境的保护做出了原则性的规定,为我国的海洋环境保护提供了基本的原则指导,并明确将"海域"纳入该法的管辖范围。该法第三十四条规定:"国务院和沿海地方各级人民政府应当加强对海洋环境的保护。向海洋排放污染物、倾倒废弃物,进行海岸工程和海洋工程建设,应当符合法律法规规定和有关标准,防止和减少对海洋环境的污染损害。"

图 3.5  海洋环境保护法律体系

1982 年 8 月 23 日，《海洋环境保护法》经第五届全国人大常委会第二十四次会议通过，自 1983 年 3 月 1 日起施行。施行后，又经历了 1999 年修订、2013 年修正、2016 年修正、2017 年修正、2023 年修订以及 2024 年 1 月 1 日正式施行。现行《海洋环境保护法》共九章一百二十四条，新修订的《海洋环境保护法》在总体上强化了生态保护理念和生态保护要求，进一步明确了有关部门在海洋生态保护方面的职责，并加强了海洋生态保护的制度设计。同时，统一海岸工程与海洋工程建设项目海洋环境保护要求，做好与《中华人民共和国环境影响评价法》（以下简称《环境影响评价法》）等法律法规的衔接，统筹污染防治、生态保护与沿海产业结构调整。

2021 年 1 月 1 日起，《民法典》正式生效，标志着我国民事法律体系的一次重大完善。《民法典》在总则中明确提出了绿色原则，强调了保护生态环境的重要性，并在民事责任一章中沿用了惩罚性赔偿的法律规定。特别是在侵权责任编中，新增了专门针对环境污染和生态破坏责任的条款，即第一千二百三十二条，确立了生态环境领域的惩罚性赔偿制度，以有效应对环境问题。这一制度的引入，是对传统损害赔偿原则的重要补充，它通过让恶意违法行为人承担超出实际损害的赔偿责任，更好地保护受害者权益。同时，对潜在的违法行为产生震慑和预防作用。

为了确保这一制度能够得到有效实施，最高人民法院于 2022 年 1 月发布了司法解释，即《最高人民法院关于审理生态环境侵权纠纷案件适用惩罚性赔偿的解释》，其中，对生态环境侵权纠纷案件中惩罚性赔偿的适用原则、当事人提出赔偿要求的时间点和具体条件，以及赔偿的履行顺序等进行了详细规定，为审判实践提供了明确的指导，确保了《民法典》中关于生态环境惩罚性赔偿的规定能够在司法实践中得到准确的、有效的执行。这一系列措施体现了我国法治建设的进步和对生态环境保护的坚定决心。

### 2. 行政法规

为了确保《环境保护法》和《海洋环境保护法》得以有效执行，国务院及其相关职能部门积极采取行动，制定了一系列旨在保护海洋环境的法规和管理办法。这些法规和办法全面覆盖了海洋环境保护的各个关键领域，包括但不限于海洋废弃物倾倒、陆地来源的污染、近海海域保护、船舶引起的海洋污染以及海岸带工程项目的环境管理等。这些法规和办法的制定，旨在加大对海洋环境的监管力度，确保所有海洋活动都能够在不损害海洋生态系统的前提下进行。

2006 年，国务院发布了《防治海洋工程建设项目污染损害海洋环境管理条例》，经过 2017 年和 2018 年的修订和修正，该条例成为我国首部关于海洋工程污染防治的行政法规。该条例是对《海洋环境保护法》的执行性细化规定，确立了在海洋工程污染防治方面的重要管理制度。该条例以列举的方式明确了海洋工程的定义，建立了重点海域排污总量控制、"三同时"、环境影响评价、定期报告、排污收费和污染事故处理等多项制度。这些制度构成了海洋工程污染损害防治法律制度中的核心管理制度，是我国针对海洋工程污染损害防治的迫切需求而设立的一项重要专门行政法规。

我国高度重视海洋环境保护工作，特别是在海洋石油勘探与开发建设工程中，对可能产生的污染问题给予了特别的关注。鉴于海洋石油勘探开发活动对海洋生态环境可能产生的影响,我国在 1983 年 12 月 29 日制定了《海洋石油勘探开发环境保护管理条例》。该条例对海洋石油勘探开发活动中的污染防治和环境保护提出了具体要求。具体而言,《海洋石油勘探开发环境保护管理条例》针对钻井平台、采油平台等关键环节,明确了海洋环境影响评估、污染事故应急响应、溢油应急预案、民事赔偿责任、纠纷调解机制、诉讼途径以及行政管理和监督检查等方面的规定,为海洋石油勘探开发活动中的环境保护提供了法律依据。

此外,国务院还出台了《防治陆源污染物污染损害海洋环境管理条例》《防治海岸工程建设项目污染损害海洋环境管理条例》和《防止拆船污染环境管理条例》,进一步加强了对海洋环境的保护。同时,国家环境保护局批准实施了一系列行业标准和技术规程,如《渔业水质标准》《海水水质标准》《污水综合排放标准》《船舶污染物排放标准》《船舶工业污染物排放标准》以及《海洋石油开发工业含油污水排放标准》,为海洋环境保护提供了更为细致的技术指导和标准支撑。

这些法规和标准的制定与实施,不仅体现了我国对海洋环境保护工作的高度重视,也为我国依法开展海洋生态环境保护工作提供了坚实的法律基础和技术保障,有助于推动我国海洋生态环境保护事业的持续发展。

3. 地方性法规

我国沿海地区在遵循国家关于海洋生态环境保护的法律框架和行政法规的基础上,根据本地区的实际情况和海洋环境特点,陆续出台了一些具有地方特色的法规。这些地方性法规的制定,旨在更精准地解决沿海地区在海洋生态环境保护过程中遇到的具体问题,也为了更好地适应当地经济社会发展的需求。通过地方立法,沿海地区能够将国家法律法规的原则性要求具体化、细致化,使之更加符合当地的实际情况,增强法律法规的可操作性和实效性。

地方性法规的出台,不仅有助于提升沿海地区海洋生态环境保护的整体水平,还能够促进地方经济的可持续发展。这些法规通常涵盖了海洋资源的合理利用、海洋环境的监测与保护、污染防治和生态修复等方面,旨在构建一个更加完善的海洋环境保护体系。

例如,深圳于 1999 年颁布了《深圳市经济特区海域污染防治条例》,福建省于 2002 年通过了《福建省海洋环境保护条例》,以对其辖区内海域实施保护和管理。随后,其他沿海省份和直辖市,如浙江(2004 年)、山东(2004 年)、辽宁(2006 年)、江苏(2007 年)、海南(2008 年)、广东(2009 年)、天津(2012 年)、河北(2012 年)和广西(2013 年)等地相继出台了海洋保护条例,以贯彻《海洋环境保护法》的实施。

经过几十年的发展,我国在海洋环境保护方面已建立起一个多层次的法律框架。这一体系在我国海洋工程污染损害防治领域发挥着关键作用,对于保护海洋环境和生态平衡,以及促进海洋事业和社会和谐可持续发展具有重大意义。

**（二）明确我国主要环境监管制度**

**1. 环境影响评价制度**

环境影响评价制度是一种预防性的环境保护措施,旨在通过对可能对环境产生影响的开发建设项目在实施前进行系统的评估,预测和评价其对环境的潜在影响,以及提出相应的环保措施和对策,以减少或避免对环境的不利影响。该制度的核心是对开发建设项目的规划和设计阶段进行环境影响的分析和评估。这包括对项目施工期和运营期可能产生的各种污染物排放、自然资源消耗、生物多样性影响、生态平衡变化等方面的综合考量。环境影响评价不仅关注直接的环境影响,也考虑间接和累积影响,以及项目对人类健康和社会经济的潜在影响。

2002 年,全国人大通过了《环境影响评价法》,首次通过专门立法确立了这一制度。2018 年,该法经过修订,取消了环评机构资质管理,提高了对环评文件质量的要求,并加大了对违规行为的处罚力度。此外,为了加强建设项目的环境保护管理,国务院于 1998年颁布了《建设项目环境保护管理条例》,并在 2017 年进行了修订,进一步完善了建设项目的环境影响评价制度。

为了贯彻绿色发展理念,相关部门制定了一系列政策,进一步强化了环境影响评价制度。例如,生态环境部发布了《关于统筹做好疫情防控和经济社会发展生态环保工作的指导意见》,要求严格落实环评审批和生态环境分区管控制度;发改委、生态环境部等部委联合印发了《关于同意开展气候投融资试点的通知》,鼓励试点地区制订气候投融资规划,强化环境影响评价与环境准入政策对气候投融资项目的指导和约束作用。

**2. 排污许可制度**

排污许可制度是企业合法排污的前提,它要求企业在建立和经营各种设施时,必须向主管机关申请并获得排污许可证,按照许可证的要求排放污染物。这一制度自 20 世纪 80 年代起在我国实施,旨在有效控制污染物排放,改善环境质量。2000 年的《大气污染防治法》和 2008 年的《中华人民共和国水污染防治法》规定了排污许可制度的适用对象和条件,要求企业按照规定进行排污申报和取得排污许可证。2014 年修订的《环境保护法》第四十五条进一步明确了排污许可管理制度的要求。

为深入推进行政审批制度改革,国务院于 2016 年发布了《控制污染物排放许可制实施方案》,提出要全面实施排污许可制度,实现排污许可"一证式"管理。随后,生态环境部发布了《排污许可管理办法》。《排污许可管理办法》已于 2023 年 12 月 25 日由生态环境部 2023 年第四次部务会议审议通过,自 2024 年 7 月 1 日起施行。《排污许可管理办法》进一步细化了排污许可证制度,包括企业和环评、监测、执法等部门的法律责任,以及企业承诺、自行监测、台账记录、执行报告、信息公开等与企业密切相关的具体制度;还规定了排污许可证的申请、审批、执行以及与排污许可相关的监督管理等行为适用本办法,明确了排污单位应当依法申请取得排污许可证,并按照排污许可证的规定排放污染物;未取得排污许可证的,不得排放污染物。此外,《排污许可管理办法》规定了排污单位应当按照排污许可证规定和有关标准规范,依法开展自行监测,保存原始监测记录,原始监测记录保存期限不得少于 5 年。排污单位应当建立环境管理台账记录制度,按照排污许可证规定的格式、内容和频次,如实记录主要生产设施、污染防治设施运行情况以及污染物排放浓度、排放量。

### 3. 污染源监测制度

污染源监测制度包括企业污染源自行监测和环境保护主管部门的监督性监测。企业污染源自行监测是企业为掌握自身污染物排放状况及其对周边环境的影响而开展的环境监测活动,是企业履行环保责任的重要手段。监督性监测是环境保护主管部门为了掌握企业在生产和运营过程中污染物的排放状况,并对其自行开展的环境监测工作进行质量监督和管理而进行的环境监测行为。监督性监测的主要目的是验证企业是否遵守了环境保护相关的法律法规和排放标准,以及企业自行监测的数据准确性和可靠性。通过这种监测,环保部门可以及时发现企业在环境保护方面存在的问题,确保污染物排放得到有效控制,防止环境污染和生态破坏。

为了不断完善污染源监测制度,生态环境部发布了《生态环境监测质量监督检查三年行动计划(2018—2020 年)》,提出要加强对污染源监测数据的质控与监督检查,严厉打击监测数据弄虚作假行为。此外,为了满足企业污染源自行监测的需求,中国环境监测总站制定了《排污单位自行监测技术指南总则》,为企业制订自行监测方案提供了技术指导。

### 4. 环境信息公开制度

环境信息公开制度是保障公众环境知情权、参与权和监督权的重要手段,要求政府和企业按照法律法规的要求公开环境信息。这一制度在中国的实施起步较晚,2014 年的《环境保护法》增设了第五章"信息公开与公众参与",正式将政府和企业环境信息公开的义务纳入环境保护基本法。根据该规定,重点排污单位应当如实向社会公开其主要污染物的名称、排放方式、排放浓度和总量等信息。

为了加强环境信息公开工作,生态环境部发布了《企业事业单位环境信息公开办法》和《环境影响公众参与办法》,进一步规范了企业事业单位和政府在环境信息公开和公众参与方面的具体要求。2021 年,生态环境部发布了《企业环境信息依法披露管理办法》(以下简称《办法》)。《办法》于 2022 年 2 月 8 日施行,同时,废止了《企业事业单位环境信息公开办法》。《办法》规定了企业环境信息披露的主体、内容、方式和时限,要求企业及时、真实、准确、完整地披露环境信息,以加强社会监督。

此外,生态环境部还建立了全国统一的重点排污单位环境信息公开平台,即全国排污许可证管理信息平台,公众可以通过该平台查询排污单位许可后信息公开内容,包括排污单位排口位置、数量、排放方式、排放去向、排放污染物种类、排放浓度限值、排放量和排放污染物执行标准等信息。

5. 突发环境事件应急管理制度

突发环境事件应急管理制度是指在应对和管理突发环境事件过程中采取的一系列制度化、程序化的管理措施和对策,旨在降低突发环境事件对生态环境和公众健康的影响程度。

2007 年 8 月,《中华人民共和国突发事件应对法》(以下简称《突发事件应对法》)正式实施,针对突发事件的预防、应急准备、监测、预警、应急处置、救援、事后恢复、调查评估等环节进行了规定。此外,2014 年修订的《环境保护法》第四十七条规定:"各级人民政府及其有关部门和企业事业单位,应当按照《中华人民共和国突发事件应对法》的规定,做好突发环境事件的风险控制、应急准备、应急处置和事后恢复等工作。"2017 年修正的《中华人民共和国水污染防治法》第七十七条规定:"可能发生水污染事故的企业事业单位,应当制定有关水污染事故的应急方案,做好应急准备,并定期进行演练。"

2014 年,国务院颁布并实施了针对突发环境事件的专项应急预案规定,即《国家突发环境事件应急预案》。2015 年,原环境保护部颁布了《突发环境事件应急管理办法》,该办法规定了政府和企业在突发环境事件应急管理中的工作和责任,具体包括风险预估、应急准备、应急处置、事后恢复、信息公开、法律责任。同时,原环境保护部颁布了《企业事业单位突发环境事件应急预案备案管理办法(试行)》,对企业事业单位突发环境事件应急预案的备案管理做了进一步规定。这些内容组成了突发环境事件应急管理制度的核心部分。

为了加强突发环境事件应急管理,近几年相关部门也发布了一系列政策。例如,生态环境部发布了《生态环境应急准备管理技术指南(试行)》和《突发环境事件应急处置阶段环境损害评估技术规范》,为各地开展生态环境应急准备和应急处置提供了技术支撑。此外,为了加强突发环境事件应急管理的监督检查,原环保部组织开展了一系列专项检查和应急演练活动,推动各地不断提升突发环境事件应急处置能力。

6. 行政执法"三项制度"

2019 年 5 月 5 日,生态环境部印发《关于在生态环境系统推进行政执法公示制度执法全过程记录制度重大执法决定法制审核制度的实施意见》(环办执法〔2019〕42 号),要求各级生态环境部门在行政检查、行政处罚、行政强制、行政许可等活动中推行行政执法公示制度、执法全过程记录制度和重大执法决定法制审核制度。

(1)行政执法公示制度,要求生态环境部门在行政执法过程中,依法向社会公开执法信息,包括执法依据、执法程序、执法结果等,以便接受社会监督,增强执法透明度。

(2)执法全过程记录制度,要求生态环境部门对行政执法的每一个环节进行详细记录,包括现场检查、调查取证、决策过程、执行活动等,确保执法行为有据可依,便于事后监督和评估。

(3)重大执法决定法制审核制度,对于重大行政执法决定,生态环境部门需在做出决定前进行法制审核,确保决定内容合法、合规,防止行政执法过程中的权力滥用和不当行为。

通过实施上述制度,生态环境部门的行政执法工作将更加规范和透明,有助于提升公众对生态环境保护工作的信任和满意度,同时,为生态环境部门依法行政、严格执法提供了坚实的制度保障。

### (三)明确海洋生态环境保护监督执法机构

中国海洋环境管理部门示意图如图 3.6 所示。

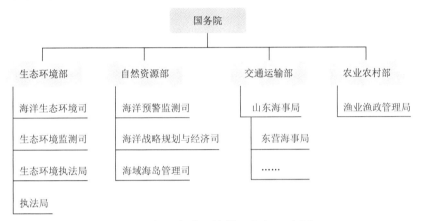

**图 3.6　中国海洋环境管理部门示意图**

1. 生态环境部

2018 年,国务院成立了生态环境部,实现了原环境保护部的职责与海洋局在海洋环境保护方面的职责的整合。生态环境部统一负责生态保护及城乡各类污染排放的监督管理和行政执法工作,同时,接管了原海洋局负责的海洋生态环境执法职能,这包括对海洋生态环境的执法检查以及组织推进海洋生态环境保护的各项任务。生态环境部成立以来,跨区域的环境污染纠纷处理、国家重点区域和流域的生态环境保护,以及海域生态环境保护工作均由生态环境部负责协调。沿海地区的地方政府制定的海洋环境保护地方性法规也普遍规定,地方生态环境主管部门负责监管海域内的海洋环境保护工作。此外,《生态环境保护综合行政执法事项指导目录(2020 年版)》明确了生态环境部门在海洋工程建设项目违规、入海口排污、海洋废弃物倾倒、海水养殖等 30 余项海洋生态环境保护事项上的执法权。这些措施在宏观层面确立了我国海洋生态环境保护执法的基本框架,旨在推动海洋生态保护和执法工作的规范化、有序化,确保海洋环境得到有效保护和合理利用。通过这些改革,我国海洋生态环境保护工作的整体效能和协调性得到了显著提升,为实现可持续发展和生态文明建设奠定了坚实的基础。

2. 海警局

为切实履行生态环境部门在海洋生态环境保护领域的职能,依据 2018 年《武警部队改革实施方案》以及同一年由全国人大常委会颁布的《关于中国海警局行使海上维权执法职权的决定》,中国海警局现已全面承担海上维权执法工作,包括开展海洋生态环境保护的执法活动以及行使法律赋予的相关执法权力。中国海警局原隶属于中国国家海洋局,现已经划归中国人民武装警察部队,由其统一领导和指挥。2018 年起,中国海警局开始正式执行各项海上维权执法任务。目前,中国海警局的各个下属部门及各地方海洋行政管理机构正在进行改革和重组工作,同时,各涉海城市的海洋行政执法活动也在有序进行之中。

这一系列改革措施旨在进一步强化海洋生态环境保护的执法力度,确保海洋环境得到有效监管和保护。通过优化执法力量配置和提高执法效率,中国海警局将在维护我国海洋权益和保护海洋生态环境方面发挥更加重要的作用。

目前,中国人民武装警察部队海警总队下设 3 个海区指挥部(副军级):北海海区指挥部(又称中国海警局北海分局)、东海海区指挥部(又称中国海警局东海分局)和南海海区指挥部(又称中国海警局南海分局)。统辖的地方作战支队有 11 支(正师级),分别是辽宁支队、天津支队、河北支队、山东支队、江苏支队、上海支队、浙江支队、福建支队、广东支队、广西支队和海南支队;另有 6 支直属机动支队:海警总队第 1 至第 6 支队(副师级),3 个直属航空大队:海警总队第 1 航空大队、第 2 航空大队和第 3 航空大队。同时,为了确保海警任务区域的全覆盖,武警海警总队还在一些县级沿海区域单独设置海警工作站(营级),以提高海上执法效能。客观地说,"总队—海区指挥部—支队—工作站"这一海警指挥作战体系,完全覆盖了从中央到地方的所有环节。中国人民武装警察部队海警总队组织结构如图 3.7 所示。

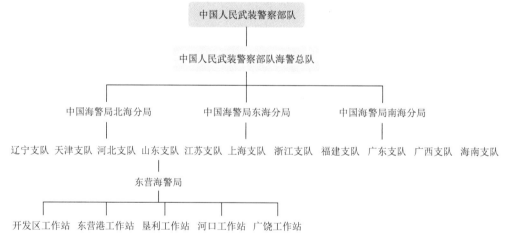

图 3.7　中国人民武装警察部队海警总队组织结构图

3. 其他涉海部门

在国务院进行机构改革之前,我国海洋生态环境保护的任务主要由几个部门共同承担,包括生态环境部、负责军队环境保护的相关机构、交通运输部下属的海事机构、农业农村部下辖的渔业管理部门以及专门负责海洋事务的海洋局。为了解决长期以来我国海洋管理存在的分散治理问题,2013 年国务院开始推动海洋环境保护的综合执法改革。在这一改革过程中,国家海洋局进行了重组,整合了原海监、海警、渔政等部门的职能,力图改变以往多头管理的局面,提高海洋生态环境保护的综合执法效能。

然而,2013 年的改革并未彻底解决海洋环境执法的所有问题。虽然原国家海洋局的海洋环境监督执法职能已经整合到生态环境部中,但其他一些涉及海洋环境保护执法的事务仍分散在各个涉海部门,其职责尚未被完全纳入生态环境部的权责清单。例如,军事和非军事船舶的海洋污染监督工作分别由军队环境保护部门和海事局负责,而海上渔业的环保事务则归渔业局管理。此外,海岸带和近岸海域的管理涉及海上和陆上多个执法机构,且分属不同的管理领域,因此,海洋管理中的陆域环保监督执法工作涉及生态环境、渔业、林业等多个部门。[①]

目前,各部门之间的权责划分尚不明确以及地方改革进展的不一致,导致各地在海洋生态环境保护执法方面的整合进度和模式存在差异。大多数地区和沿海城市在海洋生态环境保护监督执法方面,尚未将执法权完全转交给生态环境部门。这需要进一步深化改革,明确各部门职责,加强协调合作,以实现海洋生态环境保护工作的高效和统一。

### (四)构建海洋环境侵权法律风险防范体系

通过对当前海洋石油勘探开发污染损害防治立法的整理,可以发现,在国内海洋环境污染防治领域,行政法规十分丰富且适用范围明确。如《海洋石油勘探开发环境保护管理条例》《防治海洋工程建设项目污染损害海洋环境管理条例》《防治海岸工程建设项目污染损害海洋环境管理条例》,这些行政法规均在法律责任条款中明确规定了责任人的行政责任。在《海洋环境保护法》等有关自然资源保护和污染防治的法律法规中,"法律责任"一章主要强调了责任人的行政责任,其次是刑事责任,涉及民事责任的规定较少且比较笼统。

除了现有的海洋环境法律法规在法律责任方面弱化了民事责任外,司法实践中对海洋环境污染事故的处理过于依赖行政制度,对污染损害赔偿的司法实践则不予鼓励。因此,海洋石油企业在预防海洋石油勘探开发引发的环境侵权法律风险时,首先面临的是众多法律法规规定的行政责任。

综上所述,本节主要解决的是在海洋石油勘探开发的过程中,不同阶段、不同节点可能产生的违反海洋环境保护制度,继而引发国家海洋行政主管部门进行的行政处罚。通过梳理海洋环境侵权法律风险清单(如表 3.10 所列),将法律风险管理嵌入油田生产建设的主要业务流程,深入每一个具体业务环节,从而降低海洋采油企业的环境侵权风险。

---

① 李玉蓉. 陆海统筹背景下海洋生态环境保护监督执法机制研究 [D]. 南宁:广西大学,2021.

3.10 海洋环境侵权法律风险清单

| 基础信息区 | | | | 法律信息区 | | |
|---|---|---|---|---|---|---|
| 风险名称 | 经营活动 | 引发原因 | 涉及的法律法规 | 相关的法律法规 | 引发的法律责任和后果 | 法律建议 |
| 海洋环境侵权法律风险 | 前期研究阶段 | 违反生态保护红线 | 《山东省海洋环境保护条例》 | 违反生态保护红线要求，或者违反海洋主体功能区规划、海洋环境保护规划、重点海域环境保护专项规划以及有关开发利用海洋资源 | 由生态环境主管部门予以警告，责令停止建设、限期整治和恢复或者采取其他补救措施，处2万元以上20万元以下的罚款;情节严重的，设有违法所得的，没收违法所得 | 随时关注政策调整，抓住生态保护红线评估调整的有利窗口期，实现油气开发利用与海洋生态保护矛盾的有序疏解 |
| | | 环境影响评价制度 | 《防治海洋工程建设项目污染损害海洋环境管理条例》 | 应当编制环境影响报告书:新建、改建、扩建海洋工程的建设单位 | 责令停止建设、运行、限期补办手续，并处5万元以上20万元以下的罚款 | 企业应严格执行环境影响评价制度 |
| | | | | 应当重新编制环境影响报告书:工程性质、规模等发生重大变化的 | | |
| | | | | 应当重新核准环境影响报告书:核准报告书之日起超过5年开工建设 | | |
| | | | 《中华人民共和国海洋环境保护法》 | 海洋工程建设项目未依法进行环境影响评价的，依照《中华人民共和国环境影响评价法》的规定处理 | 责令停止建设，根据违法情节和危害后果，处建设项目总投资额1%以上5%以下的罚款，并可以责令恢复原状;对建设单位直接负责的主管人员和其他直接责任人员，依法给予行政处分 | |
| | | | 《中华人民共和国环境影响评价法》 | 海洋工程建设项目未编制海洋环境影响报告书(表) | | |

续表

| 基础信息区 | | | | 法律信息区 | | |
|---|---|---|---|---|---|---|
| 风险名称 | 经营活动 | 引发原因 | 涉及的法律法规 | 相关的法律法规 | 引发的法律责任和后果 | 法律建议 |
| 海洋环境侵权法律风险 | 工程建造阶段 | 环境影响后评价制度 | 《防治海洋工程建设项目污染损害海洋环境管理条例》 | 海洋工程在建设运行过程中产生不符合经核准的环境影响报告书的情形的，建设单位应当自该情形出现之日起20个工作日内组织环境影响后评价，采取改进措施 | 责令限期改正；逾期不改正的，责令停止运行，并处1万元以上10万元以下的罚款 | |
| | | "三同时"制度 | 《防治海洋工程建设项目污染损害海洋环境管理条例》 | 申请环境保护设施验收：海洋工程投入运行之日前／海洋工程投入试运行之日起30个工作日起60个工作日内 | 责令停止建设、运行，限期补办手续，并处5万元以上20万元以下的罚款 | 《防治海洋工程建设项目污染损害海洋环境管理条例》是对《中华人民共和国海洋环境保护法》的执行性细化规定，相同的内容将不在表格中赘述；针对海岸工程违反"三同时"制度，处2万元以上10万元以下的罚款 |
| | | | | 未经验收或者验收不合格，不得投入运行 | | |
| | 油气生产阶段 | 环境影响后评价制度 | 《防治海洋工程建设项目污染损害海洋环境管理条例》 | 海洋工程在建设、运行过程中产生不符合核准的环境影响报告书的情形的，建设单位应当自该情形出现之日起20个工作日内组织环境影响后评价，采取改进措施 | 责令限期改正；逾期不改正的，责令停止运行，并处1万元以上10万元以下的罚款 | |
| | | "三同时"制度 | 《防治海洋工程建设项目污染损害海洋环境管理条例》 | 不得擅自拆除或者闲置环境保护设施 | 责令限期改正；逾期不改正的，责令停止运行，并处1万元以上10万元以下的罚款 | 企业需严格按照环境保护"三同时"要求建设配套的环境保护设施，生产中禁止擅自拆除或者闲置 |

续表

| 基础信息区 | | | 法律信息区 | | | |
|---|---|---|---|---|---|---|
| 风险名称 | 经营活动 | 引发原因 | 涉及的法律法规 | 相关的法律法规 | 引发的法律责任和后果 | 法律建议 |
| 海洋环境侵权法律风险 | 油气生产阶段 | 污染防治 | 《防治海洋工程建设项目污染损害海洋环境管理条例》 | 勘探开发作业中应当配备油水分离设施、含油污水处理设备、排油监控装置、残油和废油回收设施、垃圾粉碎设备 | 违反本条例规定，造成海洋环境污染损害危害的，责任者应当排除危害，赔偿损失 | |
| | | | 《防治海洋工程建设项目污染损害海洋环境管理条例》 | 勘探开发作业中所使用的固定式平台、移动式平台、浮式储油装置、输油管线及其他辅助设施，应当符合防渗、防漏、防腐蚀的要求；作业单位应当经常检查，防止发生漏油事故 | 责令限期改正；逾期不改正的，责令停止运行，并处1万元以上5万元以下的罚款 | |
| | | 爆破作业 | 《防治海洋工程建设项目污染损害海洋环境管理条例》 | 海上爆破作业，需注意以下事项：①应报告海洋主管部门及时通报海事、渔业等主管部门；②应当设置明显的标志、信号；③应当采取有效措施保护海洋资源；④应当避开主要经济鱼虾鱼类的产卵期 | 责令限期改正；逾期不改正的，责令停止运行，并处1万元以上5万元以下的罚款 | |
| | | | | | 责令限期改正；逾期不改正的，责令停止运行，并处1万元以上10万元以下的罚款 | |
| | | | 《中华人民共和国海洋环境保护法》 | 海洋工程建设项目需要爆破作业时，必须采取有效措施，保护海洋资源 | 予以警告，责令停止作业，并处5万元以上20万元以下的罚款 | |
| | | | | | 予以警告，并处2万元以上20万元以上的罚款 | |

续表

| 基础信息区 | | | 法律信息区 | | | |
| --- | --- | --- | --- | --- | --- | --- |
| 风险名称 | 经营活动 | 引发原因 | 涉及的法律法规 | 相关的法律法规 | 引发的法律责任和后果 | 法律建议 |
| | | 应急预案 | 《防治海洋工程建设项目污染损害海洋环境管理条例》 | 正式投入运行前制订防治海洋工程污染损害海洋环境的应急预案,报备案 | 责令限期改正;逾期不改正的,责令停止运行,并处1万元以上5万元以下的罚款 | 关于应急预案,《中华人民共和国海洋环境保护法》与《海洋石油勘探开发环境保护管理条例实施办法》中均有规定,但处罚程度较轻 |
| 海洋环境侵权法律风险 | 油气生产阶段 | 污染物排放管理 | 《防治海洋工程建设项目污染损害海洋环境管理条例》 | 含油污水不得直接或者经稀释后排放入海;塑料制品、残油、废油、油基泥浆、含油垃圾和其他有毒有害液态残渣,不得直接排放或者弃置入海;禁止向海域排放含油量超过国家规定标准的水基泥浆和钻屑;禁止向海域排放含油类、酸液、碱液、剧毒液和其他易降解的有机物和重金属的废水;严格控制向海域排放含有不易降解的有机物和重金属的废水 | 责令限期清理,并处2万元以上20万元以下的罚款;逾期未清理的,国家海洋主管部门可以指定或者其派出机构代为清理,所需费用由海洋勘探开发单位承担;造成海洋环境污染事故,直接负责的主管人员和其他直接责任人员构成犯罪的,依法追究刑事责任 | 《海洋石油勘探开发环境保护管理条例》中要求固定式和移动式平台应备有海洋石油勘探开发的防污记录簿,防污记录簿的记载不准确或者伪造的,罚款最高额为人民币1 000元 |
| | | | | 严格控制向水基泥浆中添加油类,确需添加的,应当如实记录并向海洋主管部门报告影响报告书的原核准;该工程报告添加油的种类和数量;禁止向海域排放含油量超过国家规定标准的水基泥浆和钻屑 | 责令限期改正;逾期不改正的,责令停止运行,并处1万元以上5万元以下的罚款 | |

| 基础信息区 | | | 法律信息区 | | |
|---|---|---|---|---|---|
| 风险名称 | 经营活动 | 引发原因 | 涉及的法律法规 | 相关的法律法规 | 引发的法律责任和后果 | 法律建议 |
| 海洋环境侵权法律风险 | 油气生产阶段 | 污染物排放管理 | 《防治海洋工程建设项目污染损害海洋环境管理条例》 | 如实记录污染物排放设施、处理设备的运转情况及其污染物的排放、处置情况，并按定期向海洋主管部门报告；应当安装污染物流量自动监控仪器，对生产污水、机舱污水和生活污水的排放进行计量 | 责令限期改正；逾期不改正的，责令停止运行，并处1万元以上5万元以下的罚款 | |
| | | | | 及时缴纳排污费 | 未按规定缴纳排污费，责令限期缴纳；逾期不缴纳的，处应缴纳排污费数额2倍以上3倍以下的罚款 | |
| | | | 《中华人民共和国海洋环境保护法》 | ①向海域排放本法禁止排放的污染物或者其他物质的；②未依法取得排污许可证排放污染物的；③未依法取得排污许可证排放污染物的 | 责令改正或者责令采取限制生产、停产整治等措施，并处20万元以上100万元以下的罚款 | 企业应按照相关法律法规要求履行环境保护义务，落实生态环境保护措施，建立健全企业环境管理制度 |
| | | | | | 责令改正或者责令采取限制生产、停产整治等措施，并处10万元以上100万元以下的罚款 | |

续表

| 基础信息区 | | | | 法律信息区 | | |
|---|---|---|---|---|---|---|
| 风险名称 | 经营活动 | 引发原因 | 涉及的法律法规 | 相关的法律法规 | 引发的法律责任和后果 | 法律建议 |
| 海洋环境侵权法律风险 | 油气生产阶段 | 污染物排放管理 | 《中华人民共和国海洋环境保护法》 | 通过私设暗管或者篡改、伪造监测数据，或者不正常运行污染防治设施等逃避监管的方式，违法向海洋排放污染物的；违反本法有关船舶压载水和沉积物排放管理规定的；其他未依照本法规定向海洋排放污染物、废弃物的 | 责令改正或者责令采取限制生产、停产整治等措施，并处10万元以上100万元以下的罚款，情节严重的，吊销排污许可证 | |
| | | | | | 责令改正或者责令采取限制生产、停产整治等措施，并处1万元以上20万元以下的罚款 | |
| | | | | 未依法公开排污信息或者弄虚作假的 | 责令改正，并处2万元以上20万元以下的罚款，拒不改正的，责令限制生产、停产整治 | |
| | | | | 因发生事故或者其他突发性事件，造成或者可能造成海洋环境污染、生态破坏事件，未按照规定通报或者报告的 | 责令改正，并处5万元以上50万元以下的罚款，对直接负责的主管人员和其他直接责任人员处1万元以上10万元以下的罚款，并可以暂扣或者吊销相关任职资格许可 | |

续表

| 基础信息区 | | | 法律信息区 | | | |
| --- | --- | --- | --- | --- | --- | --- |
| 风险名称 | 经营活动 | 引发原因 | 涉及的法律法规 | 相关的法律法规 | 引发的法律责任和后果 | 法律建议 |
| 海洋环境侵权法律风险 | | 平台移位 | 《海洋石油勘探开发环境保护管理条例》 | 固定式平台和移动式平台的位置,应及时通知主管部门 | | |
| | | 化学消油剂的使用 | 《海洋石油勘探开发环境保护管理条例》 | 不按规定使用化学消油剂 | 视其情节轻重,予以警告或罚款处分 | |
| | 设施弃置阶段 | 生活垃圾、生产生活废弃物弃置 | 《山东省海洋环境保护条例》 | 拒不清除本单位用海范围内的生活垃圾、废弃物或者将生产、生活废弃物弃置海域 | 生态环境主管部门指定有关单位代为清除,所需费用由用海单位承担,并处3万元以下罚款 | 海上石油设施的废弃处置有不同的方案和方法,方案的选取需要进行技术上、经济上和社会影响等诸多方面的综合考虑;同时,要遵守法律法规中对设施弃置的具体要求 |
| | | 原则性规定 | 《防治海洋工程建设项目污染损害海洋环境管理条例》 | 海洋工程需要拆除或者改作他用的,应当在作业前报原核准该工程环境影响报告书的海洋主管部门备案;拆除或者改变用途可能产生重大环境影响的,应当进行环境影响评价 | 责令停止建设、运行,限期补办手续,并处5万元以上20万元以下的罚款 | |

续表

| 基础信息区 | | | 法律信息区 | | |
|---|---|---|---|---|---|
| 风险名称 | 经营活动 | 引发原因 | 涉及的法律法规 | 相关的法律法规 | 引发法律责任和后果 | 法律建议 |

| 风险名称 | 经营活动 | 引发原因 | 涉及的法律法规 | 相关的法律法规 | 引发法律责任和后果 | 法律建议 |
|---|---|---|---|---|---|---|
| 海洋环境侵权法律风险 | 设施弃置阶段 | 弃置申请 | 《海洋石油平台弃置管理暂行办法》 | 停止海洋油气开发作业的平台所有者应当在平台停止生产作业 90 日之前，向国家海洋行政主管部门提出平台弃置的书面申请 | 责令停止违法行为，限期改正或者责令采取限制生产、停产整治等措施，并处 3 万元以上 20 万元以下的罚款；拒不改正的，依法做出处罚决定的部门可以自责令改正之日的次日起，按照原罚数额按日连续处罚；情节严重的，报经有批准权的人民政府批准，责令停业、关闭 | |
| | | 平台原地弃置报送环境影响评估论证报告 | | 平台在原地弃置的，应当同时报送平台弃置对周围海域的环境影响评估论证报告 | | |
| | | 平台异地弃置报送临时性海洋倾倒区选划论证报告 | | 平台在海上异地弃置的，应同时报送临时性海洋倾倒区选划论证报告 | | |
| | | 平台改作他用的报送海洋工程建设项目环境影响报告书 | | 停止海洋油气开发作业的平台需要改作他用的，应同时报送海洋工程建设项目环境影响报告书 | 处 5 万元以下的罚款，并责令其停止该项目的运行，直到消除污染危害 | |
| | | 平台弃置时间 | | 停止油气开发作业之日起的 1 年内进行平台弃置 | 进行警告，并根据造成的危害后果，或者可能造成的危害后果，处 10 万元以上 100 万元以下的罚款 | |

续表

| 基础信息区 | | | 法律信息区 | | | |
|---|---|---|---|---|---|---|
| 风险名称 | 经营活动 | 引发原因 | 涉及的法律法规 | 相关的法律法规 | 引发的法律责任和后果 | 法律建议 |
| 海洋环境侵权法律风险 | 设施弃置阶段 | 平台拆除具体要求 / 全部拆除 / 领海以内 | 《海洋石油平台弃置管理暂行办法》 | 妨碍海洋主导功能使用的必须全部拆除 | | |
| | | 领海以外 | | 残留海底的桩腿等，应当切割至海底表面4米以下 | | |
| | | | | 残留的桩腿等，设施不得妨碍其他海洋主导功能的使用 | | |
| | | 封住采油井口 | | 平台在海上弃置的，应当封住采油井口，防止地层内的流体流出海底，对海洋环境造成污染损害，并拆除一切可能对海洋环境和资源造成损害的设施 | | |
| | | 海上留置部分清洗或防腐蚀处理 | 《海洋石油平台弃置管理暂行办法》《海洋倾废管理条例》 | 弃置平台的海上留置部分，应当进行清洗或防腐蚀处理 | 责令其限期治理，支付清除污染费，向受害方赔偿由此造成的损失，并视情节的轻重和污染损害的程度，处以警告或处人民币10万元以下的罚款 | |
| | | 排污要求 | | 海上清洗或者防腐蚀作业，应当采取有效措施防止油类、油性混合物或其他有害物质污染海洋环境，清洗产生的废水必须达处理达标后方可排放 | | |
| | | 设立助航标志 | | 弃置平台的海上留置部分，其所有者应当负责日常维护与管理，设立助航标志 | | |

# 第七节　海洋石油勘探开发行政审批风险防范

在我国,矿产资源属于国家所有。为了确保矿产资源的合理开发和利用,国家禁止任何组织或个人通过任何方式侵占或破坏这些资源。在进行勘查、开采矿产资源时,必须依法分别申请并获得相应的探矿权、采矿权批准。由此可见,在油气勘探开发的流程中,探矿权许可证和采矿权许可证是确保油气企业拥有合法勘探与开发权益的关键。然而,这些活动能否顺利开展,实际上取决于油气公司是否能够妥善并及时处理好与土地使用、海域利用以及环境影响评估相关的各项事宜。

就海洋石油企业而言,影响海洋石油勘探开发进程的主要审批因素涉及勘查矿产资源审批、开采矿产资源审批、海域使用审核、海洋工程建设项目环境影响评价审批、海洋工程建设项目环境保护设施竣工验收审批、废弃物海洋倾倒许可、临时海洋倾倒区设置审批、海洋石油勘探开发含油钻井泥浆和钻屑向海中排放审批、防治污染设施拆除或闲置审批、海域施工作业许可、石油天然气建设项目安全设施设计审查、石油天然气企业安全生产许可。

结合海洋油气资源的勘探开发流程,梳理海洋油气资源勘探开发过程中需要办理的主要行政审批事项,我们发现行政审批事项办理中存在诸多难点和困难,主要表现在用海矛盾、生态环境保护与油气勘探开发矛盾、探采衔接不畅等方面。优化海洋油气资源勘探开发行政审批事项,加快海洋石油勘探开发进程,不仅有助于优化企业营商环境,更有助于推进政府治理体系和治理能力现代化。

在这一背景下,国务院办公厅于 2022 年 1 月 20 日发布了《关于全面实施行政许可事项清单管理的通知》,并公布了《法律、行政法规、国务院决定设定的行政许可事项清单(2022 年版)》。该通知的发布,旨在推进行政许可事项清单管理制度的全面实施,规范行政许可的操作流程,为企业打造一个更加公正和高效的审批环境。该清单公布以来,根据党中央和国务院的政策部署,相关的法律法规已经得到修订,同时,对一些机构的职责也进行了调整。这些变更涉及清单中的一些行政许可事项,并且已经依法进行了更新和调整。按照清单管理的工作机制,国务院办公厅与相关部门合作,对行政许可事项的调整进行了汇总,并在此基础上形成了《法律、行政法规、国务院决定设定的行政许可事项清单(2023 年版)》。基于这样的政策背景,国务院办公厅推行了行政许可事项清单管理制度,旨在通过建立一个全国统一、分级负责、事项明确、权责分明的行政许可事项清单体系,确保所有依法设定的行政许可事项都被纳入清单管理,清单之外不得违法实施任何行政许可。海洋石油企业可以根据这一清单,明确海洋石油勘探开发过程中涉及的各项审批流程,这将有助于提高审批效率,加快海洋石油勘探开发的进程,从而促进企业的健康发展和行业的有序进步,与海洋石油勘探开发有关的内容如表 3.11 所列。

表 3.11 《法律、行政法规、国务院决定设定的行政许可事项清单( 2023 年版 )》

| 序号 | 中央主管部门 | 审批事项名称 | 实施机关 | 行政许可设定和实施依据 |
|---|---|---|---|---|
| 1 | 自然资源部 | 勘查矿产资源审批 | 自然资源部、省级自然资源部 | 《中华人民共和国矿产资源法》《中华人民共和国矿产资源法实施细则》《矿产资源勘查区块登记管理办法》 |
| 2 | 自然资源部 | 开采矿产资源审批 | 自然资源部,省级、设区的市级、县级自然资源部门 | 《中华人民共和国矿产资源法》《中华人民共和国矿产资源法实施细则》《矿产资源勘查区块登记管理办法》 |
| 3 | 自然资源部 | 海域使用审核 | 自然资源部,省级、设区的市级、县级自然资源(海洋)部门 | 《中华人民共和国海域使用管理法》《国务院关于加强滨海湿地保护严格管控围填海的通知》《国家海洋局关于印发〈海域使用权管理规定〉的通知》 |
| 4 | 自然资源部 | 海底电缆管道铺设路由调查勘测、铺设施工审批 | 自然资源部 | 《中华人民共和国专属经济区和大陆架法》《铺设海底电缆管道管理规定》 |
| 5 | 生态环境部 | 海洋工程建设项目环境影响评价审批 | 生态环境部,省级、设区的市级、县级生态环境部门 | 《中华人民共和国环境保护法》《中华人民共和国环境影响评价法》《中华人民共和国海洋环境保护法》《防治海洋工程建设项目污染损害海洋环境管理条例》 |
| 6 | 生态环境部 | 海洋工程建设项目环境保护设施竣工验收 | 生态环境部,省级、设区的市级、县级生态环境部门 | 《中华人民共和国海洋环境保护法》《防治海洋工程建设项目污染损害海洋环境管理条例》 |
| 7 | 生态环境部 | 废弃物海洋倾倒许可 | 生态环境部及其派出机构 | 《中华人民共和国海洋环境保护法》《中华人民共和国海洋倾废管理条例》 |
| 8 | 生态环境部 | 临时海洋倾倒区设置审批 | 生态环境部 | 《中华人民共和国海洋环境保护法》 |
| 9 | 生态环境部 | 海洋石油勘探开发含油钻井泥浆和钻屑向海中排放审批 | 生态环境部流域海域生态环境监督管理机构 | 《国务院对确需保留的行政审批项目设定行政许可的决定》《中央编办关于生态环境部流域生态环境监管机构设置有关事项的通知》 |

| 序号 | 中央主管部门 | 审批事项名称 | 实施机关 | 行政许可设定和实施依据 |
|---|---|---|---|---|
| 10 | 生态环境部 | 拆除或闲置海洋工程环境保护设施审批 | 生态环境部,省级、设区的市级、县级生态环境部门 | 《中华人民共和国环境保护法》《中华人民共和国海洋环境保护法》《防治海洋工程建设项目污染损害海洋环境管理条例》 |
| 11 | 交通运输部 | 海域或者内河同航水域、岸线施工作业许可 | 分支海事局,设区的市级、县级交通运输部门 | 《中华人民共和国海上交通安全法》《中华人民共和国内河交通安全管理条例》 |
| 12 | 应急部 | 石油天然气建设项目安全设施设计审查 | 应急部,省级、设区的市级、县级应急管理部门 | 《中华人民共和国安全生产法》《建设项目安全设施"三同时"监督管理办法》《国家安全监管总局办公厅关于明确非煤矿山建设项目安全监管职责等事项的通知》 |
| 13 | 应急部 | 石油天然气企业安全生产许可 | 应急部、省级应急管理部门 | 《安全生产许可证条例》《非煤矿矿山企业安全生产许可证实施办法》 |

# 第八节　海洋石油安全生产风险防范

海洋石油勘探开发必须建立健全海洋石油相关的安全管理与监督体制,确保海洋石油作业中能采用安全可靠的设备进行安全性生产,推动我国海洋石油业的持续稳定发展。本节主要梳理当前我国海洋石油安全管理与监督体制,从而降低海洋石油企业勘探开采的风险,促进海洋石油开采行业的安全发展。

**一、明确海洋石油安全监督管理体制**

2006 年,国家安全生产监督管理总局在原石油工业部 1986 年颁布的《海洋石油作业安全管理规定》(已废止)的基础上,将其修订为《海洋石油安全生产规定》。紧接着,2009 年颁布了《海洋石油安全管理细则》,标志着中国海洋石油的安全监管有了更加坚实的法律基础。海洋石油安全监管体制如图 3.8 所示。

**二、海洋石油安全监管机构——海洋石油作业安全办公室**

**(一)机构历史沿革**

1985 年 5 月 14 日,经石油部批准,正式成立石油工业部海洋石油作业安全办公室(以

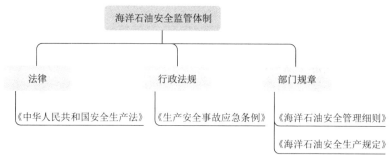

图 3.8　海洋石油安全监管体制

下简称"海油安办"),由于中国海洋石油总公司的业务归口管理变化,之后海油安办分别经历了国家能源部[①]、国家计委和国家经贸委授权。2003 年,国家安全生产监督管理总局设监督管理一司(海油安办),承担海上石油安全生产的综合监督管理工作。海油安办职能被并入国家安全生产监督管理总局海洋石油作业安全办公室。

根据国家安全生产监督管理总局印发的《国家安全生产监督管理总局海洋石油作业安全办公室工作规则》(海油函〔2006〕80 号),该局设立了一个名为"海油安办"的机构。该办公室的职责是实施海洋石油安全生产的综合监督管理。海油安办下设海油分部、石化分部和石油分部,实行垂直管理体制。其中,海油分部设在中国海洋石油总公司,石化分部设在中国石油化工集团公司,石油分部设在中国石油天然气集团公司。各部门共同协作,负责全国海洋石油安全生产的监督管理。

此外,2009 年发布的《海洋石油安全管理细则》(于 2015 年进行了修正)第四条规定:"国家安全生产监督管理总局海洋石油作业安全办公室(以下简称'海油安办')对全国海洋石油安全生产工作实施监督管理;海油安办驻中国海洋石油总公司、中国石油化工集团公司、中国石油天然气集团公司分部(以下简称'海油安办有关分部')分别负责中国海洋石油总公司、中国石油化工集团公司、中国石油天然气集团公司的海洋石油安全生产的监督管理。"该细则还规定了海油安办的监督管理职责及其他细节。

《海洋石油安全生产规定》第四十四条第一款规定:"本规定所列行政处罚,由海油安办及其各分部实施。"

（二）主要职责

在实践中,海油安办的重点工作是监督海洋石油建设项目生产设施的"三同时"执行情况,监督的主要内容如表 3.12 所列。

---

① 2008 年改为国家能源局。

表 3.12 海油安办监督的主要内容

| 业务阶段 | 主要内容 |
|---|---|
| 总体开发方案阶段 | 由海油安办认可的第三方评价机构进行安全预评价,并编写预评价报告,预评价报告通过专家评审会和石油安全专标委安全评审中心评审,通过评审的安全预评价报告交送海油安办备案 |
| 设计阶段 | 海洋石油生产设施的重要设计文件及安全专篇,需经海油安办认可的发证检验机构审查同意,发证检验机构在审查同意的设计文件和图纸上加盖印章,设计审查结果报海油安办备案 |
| 建造阶段 | 作业者选择的施工单位需具有政府主管部门颁发的建设资质并具有海洋石油相关行业的业绩,同时,由海油安办认可的第三方发证检验机构对建造、安装和调试等进行检验,并出具检验报告 |
| 试生产和安全竣工验收阶段 | 海油安办根据发证检验机构的报告,进行设施的安全备案检查;检查通过后,方可进行试生产;生产设施经过一段时期试生产后,各项生产指标基本正常,达到生产设施安全竣工验收条件,经过作业者申请,海油安办组织生产设施安全竣工验收 |
| 正式生产阶段 | 在正式生产前,作业者需向海油安办申请安全生产许可证;生产运营期由发证检验机构对生产设施进行年度和定期检验;安全生产许可证每3年必须申请延期换证,经海油安办审核符合条件的,准予换证 |

# 第四章
## 海洋石油勘探开发典型案例剖析

## 案例一：杨某雨、刘某与科麦奇中国石油有限公司海上、通海水域养殖损害责任纠纷案

### 一、案件基本信息

案号：（2009）津高民四终字第 7 号；

审理法院：天津市高级人民法院；

案由：海上、通海水域养殖损害责任纠纷；

当事人：上诉人（原审原告）：杨某雨、刘某；

被上诉人（原审被告）：科麦奇中国石油有限公司；

法律风险识别：海上溢油（中心平台疑发生原油溢油事故）引起的损害赔偿诉讼；

裁判日期：2009 年 6 月 10 日。

### 二、案件事实

1. 事件概述

2004 年 4 月 18 日，渔民杨某生与滦南县渔港监督站的工作人员在距曹妃甸灯塔 5～6 千米的海域发现深棕色液体漂浮物，并在中心平台附近海域发现黑色油块和黑色海藻。

中心平台是科麦奇公司建设并经营的井口集输平台，位于东经 118°40′35.6″，北纬 38°46′11.86″，距曹妃甸灯塔约 18.5 千米，附近有曹妃甸 12、14 等油田，靠近进出天津港的习惯航路。中心平台的建设工作由海洋石油工程有限公司负责，钻井工作由中海油田服务股份有限公司负责。

杨某雨、刘某以中心平台发生原油泄漏事故，大量原油污染了其承包的养殖区域，给其造成重大经济损失为由，请求法院判令科麦奇公司赔偿其经济损失 1 768 600 元并承担该案受理费、调查费、证据保全费、评估鉴定费等费用。

2. 争议焦点

（1）科麦奇中国石油有限公司所属中心平台是否发生原油泄漏事故。

（2）科麦奇中国石油有限公司是否应承担损害赔偿责任。

3.法院裁判要旨

该案属于因环境污染引起的民事赔偿案件。对于此类案件,我国法律规定科麦奇公司承担责任的条件是:① 科麦奇公司实施了污染行为;② 杨某雨、刘某受到损害;③ 二者有因果关系。对于上述条件的举证责任,我国法律规定因果关系的举证责任由科麦奇公司承担,但科麦奇公司实施了污染行为和杨某雨、刘某受到损害,仍由杨某雨、刘某承担举证责任。

庭审中,杨某雨、刘某始终不能证明上述液体漂浮物、黑色油块、引起海藻呈黑色的物质是否为原油。即使上述物质为原油,杨某雨、刘某也不能证明这是来自中心平台的原油。由于中心平台附近有其他油田,且靠近进出天津港的习惯航路,杨某雨、刘某并不能排除其他油田和过往船只发生泄漏事故的可能。因此,杨某雨、刘某的证据未形成完整的证据链条,不能证明中心平台发生泄漏事故。

与此相对,科麦奇公司的证据不仅能够证明在诉争期内,中心平台的现场工作人员未发现平台发生泄漏事故,而且能够证明中心平台不可能发生泄漏事故。因为中心平台所处的油田属于低压黏稠油田,没有外力作用,原油流体不能自行冲出油层。而且在诉争期内,中心平台没有进行采油,也没有进行钻井,已经开钻的13口井均按照规范进行了封井。综上所述,原审法院认为杨某雨、刘某的证据不能证明中心平台在诉争期内发生了原油泄漏事故。法院认为科麦奇公司所属的曹妃甸11号中心平台在诉争期内没有发生原油泄漏事故。

杨某雨、刘某提起上诉,二审法院认为上诉人提交的证据缺乏证明力,不能证明原油泄漏事故的发生。被上诉人提交的证据客观、全面,证实了中心平台未发生原油泄漏事故,维持原判。

## 三、法律适用[①]（表4.1）

表4.1　海上、通海水域养殖损害责任纠纷案法律适用分析

| 法律名称 | 具体条款 | 适用方式 |
|---|---|---|
| 《中华人民共和国民事诉讼法》（2007 修正） | 第六十四条第一款:当事人对自己提出的主张,有责任提供证据 | 上诉人杨某雨和刘某需要提供证据证明科麦奇公司实施了污染行为以及他们自身受到了损害 |

---

[①] 需要说明的是,该案纠纷的起源可追溯至 2004 年,而最终的生效裁判文书于 2009 年由天津市高级人民法院作出。在审理过程中,法院严格遵循了当时有效的《中华人民共和国民事诉讼法》（2007 修正）及相关司法解释进行裁判。尽管《中华人民共和国民事诉讼法》分别在 2012 年、2017年、2021 年、2023 年经历了多次修正,配套的司法解释也随之更新,但该案涉及的法律规定并未发生根本性的变化。

续表

| 法律名称 | 具体条款 | 适用方式 |
|---|---|---|
| 《最高人民法院关于民事诉讼证据的若干规定》（2008修正） | 第二条：当事人对自己提出的诉讼请求所依据的事实或者反驳对方诉讼请求所依据的事实，有责任提供证据加以证明 | 上诉人杨某雨和刘某需要提供证据证明科麦奇公司实施了污染行为以及他们自身受到了损害 |
|  | 第四条第三款：因环境污染引起的损害赔偿诉讼，由加害人就法律规定的免责事由及其行为与损害结果之间不存在因果关系承担举证责任 | 如果上诉人杨某雨和刘某完成了初步的举证责任，举证责任部分转移到被上诉人，即科麦奇公司需要证明免责事由或其行为与损害结果之间不存在因果关系 |
| 《最高人民法院关于适用〈中华人民共和国民事诉讼法〉若干问题的意见》（2008年调整，已废止） | 第七十四条：在诉讼中，当事人对自己提出的主张，有责任提供证据。但在下列侵权诉讼中，对原告提出的侵权事实，被告否认的，由被告负责举证：（1）因产品制造方法发明专利引起的专利侵权诉讼；（2）高度危险作业致人损害的侵权诉讼；（3）因环境污染引起的损害赔偿诉讼；（4）建筑物或者其他设施以及建筑物上的搁置物、悬挂物发生倒塌、脱落、坠落致人损害的侵权诉讼；（5）饲养动物致人损害的侵权诉讼；（6）有关法律规定由被告承担举证责任的 |  |

　　法院依据上述法律规定，对双方当事人的举证责任进行了分配，如图4.1所示，并据此对案件进行了审理和判决。最终，由于上诉人未能提供充分证据证明科麦奇公司所属中心平台发生了原油泄漏事故，法院驳回了上诉，维持原判。

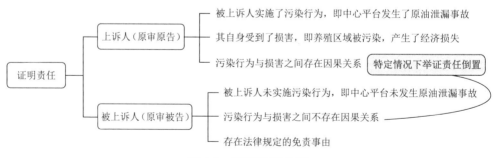

图4.1　证明责任分配

## 四、证据分析

在该案中,当事人提交的证据的证明力对裁判结果产生了决定性的影响。以下是对各方提交证据的证明力分析及其对裁判结果的具体影响。

### （一）上诉人提交的证据及其证明力

#### 1. 证人证言

证人杨某生和张某提供了关于原油泄漏事故的目击证言:2004 年 4 月 18 日,距曹妃甸灯塔 5～6 千米的海域有呈带状分布的深棕色液体漂浮物,中心平台附近的海域也出现了一些零散的黑色油块,平台支架附着的海藻部分呈黑色。证人杨某生、张某及现场人员从视觉、触觉角度,认为完全符合原油表面物理特征,继而做出上述深棕色液体漂浮物、黑色油块及使海藻呈黑色的物质为原油的判断。

法院认为上述人员均不具备对该物质是否为原油进行分析判断的专业知识,在对该物质未经相关专业机构鉴定为原油的情况下,不能认定该物质为原油。基于此,由于上诉人提供的证人证言缺乏专业性,故证明力受限,不能支持上诉人的主张。

【说明:证人证言是由直接观察或经历事件的人提供的陈述。证人的可信度、专业性和证言的一致性都会影响其证言的证明力。】

#### 2. 录像资料

提交的滦南渔监录像资料显示了海域的污染情况:录像资料所反映的是 2004 年 4 月 18 日,距曹妃甸灯塔 5～6 千米的海面上出现呈带状分布的深棕色液体漂浮物,中心平台附近也出现了一些零散的黑色油块,中心平台支架靠近海面处生长的海藻部分呈黑色。

然而,录像无法证明中心平台是否发生了原油泄漏事故。

【说明:视听资料是可以直观展示事件现场的情况。录像的完整性和真实性对证明力的强弱至关重要。】

#### 3. 鉴定报告

大连海事大学航海学院卫星遥感研究室张永宁教授出具的鉴定报告提供了技术性分析。鉴定报告采用海上溢油卫星遥感监测方法对溢油情况进行分析。利用该方法分析时,会受到太阳高度角、风浪、海流、水色及海面温度等外部环境因素的影响,因此,鉴定报告不能单独作为认定中心平台是否发生原油泄漏事故的依据,需结合其他证据进行认定。

基于此,法院认为该鉴定报告依据的 NOAA 遥感卫星影像存在局限性,分析手段主观性强,未能独立于上诉人提供的信息,故证明力不足,不能证明其提出的被上诉人所属中心平台发生原油泄漏事故之主张。

【说明:鉴定报告由专业机构或专家出具,是对技术性问题的分析和判断。鉴定报告的科学性、客观性和鉴定机构的资质影响其证明力。】

### 4. 航海日志

被上诉人提交了数份航海日志,以证明中心平台未发生溢油事故。但部分航海日志因笔迹存在瑕疵且被上诉人不能做出合理解释,因此未被原审法院所采纳。如实填写航海日志是船舶管理中非常严肃的重大事项,航海日志是真实记载船舶动态的法定的重要原始资料,不允许任何人篡改。

### (二)被上诉人提交的证据及其证明力

被上诉人科麦奇公司向原审法院共提交了 14 组证据,部分证据已被法院采纳,部分证据因存在瑕疵未被采纳,部分证据不能单独作为认定案件事实的证据,需结合其他证据进行认定,如表 4.2 所列。

表 4.2　证据分析及法院采纳情况

| 序号 | 证据名称 | 证明目的 | 法院采纳情况 |
|---|---|---|---|
| 1 | 涉案范围海域使用权证书、海洋工程环境影响报告书审批意见的复函、海洋局用海批复(国海环字〔2005〕42 号)、天津海事局建设工程批复(津海通航〔2003〕184 号)、批复和安全分析报告(中海安办〔2002〕15 号) | 证明科麦奇公司在相关海域的作业是合法的,并且已经通过了环境影响评估和相关部门的批准 | 法院采纳 |
| 2 | 海洋局用海批复(国海环字〔2004〕297 号)、生产设施作业许可证(编号 110409)、2004 年 3 月至 5 月海上平台防污染记录、海上应急程序、海监北海总队现场检查表、应急手册、渤海湾 04/36、05/36 区块溢油应急计划的批复、科麦奇公司的溢油应急计划及批复、科麦奇公司钻井溢油应急计划及批复 | 进一步证明其作业的合法性,并展示其遵守了相关海洋法规和作业规范;防污染记录、海上应急程序显示了科麦奇公司有完备的防污染措施并做好了应急准备 | 法院采纳 |
| 3 | 海航环评研究、2004 年 4 月曹妃甸及渤海湾油田分布图 | 展示中心平台及其作业区域的环境评估和油田分布,可用于说明作业区域的环境风险,存在其他油田和过往船舶发生泄漏事故的可能性 | 法院采纳:可以证实中心平台附近有其他油田,且中心平台靠近进出天津港的习惯航路,故该案中不能排除其他油田和过往船舶发生泄漏事故的可能性 |

| 序号 | 证据名称 | 证明目的 | 法院采纳情况 |
|---|---|---|---|
| 4 | 2004年4月17日中心平台附近照片、2004年4月22日发给国家海洋局北海分局的传真 | 通过照片和传真展示中心平台及其附近海域的情况，可能用于证明当时没有发生泄漏事故 | 二审裁判文书未分析 |
| 5 | 批复、曹妃甸11-1/2油田总体开发方案 | 展示油田的开发方案和批复，证明其开发行为是经过严格规划和批准的 | 二审裁判文书未分析 |
| 6 | 平台、管道及电缆工程、采购、建造和安装协议、曹妃甸11-1项目油田开发——平台、海底管线和海底电缆总包项目2004年3、4月份月报、曹妃甸I期项目上部结构安装进度日报表、曹妃甸11-1项目海上施工日报、简要海上作业报表、曹妃甸11号油田开发工程进度表、"蓝疆"轮航海日志 | 证明中心平台的建设和运营是按照合同和协议进行的，符合技术和安全标准 | 二审裁判文书未分析 |
| 7 | "滨海285""滨海284""滨海208""滨海262"轮航海日志 | 通过航海日志记录，证明相关船舶在事发期间的活动和状态，可用于证明没有发生溢油事故 | 未被采纳；部分航海日志因笔迹存在瑕疵且被上诉人不能做出合理解释，因此，未被法院采纳 |
| 8 | 北海分局表彰通报（海北环法〔2004〕144号） | 展示科麦奇公司在环保和安全管理方面的优秀表现，增强其可信度 | 二审裁判文书未分析 |
| 9 | 挪威船级社临时验收证明 | 证明相关设施已经过第三方验收，符合安全和质量标准 | 二审裁判文书未分析 |
| 10 | "沪救捞3"轮航海日志、"北海救199"轮航海日志、"东方红2"轮航海日志、"蓝疆"轮证明材料 | 中心平台在2004年3月至7月进行海上安装期间，有多艘船舶提供海上支持和作业，这些船舶的航海日志没有中心平台发生原油泄漏的记载；通过其他船舶的航海日志和证明材料，也可证明在事发期间没有发现泄漏事故 | 法院采纳；提交的证据可以证实2004年3月27日至4月17日，中心平台处于设备安装过程中，不具备采油条件；2004年3月27日至4月18日，被上诉人在中心平台的井槽上未进行钻井作业，也没有油井进行采油作业，因此，不可能发生原油泄漏事故 |

| 序号 | 证据名称 | 证明目的 | 法院采纳情况 |
|---|---|---|---|
| 11 | 曹妃甸 11-1A-10 井、11-1A-19H 井、11-1A-27H 井、11-1A-8H 井、11-1A-5H 井、11-1A-11H 井、11-1A-21H 井、11-1A-28H 井、11-1A-20H 井、11-1A-48H 井、11-1A-30H 井、11-1A-26H 井、11-1A-4H 井的钻井设计、日报、钻井早报、重新开井资料(油服公司)、重新开井资料(科麦奇公司) | 全部当期钻井日报及首日恢复钻井作业的开井日报均能够清晰显示出中心平台当期已开钻的 13 口井钻井过程及封井后均情况正常,这些钻井还不具备生产原油的条件,因此,也不可能发生原油泄漏事故 | 法院采纳;中心平台已经开钻的 13 口井均按照规范进行了封井 |
| 12 | 《渤海曹妃甸海域 2004 年 4 月海面溢油卫星遥感监测分析》(以下简称《监测分析》)、《曹妃甸 11-1A 区块中心平台 13 口井钻完井有关溢油问题的分析报告》(以下简称《分析报告》) | 中国科学院地理科学与资源研究所等 5 个单位的专家组成专家组,对 2004 年 3 月 27 日至 4 月 20 日曹妃甸海域的海上溢油状况进行分析和评价,出具了《监测分析》,证明中心平台海域没有溢油发生;4 位钻井专家通过高水平的专业知识对所有钻井资料进行审查、分析、评价,出具了《分析报告》,得出 WGPA 中心平台从未发生也不可能发生溢油的结论 | 《监测分析》与上诉人提交的鉴定报告对于中心平台是否发生原油泄漏事故问题得出了相反的结论,加之《监测分析》采用海上溢油卫星遥感监测方法对溢油情况进行分析,会受到其他因素的影响;据此,不能单独作为认定平台是否发生原油泄漏事故的依据,需结合其他证据进行认定 |
| 13 | 船舶日志记载的说明 | 证明中心平台未发生溢油事故 | 未被采纳;因部分航海日志因笔迹存在瑕疵,且被上诉人不能做出合理解释,因此,未被法院采纳 |
| 14 | 证人唐某、左某、谈某、丁某、王某、江某的证言 | 证明 2004 年 4 月 17 日前后,在中心平台附近有类似原油的黑色块状污染物 | 法院采纳;上述证人并未对该污染物是否为原油做出判断,且上述证人均确认 2004 年 4 月中心平台并未发生原油泄漏事故 |

对于其中部分证据,做如下说明。

第 1 组证据:海域使用权证书和相关批复文件。

证明了科麦奇公司在该海域的作业是合法授权的,具有较高的证明力。

【说明:包括官方文件、批复、证书、合同、日志等。书面文件的官方性、合法性和相关

性决定了其证明力。】

第2组证据:海上平台防污染记录和应急程序。

显示了科麦奇公司有完备的防污染措施和应急准备,增强了其在防止污染方面的证明力。但该组证据在一般情况下能证明其应然性,均不能否认其所属的中心平台附近发生了原油泄漏事故的事实,需结合其他证据综合认定。

第3组证据:《监测分析》。

由资源与环境信息系统国家重点实验室等单位联合出具的《监测分析》提供了科学的分析,同上诉人提交的鉴定报告一样,都采用海上溢油卫星遥感监测方法对溢油情况进行了分析,使用该方法分析时会受到太阳高度角、风浪、海流、水色及海面温度等外部环境因素的影响,因此,《监测分析》也不能单独作为认定中心平台是否发生原油泄漏事故的依据,需结合其他证据进行认定。

基于此,法院认为《监测分析》依据的NOAA遥感卫星影像存在局限性,分析手段主观性强,未能独立于上诉人提供的信息,故证明力不足,不能单独证明平台未发生原油泄漏事故之主张,需要结合其他证据进行综合评估。

**(三)证明力对裁判结果的影响**

(1)证据不足导致的不利裁判:上诉人因证据不足,未能说服法院支持其主张。

(2)证据优势导致的有利裁判:被上诉人提交的证据在证明力上具有优势,有助于法院形成对其有利的心证。

(3)法院对证据的综合评估:法院对双方提交的证据进行了综合评估,认为上诉人未能满足举证责任。法院最终驳回了上诉请求,维持原判,即认为科麦奇公司所属的中心平台在诉争期内没有发生原油泄漏事故。

通过对该案的分析,可以看出在海洋石油企业涉诉纠纷中,证据的准备和专业性至关重要。在该案中,证据的证明力是影响裁判结果的关键因素。上诉人提交的证据在证明力上存在不足,未能形成有力的证据链,而被上诉人科麦奇公司提交的证据在合法性、客观性、科学性方面具有优势,从而对裁判结果产生了决定性影响。这一案例强调了在法律诉讼中,证据的充分性、客观性和科学性的重要性,以及法院在审理案件时对证据进行综合评估的必要性。

# 案例二:中国石油集团东方地球物理勘探有限责任公司、赵某志海上、通海水域养殖损害责任纠纷上诉案

## 一、案件基本信息

案号:(2017)津民终 174-309 号;

审理法院:天津市高级人民法院;

案由:海上、通海水域养殖损害责任纠纷;

当事人:上诉人(原审原告):赵某志等 136 名养殖户;

上诉人(原审被告):中国石油集团东方地球物理勘探有限责任公司;

法律风险识别:海域作业与养殖作业发生冲突引起的损害赔偿诉讼;

裁判日期:2017 年 7 月 31 日。

## 二、案件事实

### 1. 事件概述

2013 年 5 月,赵某志等 136 名养殖户中的部分养殖户在雇佣潜水员前往养殖区打捞根绳时受到中国石油集团东方地球物理勘探有限责任公司(以下简称"东方公司")的阻拦。之后,王某等 18 名涉案养殖户在前往养殖海域作业时受到东方公司的阻拦,其余涉案养殖户陆续得知东方公司在其养殖区内进行勘探作业。在得知东方公司阻拦了上述 18 名养殖户的正常作业后,其他涉案养殖户未在同时期实际进入自己的养殖区进行作业。

赵某志等 136 名养殖户在河北省唐山市乐亭县近岸海域从事扇贝养殖,养殖面积约为 78 576.85 亩。海域用途为养殖用地,养殖方式为筏吊式及滩涂底播,期限为 3 年。其中,白某、赵某刚、赵某丹 3 名涉案养殖户系分别租用案外人才某、刘某旗、陈某的养殖区进行养殖,其余 133 名养殖户均为自己实际养殖。

2013 年 3 月 1 日至 7 月底,东方公司对于作业水域:A:39°13′05″N/119°30′05″E;B:39°22′47″N/119°17′26″E;C:39°26′11″N/119°21′44″E;D:39°23′54″N/119°24′43″E;E:39°31′19″N/119°34′11″E;F:39°23′52″N/119°43′52″E 进行海底勘探作业,勘探总面积约为 600 平方千米,作业期间在 127 名涉案养殖户养殖区内进行了勘探作业。勘探作业完成后,赵某志等 136 名养殖户陆续将扇贝放置到自己的养殖区进行养殖。

赵某志等 136 名养殖户以东方公司阻拦涉案养殖户进行扇贝养殖作业及进行勘探作业,致使扇贝苗、底播水产品大量死亡,给其造成重大经济损失为由,请求法院判令东方公司赔偿赵某志等 136 名养殖户养殖扇贝及底播水产品损失共计 29 073 435 元,并承担该案诉讼费、鉴定费等费用。

### 2. 争议焦点

(1)赵某志等 136 名养殖户是否具有合法养殖资格。

(2)东方公司是否存在阻拦赵某志等 136 名养殖户养殖作业的侵权行为。

(3)赵某志等 136 名养殖户主张的扇贝养殖损失是否存在及具体损失数额。

(4)如果东方公司的阻拦行为与赵某志等 136 名养殖户主张的扇贝养殖损失均存在,那么二者是否存在因果关系。

### 3. 法院裁判要旨

该案属于因海域勘探作业引起的民事赔偿案件。因一审判决未予支持赵某志等 136

名养殖户主张的底播水产品损失,赵某志等 136 名养殖户上诉亦不针对此项损失,所以该案二审仅围绕与扇贝养殖损失有关联的问题进行审理。对于此类案件,我国法律规定东方公司承担责任的条件是:① 东方公司实施了侵权行为;② 赵某志等 136 名养殖户受到损害;③ 二者有因果关系;④ 东方公司存在过错。对于上述条件的举证责任,我国法律规定均由赵某志等 136 名养殖户承担。

庭审中,赵某志等 136 名养殖户的证据不仅能够证明东方公司阻拦其养殖作业导致养殖扇贝受到损害的事实,而且能够证明东方公司存在过错。即使东方公司进行勘探作业取得了乐亭县支油办的批准,但赵某志等 136 名养殖户养殖作业亦合法且符合养殖作业规律,而东方公司未尽到合理的注意义务,阻拦赵某志等 136 名养殖户正常养殖作业,侵犯了赵某志等 136 名养殖户的合法权益。

与此相对,东方公司始终不能证明其勘探作业不影响涉案养殖户进行养殖作业。由于其提供的证据只能证明在不同时间内对涉案养殖户养殖区进行勘探作业,且作业间隔时间大多为 1 个月,并不能排除分区域、分时间段勘探作业会影响养殖作业的可能。因此,东方公司的证据未形成完整的证据链条,不能证明其未实施阻拦养殖作业的侵权行为。综上所述,原审法院认为,赵某志等 136 名养殖户的证据足够证明东方公司存在阻拦赵某志等 136 名养殖户养殖作业的侵权行为,判决东方公司存在阻拦赵某志等 136 名养殖户养殖作业的行为,构成侵权。

双方当事人均提起上诉,二审法院认为上诉人(原审被告)东方公司提交的证据缺乏证明力,不能证明其不存在阻拦赵某志等 136 名养殖户进行养殖作业的侵权行为。上诉人(原审原告)赵某志等 136 名养殖户提交的证据客观、全面,证实了东方公司存在阻拦赵某志等 136 名养殖户养殖作业的侵权行为,维持原判。

### 三、法律适用 ① (表 4.3 )

表 4.3　海上、通海水域养殖损害责任纠纷上诉案法律适用分析

| 法律名称 | 具体条款 | 适用方式 |
|---|---|---|
| 《中华人民共和国民事诉讼法》(2017 修正) | 第六十四条第一款:当事人对自己提出的主张,有责任提供证据 | 上诉人赵某志等 136 名养殖户需要提供证据证明东方公司实施了侵权行为,致使其受到损害,上诉人东方公司需要提供证据证明其不存在侵权行为 |

---

① 需要说明的是,该案纠纷的起源可追溯至 2013 年,而最终的生效裁判文书于 2017 年由天津市高级人民法院作出。在审理过程中,法院严格遵循了当时有效的《中华人民共和国民事诉讼法》(2017 修正)及相关司法解释进行裁判。尽管《中华人民共和国民事诉讼法》分别在 2021 年、2023年经历了修正,配套的司法解释《最高人民法院关于适用〈中华人民共和国民事诉讼法〉的解释》(法释〔2015〕5 号)也分别在 2020 年、2022 年进行过修正,但该案涉及的法律规定并未发生根本性的变化。

| 法律名称 | 具体条款 | 适用方式 |
|---|---|---|
| 《中华人民共和国侵权责任法》(已废止) | 第六条第一款:行为人因过错侵害他人民事权益,应当承担侵权责任 | 上诉人赵某志等136名养殖户需要提供证据证明东方公司存在过错 |
| 《最高人民法院关于适用〈中华人民共和国民事诉讼法〉的解释》 | 第九十条:当事人对自己提出的诉讼请求所依据的事实或者反驳对方诉讼请求所依据的事实,应当提供证据加以证明,但法律另有规定的除外。<br>在作出判决前,当事人未能提供证据或者证据不足以证明其事实主张的,由负有举证证明责任的当事人承担不利的后果 | 上诉人赵某志等136名养殖户需要提供证据证明东方公司存在过错 |

法院依据上述法律规定,对双方当事人的举证责任进行了分配,如图4.2所示,并据此对案件进行了审理和判决。最终,由于上诉人(原审被告)未能提供充分证据证明其不存在阻拦赵某志等136名养殖户进行养殖作业的侵权行为,法院驳回了上诉,维持原判。

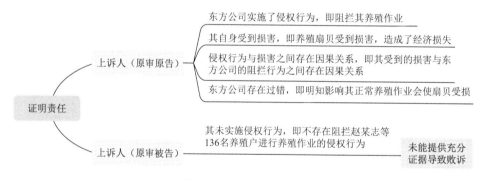

图4.2 证明责任分配

## 四、证据分析

在该案中,当事人提交的证据的证明力对裁判结果产生了决定性的影响。以下是对各方提交证据的证明力分析及其对裁判结果的具体影响。

### (一)上诉人(原审原告)提交的证据及其证明力

上诉人赵某志等136名养殖户向二审法院共提交了9组补充证据,部分证据被法院采纳,部分证据未被采纳,部分证据不能单独作为认定案件事实的证据,需结合其他证据进行认定,如表4.4所列。

表4.4　证据分析及法院采纳情况

| 序号 | 证据名称 | 证明目的 | 法院采纳情况 |
|---|---|---|---|
| 1 | 农业部黄渤海区渔业生态环境监测中心就"关于请求解释海湾扇贝在养殖培育阶段受损如何适用《渔业污染事故经济损失计算方法》的函"的答复 | 拟证明赵某志等136名养殖户的扇贝经济损失应按照成品而非鱼卵、仔稚鱼标准计算 | 该答复在"关于扇贝经济损失"内容中指出,具体采用何种方法评估其经济损失,需要依据其养殖生产实际情况,由评估机构确定;在该案河北省天佳司法会计鉴定中心出具的《司法会计鉴定意见书》(因被东方公司举报)被撤销且目前已不具备评估条件的情形下,不能单独作为认定赔偿标准的依据,应结合全案其他证据,对扇贝损失问题综合予以评判 |
| 2 | 李某出具的扇贝养殖成本效益分析表 | 拟证明扇贝养殖所需成本,作为计算赵某志等136名养殖户经济损失(包括扣除20%后期费用)的依据 | 未被采纳;该证据中船舶购置费等数据无合理依据,故对其证明力不予确认 |
| 3 | 《山东大洋海事司法鉴定所关于赵洪胜等扇贝养殖受损情况的勘验评估报告》 | 拟证明上述证据2中主绠绳、桩绠绳、根桩、浮漂、漂绠绳、笼吊绳的价格系依据此评估报告的数据,以佐证证据2内容的客观真实性及合理性 | 未被采纳;该报告系一审法院另案诉讼中的证据,所涉案件以调解解决,报告中数据未经法院生效判决认定,与该案不具有关联性,故对其证明力不予确认 |
| 4 | 赵某存等9名涉案养殖户出具的《情况说明》 | 拟证明滦河口是养殖海域唯一进出航道,进一步证明东方公司的勘探作业会影响涉案养殖户进行养殖作业 | 上述证据为赵某志等136名养殖户单方制作,不能单独作为认定侵权事实的依据,应结合全案其他证据,对东方公司是否存在阻拦行为予以综合评判 |
| 5 | 赵某志等136名养殖户出海航道与被阻拦情况示意图 | 与第4组证据拟共同证明东方公司在赵某志等136名养殖户进入养殖区的唯一航道滦河口进行设卡阻拦,导致涉案养殖户无法在阻拦期间到达养殖区进行分苗作业,而遭受重大经济损失 | |
| 6 | 周某、李某丰、郭某、刘某伟4名涉案养殖户的海域使用金专用收据 | 拟证明海域使用金的缴纳情况 | 法院采纳;结合法院前往乐亭县海洋局核实情况,能够证明周某、李某丰、郭某、刘某伟4名涉案养殖户已缴纳海域使用金,符合养殖实际情况,对其证明力予以确认 |
| 7 | 杨某与陈某娥的《确认书》、才某与白某的《确认书》 | 拟证明对养殖权益情况的确认 | 法院采纳;能够证明陈某娥、白某具有养殖资格,有权作为该案原告提起诉讼 |

| 序号 | 证据名称 | 证明目的 | 法院采纳情况 |
|------|----------|----------|--------------|
| 8 | 河北海警支队对赵某存的询问笔录 | 拟共同证明赵某志等136名养殖户存在损失、乐亭海域2013年有赤潮发生、东方公司阻拦涉案养殖户进入养殖区等事实 | 对赵某存和崔某的笔录系公安部门在另案中的询问笔录,未经法院生效裁判文书认定,据此,不能单独作为认定侵权事实的依据,其证明力应结合全案证据予以综合评判 |
| 9 | 河北海警支队对崔某的询问笔录 | | |

对于其中部分证据,做如下说明。

第3组证据:《勘验评估报告》。

该报告系单方当事人委托山东大洋海事司法鉴定所关于赵某胜等扇贝养殖受损情况勘验的结论,拟证明证据2中主缆绳、桩缆绳、根桩、浮漂、漂系绳、笼吊绳的价格系依据此评估报告的数据,以佐证证据2内容的客观真实性及合理性。但该报告系一审法院另案诉讼中的证据,所涉案件以调解解决,报告中数据未经法院生效判决认定,与该案不具有关联性,对其证明力不予确认。

【说明:单方委托鉴定机构得出的结论只能作为一种书证使用,并非当事人一方委托鉴定机构做出的鉴定意见均不能作为定案依据,法院根据案件的具体情况可以做出对其是否采纳的决定。书证的合法性和相关性决定了其证明力。】

第4、第5组证据:《情况说明》及示意图。

拟证明滦河口是养殖海域唯一进出航道,但属于赵某存等9名涉案养殖户单方制作,不能单独作为认定侵权事实的依据,应结合全案其他证据,对东方公司是否存在阻拦行为予以综合评判。

【说明:当事人陈述是民事证据的一种,但人民法院对当事人的陈述,应当结合该案的其他证据,审查确定能否作为认定事实的根据。由此,当事人的陈述不具备较强的证据效力,而且法院在审理案件时,不能将当事人的陈述单独作为认定事实的根据,需要其他证据的补强。】

第8、第9组证据:询问笔录。

拟证明赵某志等136名养殖户存在损失、乐亭海域2013年有赤潮发生、东方公司阻拦涉案养殖户进入养殖区等事实。但上述几份证据均未经法院生效裁判文书认定,如果当事人仅提供询问笔录,而没有公安机关对该笔录的采纳和其他处理意见佐证,这份证据的证明力应综合全案其他证据进行判断后予以认定。

【说明:询问笔录特指公安机关在办理案件过程中为了查明案件事实,对当事人以外的案件相关人员进行调查而制作的问答式书面记录。询问笔录的真实性、合法性和关联性决定了其证明力。】

### （二）上诉人（原审被告）提交的证据及其证明力

上诉人东方公司向二审法院共提交了 6 组补充证据,部分证据未被采纳,部分证据不能单独作为认定案件事实的证据,需结合其他证据进行认定,如表 4.5 所列。

表 4.5　证据分析及法院采纳情况

| 序号 | 证据名称 | 证明目的 | 法院采纳情况 |
|---|---|---|---|
| 1 | 河北海警支队对李某国的询问笔录 | 拟证明赵某志等 136 名养殖户在该案索赔数据和证据制作等方面存在虚假,系恶意索赔 | 笔录系公安部门在另案中的询问笔录,未经法院生效裁判文书认定,据此,不能单独作为认定恶意索赔的依据,其证明力应结合全案证据予以综合评判 |
| 2 | 河北海警支队对刘某强的询问笔录 | 拟证明《司法会计鉴定意见书》所提及的刘某强、刘某玺并未实地勘验,仅观看扇贝的长势并做见证,且现场未做勘验笔录,系事后补签 | 笔录系公安部门在另案中的询问笔录,未经法院生效裁判文书认定,据此,不能单独作为认定勘验笔录存在瑕疵的依据,其证明力应结合全案证据予以综合评判 |
| 3 | 河北海警支队对刘某玺的询问笔录 | 拟证明具体养殖数据的勘验系由刘某林负责,且专家也是刘某林直接安排的,刘某强、刘某玺在现场仅做见证 | 笔录系公安部门在另案中的询问笔录,未经法院生效裁判文书认定,据此,不能单独作为认定勘验的养殖数据存在瑕疵的依据,其证明力应结合全案证据予以综合评判 |
| 4 | 探矿权证 | 拟证明该案所涉勘探项目的委托人中海石油（中国）有限公司于 2012 年 12 月 12 日依法取得了探矿权,所涉区域为渤海中部海域,有效期为 2012 年 11 月 24 日至 2014 年 11 月 24 日 | 未被采纳;未出示原件,且赵某志等 136 名养殖户亦对此提出异议,对其证明力不予确认 |
| 5 | 新闻报道 | 拟证明扇贝的成活率一般为 10% 左右,一审判决认定的死亡及淘汰率为 50% 左右与事实不符 | 未被采纳;该证据系新闻报道,未说明 10% 的扇贝成活率的依据,故对其证明力不予确认 |
| 6 | 虞某出具的《专家意见书》 | 拟证明赵某志等 136 名养殖户所称的扇贝受损事实不存在,且与东方公司的勘探作业无关 | 未被采纳;虞某二审并未出庭就该证据涉及的专业问题提出意见,对其证明力不予确认 |

此外,根据东方公司申请,二审法院前往乐亭县水产局、乐亭县海洋局,调查了解《水域滩涂养殖证》核发及海域使用金缴纳情况,形成 2 份调查笔录;同时,调取了相关纸质档案。法院认定结果:可以证明赵某志等 136 名养殖户取得了《水域滩涂养殖证》,并缴纳了海域使用金,其养殖行为亦得到当地行政主管机关的认可,具有合法养殖资格。

对于其中部分证据,做如下说明。

第 1 至第 3 组证据:询问笔录。

拟证明赵某志等 136 名养殖户存在恶意索赔行为,但涉案勘验笔录、勘验数据存在瑕疵。上述几组证据均未经法院生效裁判文书认定,如果当事人仅提供询问笔录,而没有公安机关对该笔录的采纳和其他处理意见佐证,则这组证据的证明力应综合全案其他证据进行判断后予以认定。

【说明:询问笔录特指公安机关在办理案件过程中为了查明案件事实,对当事人以外的案件相关人员进行调查而制作的问答式书面记录。询问笔录的真实性、合法性和关联性决定了其证明力。】

第 4 组证据:探矿权证。

拟证明东方公司就该案所涉勘探项目获得了合法授权,但其未出示原件,且在赵某志等 136 名养殖户对此提出异议的情形下,故对其证明力不予确认。

【说明:书证应当提交原件,提交原件确有困难的,可以提交复制品、照片、副本、节录本。证据材料为复制件,提供人拒不提供原件或原件线索,又没有其他材料可以印证,且对方当事人不予承认的,在诉讼中不得作为认定事实的根据。】

第 5 组证据:新闻报道。

拟证明扇贝的成活率一般为 10% 左右,一审判决认定结果与事实不符,但其未说明 10% 的扇贝成活率的依据,故不予认可。

【说明:新闻报道、公函、公告、声明书、通知、广告等可以作为证据使用,但要结合其他证据进行认定。综上所述,新闻报道可以作为证据使用,但其真实性和可信度必须查证属实;同时,要审查其与案件的关联性,才能作为认定事实的根据。】

第 6 组证据:《专家意见书》。

拟证明赵某志等 136 名养殖户所称的扇贝受损事实不存在,且与东方公司的勘探作业无关,但虞某二审并未出庭就该证据涉及的专业问题提出意见,故对其证明力不予确认,故不予认可。

【说明:专家辅助人应当出庭,就相关专业性问题接受当事人的询问,并且与鉴定人或其他专家辅助人就相关专业性问题进行对质,其意见被视为当事人陈述。】

**(三)证明力对裁判结果的影响**

(1)证据不足导致的不利裁判:上诉人(原审被告)因证据不足,未形成完整的证据链,未能说服法院支持其主张。

(2)证据优势导致的有利裁判:上诉人(原审原告)提交的证据在证明力上具有优势,有助于法院形成对其有利的心证。

(3)法院对证据的综合评估:法院对双方提交的证据进行了综合评估,认为上诉人(原审被告)未能满足举证责任。法院最终驳回了其上诉请求,维持原判,即认为东方公司存在阻拦赵某志等 136 名养殖户养殖作业的侵权行为。

在该案中,证据的证明力依旧是影响裁判结果的关键因素。上诉人(原审被告)东方公司提交的证据在证明力上存在不足,未能形成有力的证据链,而上诉人(原审原告)赵某志等 136 名养殖户提交的证据在合法性、真实性、关联性方面具有优势,从而对裁判结果产生了决定性影响。这一案例强调了在法律诉讼中,证据的充分性、真实性和关联性的重要性,以及法院在审理案件时对证据进行综合评估的必要性。

# 案例三:潘某诉中海石油(中国)有限公司天津分公司、绥中发电有限责任公司海上损害责任纠纷案

## 一、案件基本信息

案号:(2018)最高法民申 1137 号;

审理法院:最高人民法院;

案由:海上、通海水域污染损害责任纠纷;

当事人:再审申请人(一审原告、二审上诉人):潘某;

被申请人(一审被告、二审被上诉人):中海石油(中国)有限公司天津分公司;

被申请人(一审被告、二审被上诉人):绥中发电有限责任公司;

法律风险识别:环境污染引起的损害赔偿诉讼;

裁判日期:2018 年 6 月 7 日。

## 二、案件事实

1. 事件概述

潘某系辽宁省绥中县万家镇老户村扇贝养殖户,于 2009 年 4 月 14 日取得海域使用权证书,项目名称为筏式养殖,批准使用终止日期为 2010 年 4 月 14 日。2011 年 9 月 20 日,万家镇人民政府出具证明,记载:"我镇沿海 4 个村(老户村、止锚湾村、贺家村、甘家村)养殖户海域使用证没有办理年检,但经调查确实是正常养殖扇贝中,2010 年允许养殖。"

中海石油(中国)有限公司天津分公司(以下简称"中海油天津公司")位于绥中县高岭镇,《2010 年葫芦岛市海洋环境质量公报》载明,中海油天津公司 36-1 原油处理厂直排口排放的污染物为 COD、氨氮、石油类、六价铬。绥中发电有限责任公司(以下简称"绥中发电公司")位于绥中县前所镇,共有循环水排口和灰场排口 2 个,均位于陆地海岸上。绥中发电公司《污染物排放许可证》载明,绥中发电公司排放的污染物为 COD 和氨氮。

潘某诉称于 2010 年 5 月 20 日在辽宁省绥中县海域投苗养殖海湾扇贝 398 台,养殖到同年 7 月,扇贝没有长到正常扇贝应当达到的 2.5 厘米并大部分死亡。潘某找当地养殖协会与村委会查找原因,经检测鉴定发现是绥中发电公司与绥中 36-1 油水分离

站排出的污染源使其养殖区受到无机氮和石油类污染,导致养殖区扇贝大量死亡,故潘某请求判令中海油天津公司和绥中发电公司赔偿因污染养殖海域造成的扇贝损失3 629 760元。

大连海事法院一审判决驳回潘某的诉讼请求。潘某提起上诉,辽宁省高级人民法院二审判决维持原判。潘某不服判决,向最高人民法院申请再审。

2. 争议焦点

(1)潘某养殖扇贝损失具体数额的认定。

(2)潘某养殖扇贝所遭受的损害与绥中发电公司、中海油天津公司排污行为是否存在关联性。

(3)二审判决适用法律是否确有错误问题。

3. 法院裁判要旨

该案属于因环境污染引起的民事赔偿案件。对于此类案件,我国法律规定中海油天津公司、绥中发电公司承担责任的条件是:① 中海油天津公司、绥中发电公司实施了污染行为;② 潘某受到损害;③ 二者有因果关系。对于上述条件的举证责任,我国法律规定需潘某首先提供证明污染者排放了污染物、被侵权人的损害、污染者排放的污染物或者其次生污染物与损害之间具有关联性等事实的证据材料,之后再由侵权人(即污染者)举证证明其污染行为与损害之间不存在因果关系,予以抗辩。

庭审中,潘某主张的污染损害价值为当年11月可能收获的成品扇贝的预期价值,即按照398台(养殖的台筏数)×120筐/台(单台养殖的筐数)×19千克/筐(每筐的成品扇贝产量)×4元/千克(成品扇贝的市场价格)的公式计算。然而,潘某并未提供充分的证据支持该公式下的数据。其提交的《海域使用权证》、采购扇贝苗的收据、葫芦岛电视台的视频资料等证据均未能证明其具体损失数额。同时,潘某始终未能举出相应的证据证明中海油天津公司、绥中发电公司排放的污染物进入其养殖区范围、污染物与损害之间具有关联性,且存在潘某对环保局等行政监管部门颁布的函件、批复内容错误解读的情形。

综上所述,一审法院认为原告潘某所提供的证据尚不能证明其诉讼主张,依法应当承担不利后果。二审法院认为潘某对其主张的污染损害价值计算公式用到的每一个基础数据,均未提供证据证实数据的真实性和准确性,依法应当承担举证不能的不利后果。再审法院认为潘某提供的证据不能证明其养殖扇贝损失的具体数额以及所遭受的损害同中海油天津公司、绥中发电公司排污行为具有关联性,驳回潘某的再审申请。

## 三、法律适用 ①（表 4.6）

表 4.6　海上损害责任纠纷案法律适用分析

| 法律名称 | 具体条款 | 适用方式 |
|---|---|---|
| 《中华人民共和国民事诉讼法》（2017 修正） | 第六十四条第一款：当事人对自己提出的主张，有责任提供证据 | 再审申请人潘某未能提供充分证据承担举证责任，依法应当承担举证不能的不利后果 |
| 《最高人民法院关于适用〈中华人民共和国民事诉讼法〉的解释》（法释〔2015〕5 号） | 第九十条第二款：在作出判决前，当事人未能提供证据或者证据不足以证明其事实主张的，由负有举证证明责任的当事人承担不利的后果 | 再审申请人潘某未能提供充分证据承担举证责任，依法应当承担举证不能的不利后果 |
| 《最高人民法院关于审理环境侵权责任纠纷案件适用法律若干问题的解释》 | 第六条：被侵权人根据《中华人民共和国侵权责任法》（已废止）第六十五条规定请求赔偿的，应当提供证明以下事实的证据材料：（一）污染者排放了污染物；（二）被侵权人的损害；（三）污染者排放的污染物或者其次生污染物与损害之间具有关联性。<br>第七条：污染者举证证明下列情形之一的，人民法院应当认定其污染行为与损害之间不存在因果关系：（一）排放的污染物没有造成该损害可能的；（二）排放的可造成该损害的污染物未到达该损害发生地的；（三）该损害于排放污染物之前已发生的；（四）其他可以认定污染行为与损害之间不存在因果关系的情形 | 潘某应当完成第六条规定的 3 项证明责任；根据第七条规定亦可知，潘某应当首先提供证明污染者排放了污染物、被侵权人的损害、污染者排放的污染物或者其次生污染物与损害之间具有关联性等事实的证据材料，之后再由侵权人（即污染者）举证证明其污染行为与损害之间不存在因果关系，予以抗辩 |
| 《中华人民共和国环境保护法》（2014 修订） | 第六十六条：提起环境损害赔偿诉讼的时效期间为 3 年，从当事人知道或者应当知道其受到损害时起计算 | 被侵权人诉前保全申请及向侵权人寄发律师函并予以公证的行为，属于在法定诉讼时效期间内主张权利，依法导致诉讼时效的中断 |

　　法院依据上述法律规定，对双方当事人的举证责任进行了分配，如图 4.3 所示，并据此对案件进行了审理和判决。最终，由于再审申请人未能提供充分证据证明其养殖扇贝

① 需要说明的是，该案纠纷的起源可追溯至 2010 年，而最终的生效裁判文书于 2018 年由最高人民法院作出。在审理过程中，法院严格遵循了当时有效的《中华人民共和国民事诉讼法》（2017 修正）及相关司法解释进行裁判。尽管《中华人民共和国民事诉讼法》分别在 2021 年、2023 年经历了多次修正，《最高人民法院关于审理环境侵权责任纠纷案件适用法律若干问题的解释》（法释〔2015〕12 号）也在 2022 年进行过修正，现被《最高人民法院关于审理生态环境侵权责任纠纷案件适用法律若干问题的解释》废止，但该案涉及的法律规定并未发生根本性的变化。

所遭受的损害与中海油天津公司、绥中发电公司排污行为存在关联性,法院驳回潘某的再审申请。

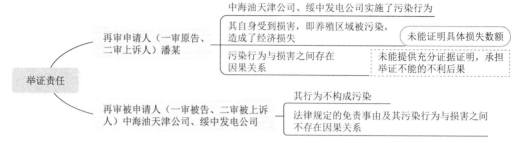

图 4.3　证明责任分配

## 四、证据分析

在该案中,当事人提交的证据的证明力对裁判结果产生了决定性的影响。以下是对各方提交证据的证明力分析及其对裁判结果的具体影响。

### (一)再审申请人(一审原告、二审上诉人)提交的证据及其证明力

再审申请人潘某向一审法院共提交了 11 组证据,部分证据已被法院采纳,部分证据因存在瑕疵未被采纳,部分证据不能单独作为认定案件事实的证据,需结合其他证据进行认定,如表 4.7 所列。

表 4.7　证据分析及法院采纳情况

| 序号 | 证据名称 | 证明目的 | 法院采纳情况 |
|---|---|---|---|
| 1 | 收条及(2011)大海锦证字第 60 号至第 69 号《民事裁定书》 | 证明其于 2011 年 9 月 9 日向法院申请证据保全的事实 | 部分采纳;收条系针对(2010)大海锦事初字第 2 号至第 43 号案件的证据保全费用,同《民事裁定书》所记载的案号不一致,欠缺同涉案纠纷的关联性,法院对该收条不予采纳;(2011)大海锦证字第 60 号至第 69 号《民事裁定书》的证据来源为法院,其上盖有法院公章,内容真实有效,且申请人名单中包含潘某,能够证明其于 2011 年 9 月 9 日向法院申请证据保全的事实,同该案具有直接关联性,故法院对该份证据予以采纳 |
| 2 | 2 份《公证书》《律师函》及邮件跟踪记录 | 证明潘某曾于 2014 年 8 月 14 日向二被告主张权利的事实 | 法院采纳;《公证书》上盖有大连市沙河口区公证处及公证员吴某的印章,其上记载的公证内容同律师函、邮件跟踪记录记载一致,能够形成完整的证据链,并且该证据同该案具有直接关联性 |

| 序号 | 证据名称 | 证明目的 | 法院采纳情况 |
|---|---|---|---|
| 3 | 《海域使用权证书》及辽宁省非税收入统一收据 | 证明该案中的潘某系《海域使用权证书》上所载明的海域使用权人 | 法院采纳;《海域使用权证书》上盖有绥中县海洋与渔业局的单位公章,且记载内容同辽宁省非税收入统一收据一致,二者相互印证 |
| 4 | 扇贝苗购买收据及购苗证明 | 证明潘某的损失数额 | 部分采纳;综合考虑到当地渔业养殖中苗种采购的客观现状,法院认为该组证据可以作为潘某从事养殖事实的佐证,但对其所采购扇贝苗种的质量是否合格、购苗款是否给付、所购苗种是否投放至涉案养殖海域等情况不予认定 |
| 5 | 葫芦岛电视台《零距离》栏目组于2010年7月拍摄的视频资料 | 证明潘某的损失数额 | 一审法院对该证据予以采纳,再审法院认为该证据系传来证据,应结合其他有效证据才能证明待证事实,同时,该证据仅能用以证明潘某的养殖物存在绝收的情况,无法证明其所提交公式中的基础数据,不能证明具体损失数额 |
| 6 | 证人刘某、杨某复及杨某堂的证人证言 | 证明潘某养殖的扇贝遭受损害及其损失数额等 | 未被采纳;证人同该案原告具有直接利害关系,法院仅对上述3位证人证言中能够相互印证的、有关涉案海域养殖扇贝曾遭受损害的事实予以认定,对3位证人证言中的其他内容不予采纳 |
| 7 | 《前所镇扇贝养殖户关于扇贝绝收情况的反映报告》《关于前所镇扇贝养殖绝收情况的报告》,绥中县万家镇人民政府出具的证明,绥中县双李村、止锚湾村、甘家村、老户村4个村委会出具的证明 | 证明扇贝绝收的事实、潘某因绝收而遭受的经济损失,其损害与污染具有因果关系 | 未被采纳;证明资料的证据形式均不符合《最高人民法院关于适用〈中华人民共和国民事诉讼法〉的解释》第一百一十五条的规定,且出具人亦未到庭接受质询,证据形式及效力方面存在瑕疵,法院仅对上述证明材料中能够相互印证的、案涉海域养殖扇贝曾遭受损害的事实予以认定,其他内容不予采纳 |

| 序号 | 证据名称 | 证明目的 | 法院采纳情况 |
|---|---|---|---|
| 8 | 由天津科技大学海洋科学与工程学院河口、海洋带环境与生态研究室（以下简称"天津科技大学研究室"）出具的《辽宁省绥中县前所镇杨家村扇贝养殖区海域周围水环境分析报告》 | 证明潘某养殖海域水质与中海油天津公司和绥中发电公司的排放污染物存在关联 | 未被采纳；① 潘某始终未能提供天津科技大学研究室具备相关检测资质的证明，该报告的检测主体在适格性方面存在瑕疵；② 该报告上无报告检测人员的签章，结论部分无出具单位的印章，相关检测人员亦未到庭接受质询，该报告在证据形式方面存在瑕疵；③ 报告的委托方在委托及检测过程并未通知二被告，亦没有环保、海洋等行政执法部门或无利害关系的第三方进行监督与见证，故该报告的程序公正性无法保证；④ 该报告中对扇贝养殖区海水的检测的地理坐标并不在潘某的养殖海域内，故该报告与涉案海域不具有关联性 |
| 9 | 《辽宁省海洋渔业环境监督监测站检测报告》 | 证明潘某养殖海域水质与中海油天津公司和绥中发电公司的排放污染物存在关联 | 未被采纳；该检测报告的检测程序为委托方"绥中县前所镇杨家村杨某"送样检测，并不是由检测单位现场采样，其送检水样的采集时间、采集地点、操作程序、采样后的贮存条件、样品运输过程等基本情况均不明确，且没有检测单位、行政执法单位或者与案件无利害关系的第三方机构的监督和见证，故该检测报告检测结果的客观真实性无法保证；此外，检测报告中记载的"1号养殖区""2号排放口""3号入海口""4号沉淀池"坐标位置不详，不足以说明其同涉案海域具有关联性 |
| 10 | 《2010年葫芦岛市海洋环境质量公报》《2011年绥中县海洋环境状况公报》 | 反映涉案海域在特定年度内的一般情况，证明潘某养殖海域的污染损害与中海油天津公司的排污行为有关联性 | 法院采纳；该2组证据为地方政府定期向社会发布的报告，在无其他相反证据足以推翻的前提下，该证据能够反映涉案海域在特定年度内的一般情况；但《2010年葫芦岛市海洋环境质量公报》清晰记载潘某养殖海域所在区域的无机氮含量均符合二类水质标准，甚至达到一类海水水质标准，石油类含量亦完全达标，且该证据只能证明涉案海域存在船舶漏油导致的海面漂油事件，不能证明潘某养殖海域的污染损害与中海油天津公司的排污行为有关联性 |
| 11 | 《关于海水污染养殖户扇贝绝收的紧急报告》 | 证明扇贝绝收的事实、潘某因绝收而遭受的经济损失，其损害与污染具有因果关系 | 未被采纳；该报告中既没有该养殖协会的公章，也没有养殖户的签名，不符合证据的形式要求 |

对于其中部分证据,做如下说明。

1. 传来证据

传来证据是指原始证据衍生出来的证据,是经过复制转述等中间环节而形成的证据,是第二手证明材料。

2. 证人证言

当证人与当事人具有利害关系时,其证言的公正性和客观性可能受到质疑。因为利害关系可能导致证人在做证时倾向于支持当事人的观点,从而影响证言的真实性和可信度。但这并不意味着利害关系人的证言完全无效。在司法实践中,法院会综合考虑多种因素来判断证言的证明力。

证人未到庭出席时,其证言的效力会受到一定影响。法院在评估证言效力时,会综合考虑证言的合理性、获取方式以及与其他证据的印证程度等因素。无正当理由未出庭做证的证人证言,不得单独作为认定案件事实的依据。

### (二)再审被申请人(一审被告、二审被上诉人)提交的证据及其证明力

中海油天津公司提交的证据:《葫芦岛市 2010 年环境质量月报》《2010 葫芦岛市环境状况公报》。

法院认为,上述报告的证据来源为葫芦岛市环境保护局官方网站,发布方为葫芦岛市环境保护局,在无其他相反证据足以推翻的前提下,对其真实性法院予以采纳。

【说明:政府机构或公共事业单位作为官方机构,其发布的报告往往代表着官方立场和态度,具有较高的权威性和公信力。这些机构在发布报告前,通常会进行充分的研究、调查和数据收集,确保报告内容的准确性和可靠性,其证明力得到广泛认可。】

再审被申请人绥中发电公司向一审法院共提交了 8 组证据,部分证据被法院采纳,部分证据因存在瑕疵未被采纳,部分证据不能单独作为认定案件事实的证据,需结合其他证据进行认定,如表 4.8 所列。

表 4.8　证据分析及法院采纳情况

| 序号 | 证据名称 | 证明目的 | 法院采纳情况 |
|---|---|---|---|
| 1 | 《2010 年辽宁省环境状况公报》 | 证明绥中发电公司排放合规,未造成环境污染 | 法院采纳 |
| 2 | 关于原告办理养殖证及养殖证到期时间的证明材料 | 证明原告证书已到期,其在该海域养殖的扇贝不视为合法财产 | 未被采纳;该组证据上无出具单位的公章,真实性无法核实 |
| 3 | 《2005 年绥中县海湾扇贝养殖欠产原因调查》 | 通过分析扇贝欠产原因,证明扇贝欠产并不一定是由海水污染造成的 | 未被采纳;该组证据仅为学术性文章,且文章发表于 2007 年,数据取自 2005 年,同该案缺乏关联性 |

| 序号 | 证据名称 | 证明目的 | 法院采纳情况 |
|---|---|---|---|
| 4 | 当前使用的海水水质标准 | 证明潘某养殖海域水质符合国家标准 | 未被采纳；该组证据的来源为中国海洋监测网，其仅记录在网站的《规程规范》栏目中，不足以证明其为国家标准 |
| 5 | 6家售苗企业及万家镇新民冷库的工商登记信息 | 来间接证明自身并未直接参与导致原告损失的行为 | 法院采纳；该组证据的来源为国家企业信用信息公示系统官方网站 |
| 6 | 葫芦岛市环境保护监测中心站于2010年4月至9月对葫芦岛市近岸海域水质的监测结果报表 | 证明水质符合标准，绥中发电公司未造成环境污染 | 未被采纳；该报表并未载明其所选取的9个坐标点坐落在涉案的养殖区内，缺乏同涉案海域的关联性 |
| 7 | 锦州市环境保护局开发建设管理科于1985年3月8日出具的函件及《会议纪要》 | 证明绥中发电公司排放合规，未造成环境污染 | 未被采纳；该2组证据的形成时间均远早于涉案纠纷的发生时间，其记载内容亦同涉案纠纷的侵权行为本身无关 |
| 8 | 绥中县海洋与渔业局2009年、2010年、2011年海水养殖面积统计报表及海水养殖产量统计报表 | 证明绥中发电公司排放合规，未造成环境污染 | 未被采纳；上述报表仅是地方政府行政主管部门对所辖海域水产养殖的宏观统计数据，无法直接证明潘某养殖海域扇贝产量的实际情况，欠缺同涉案纠纷的关联性 |

### （三）证明力对裁判结果的影响

（1）证据不足导致的不利裁判：再审申请人因证据不足，未能证明其主张，依法应当承担举证不能的不利后果。

（2）证据优势导致的有利裁判：再审被申请人提交的证据及法院依职权调查取证所获得的证据在证明力上具有优势，有助于法院形成对其有利的心证。

（3）法院对证据的综合评估：法院对双方提交的证据进行了综合评估，认为再审申请人未能满足举证责任。法院最终驳回了再审请求，维持原判，再审申请人依法应当承担举证不能的不利后果。即潘玉忠所遭受的损害同中海油天津公司、绥中发电公司排污行为不具有关联性。

该案涉及因环境污染引发的民事赔偿诉讼，其处理过程中需关注以下核心事实：首先，被侵权方在诉前提出保全申请，并通过公证方式向侵权方发送律师函，此举在法律诉讼时效期间内主张了权利，依法触发了诉讼时效的中断。其次，尽管被侵权方的海域使用权证书已过期，但因相关人民政府未注销该证书或收回海域使用权，被侵权方在该海域内养殖的扇贝应被认定为合法财产。最后，被侵权方需提供证据，证明其养殖区内存在的污染物与侵权方排污口排出的污染物之间存在直接关联。

该案凸显了法律诉讼中证据的完整性、客观性、科学性以及对法律条文的准确理解（再审申请人对法律条文的理解存在偏差，对举证责任倒置的理解亦有误）的重要性，以及法院在审理案件时对证据进行全面评估的必要性。

# 案例四：张某等 167 户渔业养殖户与中国石油天然气股份有限公司大港油田分公司海上、通海水域污染损害责任纠纷上诉案

## 一、案件基本信息

案号：(2009)津高民四终字第 383—第 549 号；

审理法院：天津市高级人民法院；

案由：海上、通海水域污染损害责任纠纷；

当事人：上诉人（原审原告）：张某等 167 户渔业养殖户；

上诉人（原审被告）：中国石油天然气股份有限公司大港油田分公司；

法律风险识别：海上溢油引发的污染损害赔偿纠纷；

裁判日期：2009 年 11 月 16 日。

## 二、案件事实

### 1. 事件概述

2005 年 8 月 16 日，中国海监北海总队（以下简称"北海总队"）接到黄骅市南排河镇人民政府紧急报案，称 2005 年 8 月 16 日在该镇季家堡至贾家堡海岸线发现大量呈球状石油，请求派执法技术人员调查取证。经调查取证，确认受污染的范围——最北端至歧口村，最南端至季家堡村（约 40 千米的范围内）。重污染区为贾家堡村至赵家堡村一线。2006 年 6 月 27 日，北海监测中心出具鉴定报告，确认 2005 年 8 月黄骅市南排河镇附近海域原油污染事件的溢油样与大港油田"张海 501 井"试油期间沙一层原油样油指纹一致。虽然北海总队没有确定溢油事故发生在哪个环节，但也没有否定"张海 501 井"试油期间，有 3 艘船进行油类过驳和运输作业，存在溢油的可能这一事实。

该案中 167 户养殖户居住在黄骅市南排河镇所在的沿海各村，他们利用海水养殖鱼类、贝类等。养殖面积为 2 494.82 公顷，养殖虾池都分布在南排河镇所辖海域沿岸及附近，养殖所需海水取自该附近海域。污染事件对张某等 167 户渔业养殖户的养殖海域造成了影响，导致养殖的鱼类、贝类等水产品死亡或品质下降，给养殖户带来了经济损失。

167 户养殖户不服原审判决，向法院提出上诉，请求撤销原审判决，依法改判支持其全部诉讼请求；一审、二审诉讼费用由大港油田承担。大港油田亦不服原审判决，向法院

提出上诉,请求撤销原审判决第一项,改判驳回167户养殖户的诉讼请求;判令大港油田不承担该案的诉讼费用。

2. 争议焦点

(1)大港油田是否为溢油事故的责任方。
(2)大港油田是否应当承担损害赔偿责任。
(3)167户养殖户的赔偿请求应否得到支持。

3. 法院裁判要旨

该案为海上石油污染损害赔偿纠纷。

首先,大港油田是涉案溢油事故的责任方。黄骅市南排河镇附近海域发生石油污染事故后,经调查和取样分析,2006年7月17日北海总队出具了《情况通报》,确认2005年8月黄骅市南排河镇附近海域原油污染事件的溢油样与大港油田"张海501井"海洋钻井公司试油期间沙一层原油样油指纹一致。在167户养殖户已就受污染岸边及部分虾池中有大量形似"鹅卵石"状油块之事实提交相关证据,且作为国家海事行政主管部门的北海总队对事故情况进行调查并做出上述认定的情况下,大港油田未能提交充分的反驳证据。虽然北海总队做出的认定并未排除大港油田为溢油事故责任方的可能,但证人林某在其证言中首先确认了《情况通报》是此次污染事故的最终结论,且证言所证明的内容与《情况通报》记载的内容基本一致。同时,对于大港油田提出的"北海监测中心不具备法定资质、鉴定方法不科学、鉴定意见无效"的主张,其证据不足,也未能提交充分的反驳证据,主张不成立。因此,大港油田是涉案溢油事故的责任方。

其次,大港油田应当先就事故所造成的污染损害承担赔偿责任。《海洋环境保护法》(1999修订)第九十条规定:"造成海洋环境污染损害的责任者,应当排除危害,并赔偿损失……"大港油田是涉案溢油事故的责任方,应当承担赔偿责任。对于其提出的《海洋环境保护法》第九十条:"……完全由于第三者的故意或者过失,造成海洋环境污染损害的,由第三者排除危害,并承担赔偿责任"的规定,以及《中华人民共和国防止船舶污染海域管理条例》(已于2010年3月1日废止)等有关规定,大港油田亦不应承担损害赔偿责任的异议。法院认为,作为承包方的海洋钻井公司与受雇于海洋钻井公司的"冀黄渔油06"号船所从事的作业均与"张海501井"的试油工程有关,并非《海洋环境保护法》第九十条所指的第三者,且《保护条例》及《实施办法》均未免除企业、事业单位作为开发者所应承担的环境保护义务。因此,大港油田应当先就事故所造成的污染损害承担赔偿责任,然后,依据法律规定向海洋钻井公司等直接责任人进行追偿。

最后,167户养殖户提交的买苗收据等证据能够证明167户养殖户进行海水养殖的事实。原油污染事故的发生对于海洋水质的影响并不会在短期内完全消除,必然会对该海域渔业养殖行业产生不利影响,并导致养殖户收入的减少,但167户养殖户所提交的证明损失数额的证据与黄骅市统计局公布的该市年人均纯收入等数据差距巨大。综合考虑该案各种因素后,将大港油田赔偿167户养殖户的标准酌定为每公顷虾池150元。该赔偿标准全面考虑了当地劳动力的行业分类情况等因素对从事渔业养殖行业的养殖户人均纯收入的影响,具有客观性,且与受损害方所遭受的损失情况基本相符。

综上所述,原审法院认为此次污染事故的责任方是大港油田,对于 167 户养殖户所遭受的污染损失,大港油田应给予适当赔偿。判决大港油田赔偿 167 户养殖户损失共计 374 315 元,驳回 167 户养殖户的其他诉讼请求。案件受理费 14 892 元由大港油田承担。二审法院认为,原审判决认定事实基本清楚、适用法律正确,各方当事人的上诉主张均不成立,驳回上诉,维持原判。二审案件受理费 14 892 元,张某等 167 户渔业养殖户负担 7 446 元,中国石油天然气股份有限公司大港油田分公司负担 7 446 元。

### 三、法律适用①（表 4.9）

表 4.9　海上、通海水域污染损害责任纠纷上诉案法律适用分析

| 法律名称 | 具体条款 | 适用方式 |
| --- | --- | --- |
| 《中华人民共和国民事诉讼法》（2007 修正） | 第六十四条第一款:当事人对自己提出的主张,有责任提供证据 | 原审的原告与被告均提起上诉;167 户养殖户需证明自身受到损害的数额,来证明原审法院对污染损失数额的认定与事实不符;大港油田需举证大港油田不是溢油事故的责任方,并不应承担赔偿责任 |
| 《中华人民共和国民事诉讼法》 | 第一百五十三条:第二审人民法院对上诉案件,经过审理,按照下列情形,分别处理:（一）原判决认定事实清楚,适用法律正确的,判决驳回上诉,维持原判决 | 上诉人需证明原审法院事实认定不清楚或法律适用错误 |
| 《中华人民共和国民法通则》（已废止） | 第一百二十四条:违反国家保护环境防止污染的规定,污染环境造成他人损害的,应当依法承担民事责任 | 渔业养殖户需证明在本次石油污染事故中受到损害,若证明有效则其有权对自己所遭受的损失请求大港油田进行赔偿 |

---

① 需要说明的是,该案纠纷的起源可追溯至 2005 年,而最终的生效裁判文书于 2009 年由天津市高级人民法院作出。在审理过程中,法院严格遵循了当时有效的《中华人民共和国民事诉讼法》（2007 修正）及相关司法解释进行裁判。尽管《中华人民共和国民事诉讼法》分别在 2012 年、2017 年、2021 年、2023 年经历了多次修正,配套的司法解释也随之更新,但该案涉及的法律法规并未发生根本性的变化。

续表

| 法律名称 | 具体条款 | 适用方式 |
|---|---|---|
| 《中华人民共和国海洋环境保护法》（1999 修订） | 第五十条第二款:海洋石油勘探开发及输油过程中,必须采取有效措施,避免溢油事故的发生。<br>第五十一条:海洋石油钻井船、钻井平台和采油平台的含油污水和油性混合物,必须经过处理达标后排放;残油、废油必须予以回收,不得排放入海。经回收处理后排放的,其含油量不得超过国家规定的标准。<br>第五十三条:海上试油时,应当确保油气充分燃烧,油和油性混合物不得排放入海。<br>第九十条第一款:造成海洋环境污染损害的责任者,应当排除危害,并赔偿损失;完全由于第三者的故意或者过失,造成海洋环境污染损害的,由第三者排除危害,并承担赔偿责任 | 大港油田由此认为原审法院适用法律错误,其认为这些条款规定的义务,作为发包人/开发者的大港油田需要遵守,作为承包人/实际作业者的海洋钻井公司、承运油污水的船舶所有人也有义务遵守 |

法院依据上述法律规定,对双方当事人的举证责任进行了分配,如图 4.4 所示,并据此对案件进行了审理和判决。上诉人未能提供充分证据自己的主张,原审判决认定事实基本清楚,适用法律正确,法院驳回了上诉,维持原判。

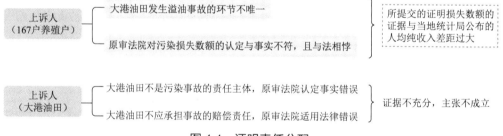

图 4.4　证明责任分配

## 四、证据分析

在该案中,当事人提交的证据的证明力对裁判结果产生了决定性的影响。以下是对各方提交证据的证明力分析及其对裁判结果的具体影响。

### （一）上诉人 167 户养殖户提交的证据及其证明力

上诉人张某等 167 户养殖户向法院提交了 5 组证据,部分证据被法院采纳,部分证据未被采纳,如表 4.10 所列。

表 4.10　证据分析及法院采纳情况

| 序号 | 证据名称 | 证明目的 | 法院采纳情况 |
|---|---|---|---|
| 1 | 2006 年 7 月 17 日《情况通报》《关于黄骅市南排河镇附近海域原油污染事件调查情况报告》、2006 年 6 月 25 日《关于黄骅市南排河镇附近海域原油污染事件调查情况的通报》及鉴定报告 | 证明污染事实存在,污染来源的指向、损害结果的严重性,养殖户渔业损害与大港油田污染具有因果关系 | 部分采纳;2006 年 7 月 17 日出具的《情况通报》,确认 2005 年 8 月黄骅市南排河镇附近海域原油污染事件的溢油样与大港油田"张海 501 井"海洋钻井公司试油期间沙一层原油样油指纹一致;同时,法院认为 2006 年 6 月 25 日出具的《情况通报》不具有法律效力 |
| 2 | 村委会的报案材料、镇政府的紧急报案材料、黄骅市海洋局证明、污染的相关照片、录像资料、证人证言 | 证明渔业养殖户在本次石油污染事故中受到损害,请求大港油田进行赔偿 | 二审裁判文书未分析 |
| 3 | 黄骅市南排河镇统计站养殖数据统计表 | 通过养殖数据统计表证明应赔偿的损失数额 | 未被采纳;167 户养殖户所提交的证明损失数额的证据与黄骅市统计局公布的该市年人均纯收入等数据差距较大 |
| 4 | 黄骅市南排河渤海水产品交易市场证明 | 证明 167 户养殖户进行海水养殖的事实,原油污染事故的发生对于海洋水质的影响并不会在短期内完全消除,必然会对该海域渔业养殖行业产生不利影响,并导致养殖户收入的减少 | 法院采纳 |
| 5 | 黄骅市海洋局海域使用权证书统计表、黄骅市水产养殖户统计表 | 说明 167 户养殖户是具有合法的养殖资质的 | 法院采纳 |

### （二）上诉人大港油田提交的证据及其证明力

上诉人大港油田向法院提交了 8 组证据,如表 4.11 所列。

表 4.11　证据分析及法院采纳情况

| 序号 | 证据名称 | 证明目的 | 法院采纳 |
|---|---|---|---|
| 1 | 2005 年 3 月 28 日关于《"张海 501 井"钻井作业溢油应急计划》报批的函及《"张海 501 井"钻井作业溢油应急计划》 | 证明大港油田分公司对可能发生的溢油事故有预见性,并制订了相应的应急计划,以应对可能发生的污染事件 | 二审裁判文书未分析 |

| 序号 | 证据名称 | 证明目的 | 法院采纳 |
|---|---|---|---|
| 2 | 2005年7月21日关于"胜利三号"钻井平台《"张海501井"钻井作业溢油应急计划》的报批的批复 | 进一步确认上述应急计划已得到相关部门的批准,表明公司在环境保护和应急处理方面的合规性 | |
| 3 | 2005年4月29日《"张海501井"评价井试油工程总包合同》 | 证明"张海501井"的试油工程是合法合规进行的,且合同内容可能涉及环保条款和应急处理措施 | |
| 4 | 2005年5月10日《租用清污船合同》 | 表明公司具备应对污染事件的设备和能力,已采取预防措施减少污染影响 | |
| 5 | 2005年5月10日"冀黄渔油06"号船舶登记证书 | 可能与污染事件相关的船舶信息,用于证明公司在作业过程中使用的船舶是合法合规的 | |
| 6 | 2005年8月2日、8月5日、8月21日"张海501井"倒液交接单、2007年8月12日"张海501井"倒液交接单签字确认的个人身份的证明 | 证明公司在作业过程中的操作流程和物质交接情况,用于说明污染物的来源或去向 | 二审裁判文书未分析 |
| 7 | 2005年8月3日至8月21日河北中捷石化集团有限公司检验入库单 | 与污染事件相关的物质处理或存储情况,用于证明公司在污染事件发生后采取了适当的处理措施 | |
| 8 | 2005年8月1日至8月9日"张海501井"试油日报表(第三层沙二)、2005年8月14日"张海501井"试油地质总结(第三层沙二)、2005年8月9日至8月23日"张海501井"试油日报表(第四层沙一)、2005年8月25日"张海501井"试油地质总结(第四层沙一)、2005年8月14日至8月21日"张海501井"分离器测试日报表(第四层沙一) | 展示作业过程中的具体情况,用于说明作业活动与污染事件之间的无关性 | |

### (三)证明力对裁判结果的影响

(1)证据不足导致的不利裁判:两位上诉人证据不足,未能说明法院支持其主张。

(2)证据优势导致的有利裁判:上诉人167户养殖户在原审中提交的证据能够证明其进行海水养殖的事实,在污染事故发生后确实受到了损害,应获得赔偿。最终,综合各种因素,原审法院判决大港油田赔偿167户养殖户损失共计374 315元。

(3)法院对证据的综合评估:双方在二审期间未提交新证据,未能充分举证。法院认为原审判决认定事实基本清楚,适用法律正确。各方当事人的上诉主张均不成立,维持原判。

# 案例五：王某与中国石油集团海洋工程有限公司海洋开发利用纠纷上诉案

## 一、案件基本信息

案号：（2006）津高民四终字第 62 号；

审理法院：天津市高级人民法院；

案由：海洋开发利用纠纷；

当事人：上诉人（原审被告）：中国石油集团海洋工程有限公司；

被上诉人（原审原告）：王某；

法律风险识别：海域使用权冲突引起的民事赔偿案件；

裁判日期：2006 年 5 月 29 日。

## 二、案件事实

1. 事件概述

2005 年 10 月 15 日，渔民王某驾驶"冀滦渔 2095"船出海进行收网作业，到达网地时发现中国石油集团海洋工程有限公司（以下简称"海洋工程公司"）所属"中油海 61"号指挥海洋工程公司所属"护卫舰 02068"号船和海洋工程公司所属"中油海 211"号船毁灭性地拖拉王某所属渔网。

王某系"冀滦渔 2095"船舶所有人，具有当地政府主管部门颁发的捕捞许可证，自多年前便在当地俗称"单排沟"的海域从事定置网具的捕捞作业生产。而海洋工程公司亦取得了唐山市人民政府颁发的从事油气开发的临时海域使用许可证，期限为 3 个月，项目名称为"钻探南堡 1 号"。海洋工程公司所使用的该海域恰好位于王某所属的海域内。

王某以海洋工程公司所属的作业船只严重破坏其网具，给其造成重大经济损失为由，请求法院判令海洋工程公司赔偿其经济损失 60 000 元以及重新设置网具的费用和工资费用。

2. 争议焦点

（1）中国石油集团海洋工程有限公司是否损害网具。

（2）中国石油集团海洋工程有限公司是否应承担损害赔偿责任。

（3）中国石油集团海洋工程有限公司是否应承担海域使用补偿费。

3. 法院裁判要旨

该案属于因海域使用权冲突引起的民事赔偿案件。对于此类案件，我国法律规定海洋工程公司承担责任的条件是:① 海洋工程公司实施了侵权行为;② 王某受到损害;③ 二者有因果关系;④ 海洋工程公司存在过错。对于上述条件的举证责任,我国法律规定均由王某承担。但海洋工程公司应就其主张的无义务承担海域使用补偿费承担举证责任。

原审庭审中,王某的证据能够全面证明:在诉争期内,海洋工程公司因未尽到合理注意的义务,在进入该海域正式作业前,未对海域内有无作业物进行探查,导致拖拉毁坏了王某大量渔网的事实。与此相对,海洋工程公司始终不能证明其所属作业船只未实施破坏网具行为。综上所述,原审法院认为王某的证据能够证明海洋工程公司实施了侵权行为,其作业船只破坏了王某所属网具,故判决海洋工程公司在诉争期内损害了原告王某所属网具。

海洋工程公司提起上诉,二审法院认为上诉人提交的证据缺乏证明力,不能证明其在海洋作业过程中没有实施损害被上诉人网具的行为。所确定的赔偿范围和赔偿数额并无不当,但其中渔网具损失和重新设置网具损失的表述不准确,容易造成重复计算的歧义,因此,应予修正。原审判决认定事实清楚,适用法律正确,应予维持。被上诉人提交的证据客观、全面,证实了上诉人实施了破坏其所属网具的行为,故维持原判。

### 三、法律适用 [①]（表 4.12）

表 4.12　海洋开发利用纠纷案法律适用分析

| 法律名称 | 具体条款 | 适用方式 |
| --- | --- | --- |
| 《中华人民共和国民事诉讼法》（1999 年版） | 第六十四条第一款:当事人对自己提出的主张,有责任提供证据 | 上诉人海洋工程公司需要提供证据证明自己未实施侵权行为以及无义务承担对被上诉人的海域使用补偿费; |
| 《最高人民法院关于民事诉讼证据的若干规定》（法释〔2001〕33号） | 第二条:当事人对自己提出的诉讼请求所依据的事实或者反驳对方诉讼请求所依据的事实有责任提供证据加以证明 | 被上诉人王某需要提供证据证明海洋工程公司实施了侵权行为并造成其损害,二者之间存在因果关系,海洋工程公司对此存在过错 |

法院依据上述法律规定,对双方当事人的举证责任进行了分配,如图 4.5 所示,并据此对案件进行了审理和判决。最终,由于上诉人未能提供充分证据证明其所属的作业船只未实施损害网具行为,法院驳回了上诉,维持原判。

---

① 需要说明的是,该案纠纷的起源可追溯至 2005 年,而最终的生效裁判文书于 2006 年由天津市高级人民法院作出。在审理过程中,法院严格遵循了当时有效的《中华人民共和国民事诉讼法》（1991 年版）及相关司法解释进行裁判。《中华人民共和国民事诉讼法》分别在 2007 年、2012 年、2017 年、2021 年、2023 年经历了多次修正,配套的司法解释也随之更新,但该案涉及的法律规定并未发生根本性的变化。

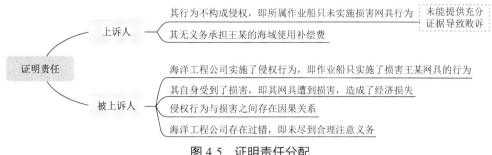

图 4.5 证明责任分配

## 四、证据分析

在该案中,当事人提交的证据的证明力对裁判结果产生了决定性的影响。以下是对各方提交证据的证明力分析及其对裁判结果的具体影响。

### (一)上诉人提交的证据及其证明力

上诉人海洋工程公司向二审法院共提交了 3 组新的证据,部分证据被法院采纳,部分证据因准确性和证据效力差而未被采纳,如表 4.13 所列。

表 4.13 证据分析及法院采纳情况

| 序号 | 证据名称 | 证明目的 | 法院采纳情况 |
|---|---|---|---|
| 1 | 滦南县气象局提供的 2005 年 10 月 11 日至 10 月 15 日涉案曹妃甸海域风力资料 | 通过数据展示 2005 年 10 月 12 日至 10 月 14 日涉案海域天气状况为 4～5 级风,浪高 1 米,而非原审所认定的大风天气,可能用于证明天气状况并不影响被上诉人进行收网作业,海洋工程公司进入相关海域的作业是合法合规的 | 未被采纳;该证据系滦南县气象局在该站风力数据基础上,根据历史资料中有关风力较小时曹妃甸海域风力比该站风力大 1 级的记录,计算得出的曹妃甸海域风力数据。在准确性上,这种比照计算而得出的数据比针对该海域实际测量而得出的数据较差;在证据效力上,该组证据低于被上诉人原审所提供的由天津滨海新区气象预警中心对渤海海面的气象资料。因此,法院对于上诉人提供的该组新证据的证明效力不予确认 |
| 2 | 上诉人的律师对滦南县支援油田建设办公室主任孙某的调查笔录 | 可能用于证明上诉人合法取得了涉案海域使用证,并向有关部门支付了海域使用补偿费,渔民和相关单位的工作应由当地政府有关部门办理,上诉人无此义务 | 法院采纳 |
| 3 | 上诉人的律师对滦南县国土资源局海域站站长李某的调查笔录 | 通过有关部门已同意对该海域渔民给予补偿 6 万元,可能用于进一步证明海洋工程公司不应承担对被上诉人的海域使用补偿费 | 法院采纳 |

## （二）被上诉人提交的证据及其证明力

被上诉人王某未提交新的证据，但对上诉人提供的第2、第3组新证据明确表示承认，主张新证据证明了存在原审中所提供的会议纪要。

## （三）证明力对裁判结果的影响

（1）证据不足导致的不利裁判：上诉人因证据不足，未能说服法院支持其主张。

（2）证据优势导致的有利裁判：被上诉人在原审中提交的证据在证明力上具有优势，有助于法院形成对其有利的心证。

（3）法院对证据的综合评估：法院对双方提交的证据进行了综合评估，认为上诉人未能满足举证责任。法院最终驳回了上诉请求，维持原判，即认为其所属的作业船只实施了损害网具行为，构成对被上诉人王某的侵权。

在该案中，上诉人提交的证据在证明力上存在不足，未能形成有力的证据链，而被上诉人王某在原审中提交的证据在合法性、客观性、科学性方面具有优势，从而对裁判结果产生了决定性的影响。这一案例强调了法律诉讼中证据的充分性和科学性的重要性，以及法院在审理案件时对证据进行综合评估的必要性。基于此，企业在面临类似案件时，可以采取以下措施。

第一，尊重在先权利。企业应当尊重在先海域使用权，在权利的行使上，应以不影响对方对该海域的合理使用为先决条件。当权利发生冲突时，应给予一定的容忍与理解。

第二，明确权利义务。企业应尽到合理注意的义务，在他人的海域使用权取得在先的情况下，应遵守我国海域使用管理法的规定，进入海域开始海洋作业前，企业负有与在先权利人协商如何给予适当补偿的义务，应当积极协商履行义务。

第三，保留完整的操作记录。企业应尽到合理注意的义务，在进入批准海域正式开始作业前，对海域内有无作业物进行探查，减小作业过程侵害他人所有物的风险。建立健全的记录保存系统，确保所有关键操作都有详细的、准确的记录。这些记录在发生争议时可作为重要的证据支持企业的立场。

第四，采用科学的证据收集方法。企业应当采用多种手段和方法收集证据，以确保证据的科学性和充分性，证据的性质会影响法院对该组证据的证明效力的确认情况。

第五，证据保全。发生冲突时，应即刻采取措施保全证据，包括但不限于现场录像、样本采集、证人证言等，减少损害并为法律诉讼保全证据。

# 案例六：中国石化销售有限公司上海石油分公司罗泾油库与广东仁科海运有限公司船舶触碰损害责任纠纷案

## 一、案件基本信息

案号：（2014）民提字第 191 号；

审理法院：最高人民法院；

案由：船舶触碰损害责任纠纷；

当事人：再审申请人（一审被告、二审上诉人）：广东仁科海运有限公司；

被申请人（一审原告、二审被上诉人）：中国石化销售有限公司上海石油分公司罗泾油库；

法律风险识别：船舶触碰引起的损害赔偿诉讼；

裁判日期：2014 年 12 月 31 日。

## 二、案件事实

1. 事件概述

2011 年 1 月 31 日，"仁科 1" 轮由秦皇岛载煤 34 383 吨开航，计划于 2 月 3 日 2：00 靠泊上海港中国石化销售有限公司上海石油分公司罗泾油库（原中国石油化工股份有限公司上海石油分公司罗泾油库，以下简称"罗泾油库"）所属煤炭码头 3 号泊位。船舶驶离秦皇岛后，船长通过电话向广东仁科海运有限公司（以下简称"仁科公司"）申请引航员，该公司即委托福建省驻沪办事处航运营业部为该轮安排引航，该营业部联系沈某准备上船引航。2 月 3 日 00：06，沈某登上"仁科 1"轮；00：10，向船长了解船舶的基本操纵性能和载货量等情况后，沈某开始操纵船舶。00：39，沈某错认 74 号灯浮，"仁科 1"轮误入宝山北航道，至 1：37 掉头驶回宝山南航道，准备趁涨潮靠泊罗泾煤炭码头 3 号泊位。此后潮汐处于涨末，流速 1.5 节。1：52，"仁科 1"轮航向约 286°，航速约 9.4 节，船位在罗泾油库码头北端下游 400 米处，有触碰码头的危险，沈某遂下令停车，改用"退车三"挡位，但由于"仁科 1"轮船速较快，拖轮无法顶推。1：54，船长立即将车钟拉至全速倒车，并通知大副抛锚。1：55，"仁科 1"轮以约 5 节的船速，船艏向 208.3°，呈约 86° 夹角触碰罗泾油库码头北端。事故造成罗泾油库码头北端东段约 74 米损毁并倒塌沉入江底，码头上所建综合楼一同损毁，楼内 2 名值班人员一死一伤，码头上架设的 3 台输油臂落水受损。

"仁科 1"轮为钢质散货船，总吨位 22 417 吨，系国内沿海运输船舶，船舶登记所有人为仁科公司。据查，沈某未持有引航员适任证书。罗泾油库码头于 1993 年建造，1995 年基本成型，在该案一审判决做出前尚未投入营运。码头呈"F"形，可靠泊 2.5 万吨级船舶,码头泊位总长度273米,宽24米,南北两端各建1幢综合楼。夜间码头的照明依靠综合楼上的探照灯和码头两端的警示灯。事故发生时,码头的探照灯和警示灯均正常使用。

罗泾油库以仁科公司所有的"仁科1"轮未使用安全航速且操纵不当,触碰其所属罗泾油库码头,给其造成重大经济损失为由,请求法院判令仁科公司赔偿经济损失共计40 572 432.08元及其利息(自事故发生之日起,按照中国人民银行同期贷款利率标准计算至判决生效之日止),并承担案件受理费249 948元、诉前保全申请费5 000元、证据保全申请费30元。

2. 争议焦点

(1)船舶触碰损失的认定。

(2)仁科公司是否存在依法丧失海事赔偿责任限制权利的情形。

(3)仁科公司是否有权对受损码头清障费用、事故现场及航道看护费用、设标费用的请求主张限制赔偿责任。

3. 法院裁判要旨

该案属于因船舶触碰引起的民事赔偿案件。对于此类案件,我国法律规定仁科公司承担责任的条件是:① 仁科公司实施了侵权行为;② 罗泾油库受到损害;③ 二者有因果关系;④ 仁科公司存在过错。对于上述条件的举证责任,我国法律规定均由罗泾油库承担。仁科公司欲通过证明罗泾油库存在过错来减轻其赔偿责任,对此应承担相应的举证责任。

一审庭审中,罗泾油库、仁科公司确认受损码头清障费用为560万元,事故现场及航道看护费用为250万元(其中,200万元已由仁科公司支付),设标费用为65万元,倒塌综合楼内财物损失为3万元。同时,罗泾油库、仁科公司也均确认以上海中九工程检测有限公司(以下简称"中九公司")与中船第九设计研究院工程有限公司(以下简称"中九研究院")的鉴定评估结论作为确定受损码头修复费用的最终依据,以上海双希海事发展有限公司(以下简称"双希公司")的鉴定评估结论作为确定受损输油臂修复费用的最终依据。罗泾油库的证据能够全面证明因"仁科1"轮操纵不当造成了触碰事故,导致其产生重大损失,形成了完整的证据链条,能够证明应由仁科公司对触碰事故承担全部责任。

与此相对,仁科公司的证据不能证明在诉争期内,罗泾油库所属码头缺乏足够的照明和警示标志,故罗泾油库不存在过错行为,不需要对触碰事故承担责任。综上所述,一审法院认为罗泾油库码头位置已刊印在海图上,其照明设施和警示标识的配备未违反相关规定;涉案触碰事故原因系"仁科1"轮在没有引航资质人员的引领下,错走航道后为赶靠泊时间未使用安全航速,且靠泊时船舶操纵不当。基于此,判决仁科公司应当承担全部责任。因没有证据证明涉案事故是由于仁科公司的故意或者明知可能造成损失而轻率地作为或者不作为造成,仁科公司不应丧失海事赔偿责任限制的权利。其中,受损码头清障费用、事故现场及航道看护费用、设标费用,均属于非限制性海事赔偿请求;受损码头修复费用、受损输油臂修复费用、倒塌综合楼内财物损失、码头临时值班房购置费用及利息为限制性海事赔偿请求。因限制性海事赔偿请求总额未超过基金及设立期间利息的数额,仁科公司应全额赔偿罗泾油库损失。

仁科公司不服一审判决提起上诉,二审期间,双方当事人均未提供新的证据,二审法院认定一审法院查明的事实基本属实。上诉人提出一审判决错误认定罗泾油库损失的主张,缺乏事实依据。因触碰码头事故引起的沉船沉物清障打捞费用的赔偿请求,不属于上诉人所提出的《中华人民共和国海商法》第十一章规定的限制性海事赔偿请求,一审判决在上述费用的认定上适用法律错误的主张,缺乏法律依据。二审法院认为仁科公司的上诉理由不能成立,驳回上诉,维持原判。

仁科公司不服一审、二审判决,申请再审。再审期间,法院对已查明且有相关证据予以佐证,双方当事人均未提出异议的事实,予以确认。被申请人补充提供了3组证据,虽在诉讼中没有提供该码头竣工验收的文件以证明码头不属于违章建筑,但法院认定涉案码头的修复方案主要根据码头受损前的状况进行恢复原状,码头受损前无论是否竣工验收,仁科公司均负有恢复原状的义务。同时,罗泾油库没有证据证明涉案事故损失是由于仁科公司的故意或者明知可能造成损失而轻率地作为或者不作为,没有提出足以推翻一审判决相关认定的证据和事由,认定仁科公司有权享受海事赔偿责任限制的权利。而申请人没有证据表明罗泾油库在清除码头残骸方面有违反合理减损义务的行为,法院认定由此产生的事故现场及航道看护费用和设标费用,均是为保障水域航行安全所采取必要措施的费用,仁科公司应予以赔偿。但对申请人提出该案受损码头清障费用、事故现场及航道看护费用、设标费用符合《中华人民共和国海商法》第二百零七条第一款第一项关于限制性海事赔偿请求的规定的主张,认定适用法律正确。综上所述,再审法院认为一审、二审判决认定事故损失具有充分事实和法律依据,应予以维持,但适用法律部分错误,应予以纠正。故撤销二审判决,维持一审判决第一项、第二项且变更其第三项损害赔偿事项。

### 三、法律适用 [①]（表 4.14）

表 4.14　船舶触碰损害责任纠纷案法律适用分析

| 法律名称 | 具体条款 | 适用方式 |
|---|---|---|
| 《中华人民共和国侵权责任法》（已废止） | 第六条第一款:行为人因过错侵害他人民事权益,应当承担侵权责任。<br>第十五条:承担侵权责任的方式主要有:(一)停止侵害;(二)排除妨碍;(三)消除危险;(四)返还财产;(五)恢复原状;(六)赔偿损失;(七)赔礼道歉;(八)消除影响、恢复名誉。<br>以上承担侵权责任的方式,可以单独适用,也可以合并适用 | 罗泾油库需要提供证据证明仁科公司对触碰事故的发生存在过错 |

[①] 需要说明的是,该案纠纷的起源可追溯至 2011 年,而最终的生效裁判文书于 2014 年由最高人民法院作出。在审理过程中,法院严格遵循了当时有效的《中华人民共和国民事诉讼法》(2012 修正)及相关司法解释进行裁判。尽管《中华人民共和国民事诉讼法》分别在 2017 年、2021 年、2023 年经历了多次修正,配套的司法解释也随之更新,但该案涉及的法律法规并未发生根本性的变化。

| 法律名称 | 具体条款 | 适用方式 |
|---|---|---|
| 《中华人民共和国海商法》 | 第二百零四条：船舶所有人、救助人，对本法第二百零七条所列海事赔偿请求，可以依照本章规定限制赔偿责任。<br>前款所称的船舶所有人，包括船舶承租人和船舶经营人 | 仁科公司需要提供证据证明其为"仁科 1"轮所有人，可依法限制赔偿责任，且罗泾油库全部索赔项目均属于限制性海事赔偿请求，仁科公司系由于过错造成的触碰事故，不属于故意或明知情形，可以依法限制赔偿责任 |
|  | 第二百零七条：下列海事赔偿请求，除本法第二百零八条和第二百零九条另有规定外，无论赔偿责任的基础有何不同，责任人均可以依照本章规定限制赔偿责任：<br>（一）在船上发生的或者与船舶营运、救助作业直接相关的人身伤亡或者财产的灭失、损坏，包括对港口工程、港池、航道和助航设施造成的损坏，以及由此引起的相应损失的赔偿请求 |  |
| 《中华人民共和国海商法》 | 第二百零九条：经证明，引起赔偿请求的损失是由于责任人的故意或者明知可能造成损失而轻率地作为或者不作为造成的，责任人无权依照本章规定限制赔偿责任 |  |
| 《中华人民共和国民事诉讼法》（2012 修正） | 第六十四条第一款：当事人对自己提出的主张，有责任提供证据 | 仁科公司需要提供证据证明罗泾油库存在过错，以支持仁科公司提出其不应承担事故全部责任的抗辩事由；<br>仁科公司需要提供证据证明罗泾油库存在重复索赔行为以及不合理索赔行为，以支持其认为一审、二审判决对损失数额认定有误的主张；<br>罗泾油库需要提供证据证明仁科公司对触碰事故的发生存在轻率行为，以支持仁科公司无权享受海事赔偿责任限制权利的主张 |

再审法院依据当事人的请求及上述法律规定，对双方当事人的举证责任进行了分配，如图 4.6 所示，并据此对案件进行了审理和判决。最终，由于再审申请人未能提供充分证据证明一审、二审判决对罗泾油库码头的损失数额认定有误，但以《中华人民共和国海商法》第二百零七条第一款第一项的限制性海事赔偿请求规定包括"对港口工程、港池、航道和助航设施造成的损坏，以及由此引起的相应损失的赔偿请求"证明了一审、二审判决适用法律错误，仁科公司依法有权限制赔偿责任。基于此，再审法院认为一审、

二审判决认定事实清楚,但适用法律部分错误,予以纠正。

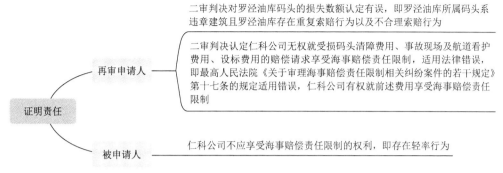

图 4.6　证明责任分配

依照《中华人民共和国海商法》第二百零七条第一款第一项、《中华人民共和国民事诉讼法》第二百零七条第一款、第一百七十条第一款第二项之规定,判决撤销上海市高级人民法院(2012)沪高民四(海)终字第 165 号民事判决;维持上海海事法院(2011)沪海法海初字第 17 号民事判决第一项、第二项;变更上海海事法院(2011)沪海法海初字第 17 号民事判决第三项为:上述损害赔偿应在仁科公司设立的海事赔偿责任限制基金扣减其已付赔偿金额后的余额 18 167 537. 36 元及基金 20 167 537. 36 元设立期间的利息(按中国人民银行确定的金融机构同期 1 年期贷款基准利率计算)内清偿。如果未按再审判决指定的期限履行给付金钱义务,应当依照《中华人民共和国民事诉讼法》第二百五十三条之规定,加倍支付迟延履行期间的债务利息。

一审案件受理费 249 948 元,罗泾油库负担 98 528.6 元,仁科公司负担 151 419.4 元;二审案件受理费 151 419. 4 元,罗泾油库负担 42 339. 4 元,仁科公司负担 109 080 元;仁科公司负担诉前保全申请费 5 000 元和证据保全申请费 30 元。

### 四、证据分析

在该案中,当事人提交的、确认的证据的证明力以及法院依职权查明的证据的证明力对裁判结果产生了决定性的影响。以下是对各方提交证据的证明力分析及其对裁判结果的具体影响。

#### (一)当事人均确认的证据及其证明力

1.《中石化上海石油分公司罗泾油库 2.5 万吨级油码头"2011.2.3"受损事故综合检测报告》及《中石化上海石油分公司罗泾油库 2.5 万吨级油码头工程海损修复方案设计》

罗泾油库、仁科公司共同选定中九公司与中九研究院作为鉴定评估机构对涉案事故以及码头受损情况进行鉴定评估,中九公司出具了受损事故综合检测报告,中九研究院出具了海损修复方案设计,鉴定评估结论为受损码头修复费用为 1 622. 78 万元。双方均确认以中九公司与中九研究院的鉴定评估结论作为确定受损码头修复费用的最终依据。证明一审、二审判决据此认定有关修复费用损失并无不当。

2. 检验报告

罗泾油库、仁科公司共同委托双希公司对输油臂损失进行鉴定评估,双希公司出具了检验报告,鉴定评估结论为受损输油臂修复费用为200万元。双方均确认以双希公司的鉴定评估结论作为确定受损输油臂修复费用的最终依据。证明一审、二审判决据此认定有关修复费用损失并无不当。

**（二）被申请人提交的证据及其证明力**

被申请人罗泾油库向再审法院共补充提交了3组证据,部分证据被法院采纳,部分证据未被采纳,如表4.15所列。

表4.15　证据分析及法院采纳情况

| 序号 | 证据名称 | 证明目的 | 法院采纳情况 |
|---|---|---|---|
| 1 | 上海海事局主办的期刊《上海海事》(2011年第2期)刊登报道《上海海事重拳打击非法引航》 | 拟证明"仁科1"轮所有人为保证船期,默许非法引航 | 未被采纳;证据1所载内容是一种宣传信息,并非上海海事局正式做出的责任认定;上海海事局于2011年8月9日就涉案事故做出的《水上交通事故责任认定书》并无"仁科1"轮所有人默认非法引航的认定,罗泾油库提供该证据所拟证明的内容缺乏其他证据印证,法院不予采纳 |
| 2 | 上海市杨浦区人民法院(2012)杨刑初字第59号刑事判决书 | 拟证明涉案非法引航情节严重,沈某被法院以交通肇事罪判处有期徒刑4年 | 未被采纳;没有认定仁科公司本身过错程度的内容,其所证明的事实并不影响仁科公司所应承担的民事赔偿责任(包括能否享受海事赔偿责任限制的权利),该证据与该案争议无关,法院不予采纳 |
| 3 | 上海海事局网站于2011年8月24日发布《上海宝山海事处组织召开罗泾油库码头清障打捞通航安全协调会》 | 拟证明罗泾油库清障工程系上海海事局为维护公共利益、保障通航安全所强制采取的措施 | 法院采纳;证据3所载相关信息可由上海海事局于2011年6月16日向罗泾油库发出的《海事行政强制措施决定书》相印证,法院予以采纳 |

对于其中部分证据,做如下说明。

第2组证据:刑事判决书。

显示了沈某被法院以交通肇事罪判处有期徒刑4年,拟证明涉案非法引航情节严重。但没有认定仁科公司本身过错程度的内容,其所证明的事实并不影响仁科公司所应承担的民事赔偿责任(包括能否享受海事赔偿责任限制的权利),该证据与该案争议无关,法院不予采纳。

【说明:生效判决书在案件中作为证据使用时,应推定该判决书载明的事实是真实的,当事人提交了生效判决书,其举证责任完成,不需要再证明生效判决书认定的事实是真实的。免除的是当事人对证据真实性的举证责任,证据的关联性仍需要当事人予以举证和论证。其合法性和相关性决定了其证明力。】

第 3 组证据:上海海事局网站发布的信息。

上海海事局网站于 2011 年 8 月 24 日发布《上海宝山海事处组织召开罗泾油库码头清障打捞通航安全协调会》,拟证明罗泾油库清障工程系上海海事局为维护公共利益、保障通航安全所强制采取的措施。该证据所载相关信息可由上海海事局于 2011 年 6 月 16 日向罗泾油库发出的《海事行政强制措施决定书》相印证,法院予以采纳。

【说明:网站信息作为电子数据的一种类型,是证据的法定形式之一。符合一定条件的网站信息证据,经查证属实,可以作为认定案件事实的依据。要辨别其是否具有证明效力,首先需要判断网站信息证据是否具备作为证据的资格,经过公证取得或专门机构鉴定的网站信息证据的优于未经公证或鉴定的网站信息证据;能够当庭操作取得的网站信息证据具有较强的证明力。】

**(三)再审法院调查收集的证据及其证明力**

1.《海事行政强制措施决定书》

该决定书由上海海事局于 2011 年 6 月 16 日向罗泾油库作出,其中载明:"罗泾油库码头水域船舶交通密集,码头损毁并倒塌沉入江底部分严重影响了该水域的通航安全。"证明罗泾油库根据上海海事局限期打捞清除的行政决定立即委托打捞作业人员清除码头残骸,由此产生的清障费用属于为保障航道畅通所必然发生的费用,属于罗泾油库因码头被触碰所遭受的损失,仁科公司应予以赔偿。

【说明:国家机关、社会团体依职权制作的公文书证的证明力一般优于其他书证,适用最佳证据规则。公证文书作为强有力的证据,在无相反证据证明的情况下,不能推翻其效力,但由于公证文书不能完全等同于客观事实,故在符合一定条件的情况下,公证文书的效力会受到影响。】

2.《水上交通事故责任认定书》

该认定书由上海海事局于 2011 年 8 月 9 日就涉案事故做出,载明事故原因如下:① "引航人员"沈某不熟悉航道,临时改变靠泊方案,未使用安全航速,在驾驶、操纵船舶时严重失误,是造成本起事故的直接原因;② 代理公司非法经营引航业务是造成本起事故的原因之一;③ 船长未有效履行船舶安全管理责任也是造成本起事故的原因之一。证明罗泾油库码头因"仁科 1"轮单方过失触碰致损,仁科公司应承担全部赔偿责任,罗泾油库不需要承担任何责任。

【说明:交通事故认定书属于书证,是指交通管理部门通过对交通事故现场勘察、技术分析和有关检验、鉴定结论,分析查明交通事故的基本事实、成因和当事人责任后所出具的技术性结论。实践中,其应当经过质证后,由人民法院审查确定其证据能力和证明力。交通事故认定书作为公文书证,应当适用公文书证的规则,官方性、合法性和相关性决定了其证明力。】

3.《人民法院报》

上海海事法院于 2011 年 2 月 22 日受理仁科公司就涉案触碰事故提出设立海事赔偿责任限制基金的申请,于 3 月 24 日至 3 月 26 日在《人民法院报》上连续发布受理设立海事赔偿责任限制基金的公告。在公告载明的申请债权登记期内,仅罗泾油库 1 名债权人向上海海事法院申请登记与涉案事故有关的债权。

**(四)证明力对裁判结果的影响**

(1)证据不足导致的不利裁判:申请人因提供补充的证据不足,未能说服法院支持其部分主张。

(2)证据优势导致的有利裁判:被申请人在一审庭审中提交的证据在证明力上具有优势,有助于法院在二审、再审裁判过程中形成对其有利的心证。

(3)法院对证据的综合评估:法院对当事人提交的证据和法院依职权查明的证据进行了综合评估,认为一审、二审判决认定事故损失,具有充分事实和法律依据,应予以维持,但适用法律部分错误,应予以纠正。最终判决撤销二审判决,维持一审判决第一项、第二项且变更其第三项损害赔偿事项。

# 案例七:海南国盛石油有限公司、茂名中威船务有限公司等船舶触碰损害责任纠纷民事案

## 一、案件基本信息

案号:(2020)琼 72 民初 114 号;
审理法院:海口海事法院;
案由:船舶触碰损害责任纠纷;
当事人:原告:海南国盛石油有限公司;
被告:茂名中威船务有限公司;
被告:中国平安财产保险股份有限公司广东分公司;
第三人:中国人民财产保险股份有限公司广州市分公司;
法律风险识别:船舶触碰引起的损害赔偿诉讼;
裁判日期:2022 年 8 月 24 日。

## 二、案件事实

1. 事件概述

2020 年 4 月 21 日,"中威 6"轮自北海铁山港开往海南马村港,该航次计划在马村港国盛码头装载 3 100 吨凝析油驶往广东茂名水东。4 月 22 日 8:00,"中威 6"轮向海口交管中心申请起锚进靠国盛码头。大副通过手机 App "海洋气象"查看了气象信息

并传阅其他驾驶员。其后,"中威 6"轮与国盛码头签署《船岸安全检查表》及《船舶作业安全环保须知》。该须知第二条规定:"停靠船舶必须保持备车状态,天气异常或情况紧急下,由油库审查调度通知离开码头,船舶必须立即离开。"9:25,"中威 6"轮开始装油作业;16:19,国盛码头收到海事部门微信转发的海南省气象台雷雨大风天气预警,码头调度随即通知码头值班人员注意天气变化;16:29,海面上白浪花明显,风力骤然增大,6~7级,码头值班长向调度报告天气变差,随后,调度通知码头人员停泵、拆油管;16:30,海面风力不断加大,"中威 6"轮船长上驾驶台指挥,通知机舱备车,要求大副到船艏待命,命令收紧船舶缆绳,适当收锚链;16:34,码头扫线结束,通知"中威 6"轮拆管,然后,码头水手到平台关闭管线阀门,并开始拆卸管线,"中威 6"轮随即开始关阀、拆管;16:35,"中威 6"轮备车完毕,风力继续加大(7~8级),中到大浪,"中威 6"轮左舷 2 舱至泵舱位置与国盛码头撞击力度加大,左舷船艉偶尔撞击东侧靠船墩,船长安排船员在船艏、船艉待命,采取用车配合收紧右舷系泊缆绳的措施,以减缓与码头冲撞;16:39,码头输油管线拆卸完毕,风力持续加大;16:40,"中威 6"船长分别致电国盛码头调度和中海油某拖轮船长申请协助离泊;16:45,"中威 6"轮拆管完毕,码头回收油管;16:50,国盛码头联系拖轮公司,但没有拖轮愿为"中威 6"轮离泊提供服务;17:00,"中威 6"轮与码头发生严重撞击;17:20,码头东侧靠船墩受撞击晃动明显,此后数次遭受撞击而大幅晃动;17:25,风力有所减弱,但大浪持续,国盛码头东码头靠船墩垮塌,东码头靠船墩与工作平台连接 T 梁、靠船墩与工作平台连接实心板坠海,工作平台、西码头靠船墩及相关 T 梁部分受损,国盛码头停止运营。

国盛公司以其所属马村油库码头被中威公司所属的"中威 6"轮碰撞,造成马村油库码头东主靠垮塌,产生巨大经济损失为由,请求法院判令中威公司、中国平安财产保险股份有限公司广东分公司(以下简称"平安保险广东分公司")连带赔偿国盛公司经济损失 14 940 932.35 元,以及判令该案全部案件受理费、财产保全费、鉴定费由中威公司、平安保险广东分公司承担。

**2. 争议焦点**

(1)在涉案船舶触碰码头事故中,责任方是谁,责任比例应当如何划分。

(2)应当如何认定涉案码头损失金额。

(3)中威公司能否享受海事赔偿责任限制以及具体赔偿金额。

(4)平安保险广东分公司是否应当承担连带责任。

(5)国盛公司为该案支付的各类诉讼费用是否应由两被告承担及具体金额。

**3. 法院裁判要旨**

该案属于因船舶触碰引起的民事赔偿案件。对于此类案件,我国法律规定中威公司承担责任的条件是:① 中威公司实施了触碰行为;② 国盛公司所属的马村油库受到损害;③ 二者有因果关系。对于上述条件的举证责任,我国法律规定均由国盛公司承担。中威公司与平安保险广东分公司欲通过证明国盛公司亦有过错,且损害结果主要系不可抗力因素导致来减轻其责任,对此应承担相应的举证责任。

原告国盛公司所属的马村油库因船舶触碰事故所造成的损失,有权要求责任人承担侵权损害赔偿责任。被告中威公司作为"中威 6"轮所有人和经营人,对于该轮在经营过程中,因发生船舶触碰事故导致他人损失,应承担侵权损害赔偿责任。而根据查明的案件事实,"中威 6"轮与马村油库发生触碰,造成马村油库码头东主靠垮塌,承载的两段 T 梁及相关管线坠入海中,西主靠及相关 T 梁部分受损,码头停止运营的损害事实属实。

庭审中,被告中威公司、平安保险广东分公司始终不能就其与马村油库的受损事实无任何关系与无须承担责任做出证明,即对触碰事故的发生具有一定过错。因此,中威公司、平安保险广东分公司的证据未形成完整的证据链条,不能证明国盛公司对触碰事故的发生具有全部过错,无事实和法律依据支持其对所属于国盛公司的马村油库的损失不承担赔偿责任的抗辩理由。

与此相对,国盛公司的证据能够证明因中威公司所属轮船存在一定操作失误引发了触碰事故。虽无证据证明平安保险广东分公司在涉案事故中有侵权行为,属于侵权责任主体,但在中威公司就涉案事故向法院申请赔偿责任限制,而平安保险茂名支公司为其向法院出具保函,承诺为中威公司就涉案事故提供以 251502 特别提款权及相应利息为限的担保后,平安保险茂名支公司成为中威公司该侵权之债的连带责任保证人,其应当与中威公司就涉案船舶触碰码头事故在海事赔偿责任限制范围内承担连带赔偿责任。

综上所述,法院认定综合双方责任大小,中威公司应承担 90% 的责任,国盛公司自负 10% 的责任。判决被告茂名中威船务有限公司自该判决生效之日起 10 日内向原告海南国盛石油有限公司支付赔偿金 6 057 453.28 元;被告平安保险广东分公司对上述茂名中威船务有限公司应付赔偿款项在上述非人身伤亡海事赔偿责任限制基金及利息范围内承担连带责任,被告茂名中威船务有限公司自该判决生效之日起 10 日内向原告海南国盛石油有限公司支付诉前海事请求保全申请费 5 000 元、诉前海事证据保全费 5 000 元、海事赔偿责任限制基金债权登记申请费 1 000 元、鉴定费 90 005 元,共计 101 005 元;驳回原告海南国盛石油有限公司的其他诉讼请求。

### 三、法律适用[①]（表 4.16）

表 4.16　船舶触碰损害责任纠纷案法律适用分析

| 法律名称 | 具体条款 | 适用方式 |
| --- | --- | --- |
| 《中华人民共和国民事诉讼法》（2021 修正） | 第六十七条:当事人对自己提出的主张,有责任提供证据;当事人及其诉讼代理人因客观原因不能自行收集的证据,或者人民法院认为审理案件需要的证据,人民法院应当调查收集。人民法院应当按照法定程序,全面地、客观地审查核实证据 | 该案中,原告和被告应当根据自己的诉讼请求,进行相应的举证和质证,并提供与案件事实有关的证据 |

---

[①] 需要说明的是,该案纠纷的起源可追溯至 2020 年,而最终的生效裁判文书于 2022 年由海口海事法院作出。在审理过程中,法院严格遵循了当时有效的《中华人民共和国民事诉讼法》（2021 修正）及相关司法解释进行裁判。尽管《中华人民共和国民事诉讼法》于 2023 年被修正,但该案涉及的法律法规并未发生根本性的变化。

续表

| 法律名称 | 具体条款 | 适用方式 |
|---|---|---|
| 《中华人民共和国民事诉讼法》（2021 修正） | 第六十四条：当事人对自己提出的主张，有责任提供证据 | 原告国盛公司需要提供证据证明中威公司实施了污染行为以及马村油库受到了损害 |
| 《中华人民共和国海商法》 | 第二百零九条：经证明，引起赔偿请求的损失是由于责任人的故意或者明知可能造成损失而轻率地作为或者不作为造成的，责任人无权依照本章规定限制赔偿责任 | 被告主张其依法享有海事赔偿责任限制，应当进行相应举证 |
| | 第二百一十三条：责任人要求依照本法规定限制赔偿责任的，可以在有管辖权的法院设立责任限制基金。基金数额分别为本法第二百一十条、第二百一十一条规定的限额，加上自责任产生之日起至基金设立之日止的相应利息 | |
| 《最高人民法院关于审理船舶碰撞和触碰案件财产损害赔偿的规定（2020 修正）》 | 第一条：请求人可以请求赔偿对船舶碰撞或者触碰所造成的财产损失，船舶碰撞或者触碰后相继发生的有关费用和损失，为避免或者减少损害而产生的合理费用和损失，以及预期可得利益的损失。因请求人的过错造成的损失或者使损失扩大的部分，不予赔偿 | 经法院查明责任分配以后，参考此法律条款进行具体赔偿分配 |
| | 第二条：赔偿应当尽量达到恢复原状，不能恢复原状的折价赔偿 | |

　　法院依据上述法律规定，对双方当事人的举证责任进行了分配，如图 4.7 所示，并据此对案件进行了审理和判决。最终，国盛公司的诉讼请求部分成立，法院部分采纳；但对无事实依据的部分予以驳回。

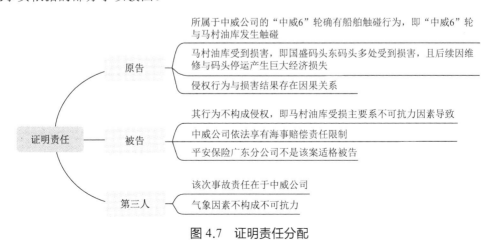

图 4.7　证明责任分配

### 四、证据分析

在该案中,当事人提交的证据的证明力对裁判结果产生了决定性的影响。以下是对各方提交证据的证明力分析及其对裁判结果的具体影响。

#### (一)原告提交的证据及其证明力

原告国盛公司向法院共提交了 13 组证据,部分证据被法院采纳,部分证据因存在瑕疵未被采纳,部分证据不能单独作为认定案件事实的证据,需结合其他证据进行认定,如表 4.17 所列。

表 4.17 证据分析及法院采纳情况

| 序号 | 证据名称 | 证明目的 | 法院采纳情况 |
|---|---|---|---|
| 1 | 海南国盛马村油库码头被"中威 6"轮碰撞受损情况的图片及监控录像、广州正和工程检测有限公司检测报告 | 证明 2020 年 4 月 22 日 16:50 至 18:25,国盛公司所属的马村油库码头被"中威 6"轮碰撞;碰撞造成马村油库码头东主靠垮塌,承载的两段 T 梁及相关管线坠入海中,西主靠及相关 T 梁部分受损,码头停止运营 | 法院采纳;法院认定具备真实性、合法性及关联性 |
| 2 | 船舶所有权登记证书、船舶国籍证书 | 证明"中威 6"轮归中威公司所有 | 法院采纳 |
| 3 | 国盛公司与装卸单位签订的合同及相关凭证、海南国盛马村油库码头受损后损失的计算说明、间接费用凭证、关于海南国盛马村油库码头受损后间接损失的说明、海南国盛石油有限公司马村油库 2019 年 10 月至 12 月利润报表 | 证明"中威 6"轮碰撞导致码头停止经营,给国盛公司造成巨大损失,截至 2020 年 6 月 1 日,已经产生 193 万元间接损失,至码头完全修复,间接损失将超过 500 万元 | 法院采纳 |
| 4 | 4.1 海南国盛马村油库码头受损后直接损失的计算说明、4.2 技术服务合同、4.3 船损基桩检测专项合同、4.4 建设工程招标代理合同、4.5 施工监理合同、4.6 关于海南国盛马村油库码头受损修复鉴定相关材料的说明、4.7 海南国盛码头船损检测报告、4.8 海南国盛码头 KD1 基桩低应变报告、 | | 部分采纳;其中,证据 4.1 直接损失计算说明是国盛公司单方制作,对于直接损失的认定以法院对直接损失鉴定报告的认证意见为准;证据 4.4 招标代理合同与证据 4.11 招标文件、4.12 评标报告、4.13 中标通知书、4.14 招标代 |

| 序号 | 证据名称 | 证明目的 | 法院采纳情况 |
|---|---|---|---|
| 4 | 4.9 海南国盛码头西码头修复工程设计采购施工(EPC)总承包合同、4.10 海南国盛马村油库码头船损修复工程设计方案、4.11 国盛公司码头 4 月 22 日受损主体修复工程设计采购施工(EPC)总承包招标文件、4.12 国盛公司码头 4 月 22 日受损主体修复工程设计采购施工(EPC)总承包评标报告、4.13 国盛公司码头 4 月 22 日受损主体修复工程设计采购施工(EPC)总承包中标通知书、4.14 国盛公司码头 4 月 22 日受损主体修复工程设计采购施工(EPC)总承包招标代理归档资料 | 共同证明国盛公司马村油库码头被碰撞后的直接损失为损伤检测费用 12 万元、西泊位修复费用 65 万元、码头主体修复工程 930 万元、招投标和监理费用 36 万元,合计 1 043 万元 | 理归档资料相互印证,法院确认上述证据的真实性,招标代理费用的金额应以法院对直接损失鉴定报告的认证意见为准;确认证据 4.5 施工监理合同的真实性,工程监理费用的金额应以法院对直接损失鉴定报告的认证意见为准 |
| 5 | 5.1 海南国盛马村油库竣工材料,5.2 国盛马村油库西码头船损修复工程施工组织设计,5.3 国盛马村油库西码头船损修复工程竣工资料,5.4 国盛码头 4 月 22 日受损主体修复工程施工图设计,5.5 码头平台工艺管线安装图,5.6 码头平台给排水、消防设计图,5.7 海南国盛马村油库平面图,5.8 喷射炮安装示意图,5.9 码头泡沫库管道系统图,5.10 泡沫液贮罐基础图,5.11 陆域 J1 给水管线系统图,5.12 消防泵房工艺布置图,5.13 陆域消防管线系统图,5.14 码头引桥给水、消防管道平面布置图,5.15 国盛公司码头 4 月 22 日受损主体修复工程相关资料,5.16 国盛公司码头 4 月 22 日受损西泊位修复工程及主体修复工程付款凭证 9 份,5.17 保险费用付款凭证,5.18 海南国盛石油码头建筑工程一切险保单、共保体保险单、建筑施工行业安全生产责任保险保单明细,5.19 缴费通知书:建筑工程一切险及第三者 | 证明马村油库因船舶触碰造成的直接损失 | 部分采纳;其中,法院确认证据 5.1-5.15、5.17-5.25 的真实性、合法性及关联性;确认证据 5.16 银行付款凭证(9 份)的真实性,但对于直接损失金额的认定,以法院对直接损失鉴定报告的认证意见为准;证据 5.26 船机单价组成表系国盛公司单方制作,真实性不认可;确认证据 5.27 钢材价格行情、证据 5.28 产品销售合同的真实性,但仅采信产品销售合同中螺旋焊管的单价,合同中加强环的规格与证据 5.4 中编号 Z2020-32-DD-MS-010 图纸不符,以对直接损失鉴定报告的认证意见为准;证据 5.30 水深测量图、证据 5.31 设计技术审查咨询报告,无合同及支付凭证予以佐证,以对直接损失鉴定报告的认证意 |

| 序号 | 证据名称 | 证明目的 | 法院采纳情况 |
|---|---|---|---|
| 5 | 责任险,5.20缴费通知书:建筑施工行业安全生产责任保险(投保人是中交广州水运工程设计院有限公司),5.21国盛油库码头沉箱打捞及修复施工期间通航安全保障方案编制预算,5.22海南国盛石油码头4月22日受损主体(主泊位)修复工程施工图19张,5.23海南国盛石油码头4月22日受损主体(主泊位)修复工程设计说明,5.24水下清障施工方案批准文件(包括海事部门水上水下活动许可证、施工方案报审表、打捞施工专项方案),5.25施工期间租用外部码头支出明细及发票,5.26船机单价分析表,5.27钢铁网2020年7月广州市场中厚板价格行情,5.28中山市华骏钢管有限公司产品销售合同,5.29海南国盛石油码头修复工程水上施工通航安全保障方案编写技术服务合同及发票,5.30海南国盛石油码头水深测量图,5.31海南国盛石油有限公司码头4月22日受损主体修复工程施工图设计技术审查咨询报告,5.32船讯网"永泰达81"船信息 | | 见为准;证据5.32载明的"永泰达81"船轨迹查询日期是2022年4月1日至2022年4月28日,与施工日期不存在重叠,不具备关联性,法院不予采纳 |
| 6 | 国盛公司2019年1月至12月、2020年1月至6月内部核算表(电子数据由系统导出),国盛公司2019年1月至12月、2020年1月至6月其他业务收入(电子数据由系统导出),国盛公司与隆新实业有限公司签订的《租赁合同》,国盛公司与海南日能石油化工有限公司的对账单3份(国盛制作),海南国盛石油有限公司财务系统截图4张,国盛公司出具给海南日能石油化工有限公司的发票2张,开给洋浦中合石油化工有限公司的发票1张等(具体内容均总结在第6组证据当中) | 以上共同证明证明"中威6"轮碰撞导致码头停止经营,给国盛公司造成间接损失 | 部分采纳;其中,证据6.1-6.14、6.17的证明内容是间接损失,对于间接损失的认定,法院以认证后的间接损失鉴定报告为准 |

| 序号 | 证据名称 | 证明目的 | 法院采纳情况 |
|---|---|---|---|
| 7 | 交工验收证书 2 张 | 证明西码头于 2020 年 7 月 22 日完工,东码头于 2020 年 11 月 25 日修复完工 | 法院采纳 |
| 8 | 中国工商银行网上银行电子回单 3 张 | 证明国盛公司支付直接损失鉴定费 12 万元,间接损失鉴定费 10.2 万元 | 法院采纳 |
| 9 | 银行付款凭证 9 份、工程款发票 9 张 | 证明国盛公司已实际支付主码头修复工程款 8 376 720 元 | 证明内容是间接损失,对于间接损失的认定,法院以认证后的间接损失鉴定报告为准 |
| 10 | 国盛公司码头 4 月 22 日受损主体修复工程设计采购施工(EPC)总承包项目实施价格确认书 | 证明国盛公司与中标单位中交广州水运工程设计研究院有限公司一致同意:确保工期为 3 个月的前提下,实施价格为 830 万元 | 确认证据 10 修复工程总承包项目实施价格确认书的真实性,但对于直接损失金额的认定,以法院对直接损失鉴定报告的认证意见为准 |
| 11 | 海南国盛石油有限公司码头西码头船损修复工程设计采购施工(EPC)总承包(结)算书 | 证明因修复码头所产生的船损修复总承包增补工程费用结算表、总承包结算表、总承包结算汇总表 | 未被采纳;西码头总承包结算书日期空白,无建设单位盖章,不确认真实性 |
| 12 | 马村油库码头土地证、马村油库码头海域使用权证、马村油库码头 1996 年竣工验收证书 | 证明马村油库码头所有权人是国盛公司 | 法院采纳 |
| 13 | 诉讼费用凭证 | 证明国盛公司为该案支付费用:诉前财产保全费 5 000 元;诉前证据保全费 5 000 元;对设立海事赔偿责任限制基金的裁定不服,提起上诉,发生上诉费用 10 000 元;海事登记受偿费用 1 000 元 | 法院采纳 |

对于其中部分证据,做如下说明。

第 11 组证据:海南国盛石油有限公司码头西码头船损修复工程设计采购施工(EPC)

总承包(结)算书。

国盛公司提交该证据拟证明因修复码头所产生的具体船损修复总承包增补工程结算费用、结算总承包费用。但西码头总承包结算书日期空白,无建设单位盖章,其证据效力未被原审法院采纳。完整记录合同内容是公司管理上非常严肃的重大事项,总承包结算书具体结算日与相关单位盖章内容属于重要的原始资料,不应当有所缺失。

【说明:该证据系书证,书证是指以文字、符号、图形等所记载的内容或表达的思想来证明案件真实的证据。当事人在提交书证时应当保证内容完整、真实有效,否则将影响其证明力。】

### (二)被告提交的证据及其证明力

原告中威公司向法院共提交了12组证据,部分证据被法院采纳,部分证据未被采纳,如表4.18所列。

表 4.18  证据分析及法院采纳情况

| 序号 | 证据名称 | 证明目的 | 法院采纳情况 |
|---|---|---|---|
| 1 | 船舶所有权登记证书、国籍证书、海上船舶检验证书簿 | 证明中威公司为"中威6"轮船舶所有人,"中威6"轮船舶状况良好,船舶适航,"中威6"轮总吨为2 512 | 法院采纳 |
| 2 | 最低安全配员证书 | 证明海事部门对"中威6"轮最低安全配员的相关要求 | 法院采纳 |
| 3 | 船员名单、船员适任证书、培训合格证书和船员服务簿 | 证明"中威6"轮船舶配员情况,"中威6"轮在事故航次符合最低配员要求 | 法院采纳 |
| 4 | 海事事故调查报告、航海日志 | 证明涉案事故是海面突发不可预见的大风(风力10~11级,阵风12级)所致 | 法院采纳 |
| 5 | 民事裁定书2份 | 证明事故发生后,国盛公司申请扣押"中威6"轮,并申请对"中威6"轮进行证据保全 | 法院采纳 |
| 6 | 船舶进出港报告、航海日志 | 证明"中威6"轮涉案航次为国内运输,起运港为海南马村港,目的港为茂名水东港;中威公司有权依据交通运输部《关于不满300总吨船舶及沿海运输、沿海作业船舶海事赔偿限额的规定》限制赔偿责任 | 法院采纳 |
| 7 | 天气气象预告 | 证明涉案事故发生期间,天气气象预告未显示事故区域存在任何大风预警,事故属于不可预见事件 | 法院采纳 |

| 序号 | 证据名称 | 证明目的 | 法院采纳情况 |
|---|---|---|---|
| 8 | 北海分局表彰通报(海北环法〔2004〕144号) | 展示科麦奇公司在环保和安全管理方面的优秀表现,增强其可信度 | 法院采纳 |
| 9 | 受理案件通知书、基金公告 | 证明中威公司已经在法院申请设立"中威6"轮非人身伤亡海事赔偿责任限制基金,中威公司及平安保险广东分公司依法可以限制赔偿责任 | 法院采纳 |
| 10 | 关于粤海(番禺)石油化工储运开发有限公司1号码头2012年4月至6月平均净盈利的专项审计报告以及2012年7月至12月平均净盈利的专项审计报告、(2014)广海法终字第55号民事判决书 | 证明根据(2014)广海法终字第55号生效判决中,码头间接损失审计报告中计算净盈利时扣除税费;保险费、海域使用费、消防费用、环保费、维护费、待摊费用摊销、检验费、土地使用税、房产税、年底双薪工资等均应属于该案码头成本 | 未被采纳;与该案待证事实无关,法院不予采纳 |
| 11 | 保险单 | 证明中威公司为"中威6"轮在平安保险处投保沿海内河船舶一切险 | 具备真实性、关联性及合法性,因此,法院部分采纳 |

对于其中部分证据,做如下说明。

第1至3组证据:船舶检验证书和最低安全配员证书等证明资料。

证明了中威公司进行海上船舶活动是合法授权的,具有较高的证明力。

【说明:包括官方文件、批复、证书、合同、日志等。书面文件的官方性、合法性和相关性决定了其证明力。】

第11组证据:专项审计报告、(2014)广海法终字第55号民事判决书。

已判决的案例必须符合:① 该判决已生效;② 该判决已查明的事实是该案的待证事实的情况才可以作为证据使用。仅仅是该判决书涉及的问题或法律适用方面与该案类似,但该判决书查明的事实与该案无任何关系,在此种情况下,该判决书不能作为该案证据。审计报告同理,不予采纳。

### (三)第三人提交的证据及其证明力

第三人人保广州分公司向法院共提交了2组证据,采纳情况如表4.19所列。

表 4.19　证据分析及法院采纳情况

| 序号 | 证据名称 | 证明目的 | 法院采纳情况 |
|---|---|---|---|
| 1 | 海口海事局水上交通事故调查处理结论书、海事事故调查报告 | 证明"中威 6"轮在停泊作业期间仅从手机 App 途径查看事故水域气象信息,未通过其他有效或者更为稳妥专业的途径了解和收集事故水域气象信息,最终造成该案事故发生,"中威 6"轮应当对事故承担全部责任 | 判决书未做说明 |
| 2 | 财产一切险保险单及保险条款 | 证明国盛公司向人保广州分公司投保了财产一切险;人保广州分公司是否对国盛公司负有赔偿责任以及具体赔偿金额应当依据人保广州分公司与国盛公司之间的保险合同及其相关约定,涉案鉴定报告仅对人保广州分公司具有一定程度的参考价值 | 未被采纳;该证据与该案待证事实无关,法院不予采纳 |

**（四）法院调查收集的证据及其证明力**

1. 海事事故调查报告

法院根据中威公司的申请,经原告国盛公司、被告中威公司和平安保险广东分公司共同指定,依法委托海口海事局对涉案船舶触碰事故的发生原因进行鉴定评估。对于海口海事局出具的报告,法院主要以该调查报告载明的事故发生经过为事实依据,来分析认定本次事故各方责任。

海事事故调查报告虽然认定事故发生的直接原因是"中威 6"轮在国盛码头作业时遭遇突发强对流天气,没有足够时间完成离泊,导致船和码头发生触碰,从而认定本次事故发生的主要原因是气象因素,但法院认为,该案事故的发生系多种因素共同合力的结果,气象突变仅为原因力之一。相关当事人若事前防范到位、事中措施得当,并非不可避免。故认定该案事故责任,重在考察当事人是否具有过错。若当事人有过错,且过错与事故发生有因果关系,则当事人需承担相应赔偿责任。

【说明:鉴定报告是由专业机构或专家出具的、对技术性问题的分析和判断。鉴定报告的科学性、客观性和鉴定机构的资质影响其证明力。鉴定报告的具体内容也对案件事实的查明起重要作用。】

2.《气象证明》

用以查明案发时马村油库的实际天气情况,从而进一步进行相关责任划分。

**（五）证明力对裁判结果的影响**

（1）证据不足导致的不利裁判:被告因证据不足,未能说服法院支持其主张。

（2）证据优势导致的有利裁判:原告提交的证据在证明力上具有优势,有助于法院形成对其有利的心证。

（3）法院对证据的综合评估:法院对双方提交的证据进行了综合评估,认为上诉人可以满足举证责任。最终,国盛公司的上诉请求部分成立,法院部分采纳;但对无事实依据的部分予以驳回。

# 案例八:赵某、姜某、王某、于某、张某与中国石油集团长城钻探工程有限公司钻井二公司水污染责任纠纷上诉案

## 一、案件基本信息

案号:(2016)辽 74 民终 64 号;

审理法院:辽宁省辽河中级人民法院;

案由:水污染责任纠纷;

当事人:上诉人(原审原告):赵某、姜某、王某、于某、张某;

被上诉人(原审被告):中国石油集团长城钻探工程有限公司钻井二公司;

法律风险识别:水域溢油(钻井平台疑发生石油泄漏事故);

裁判日期:2016 年 6 月 6 日。

## 二、案件事实

### 1. 事件概述

2013 年 9 月 12 日,张某向盘锦市海洋与渔业局辽河口生态经济区分局举报,邻近六道沟景区路口有一养殖池出现鱼类死亡。接到举报后,该局派人到张某举报地点进行核查。该局工作人员赴现场拍摄了照片,并在井站地面的污水和水中进行了取样。照片显示赵某、姜某、王某、于某、张某(以下简称"赵某等 5 人")所述水域水面漂浮着数只死虾。2013 年 10 月,盘锦市环境保护监测站受辽河口海洋局的委托,对其所送辽河口南景区(鸳鸯沟)水样进行了监测,监测项目为石油类。2013 年 10 月 21 日,盘锦市环境保护监测站出具监测报告,检测结果为水样中石油类 0.27 毫克/升。赵某等 5 人陈述,事发后并未对死虾进行打捞和保全证据,将剩余的活虾打捞销售。

钻井平台由中国石油集团长城钻探工程有限公司钻井二公司(以下简称"钻井二公司")经营管理,所属双兴 1 井井站位于涉案鱼塘周边。

赵某等 5 人以钻井平台发生石油泄漏事故,大量石油污染了其承包的养殖区域,给其造成重大经济损失为由,请求法院判令钻井二公司赔偿赵某等 5 人因环境污染造成的各项经济损失 50 万元。

### 2. 争议焦点

(1)钻井二公司是否存在污染赵某等 5 人承包水域的行为。

(2)赵某等 5 人是否存在经济损失。

（3）钻井二公司的行为与赵某等5人的损失是否存在因果关系。

3. 法院裁判要旨

该案属于因水污染引起的民事赔偿案件。对于此类案件,我国法律规定钻井二公司承担责任的条件是:① 钻井二公司实施了污染行为;② 赵某等5人受到损害;③ 二者有因果关系。对于上述条件的举证责任,我国法律规定因果关系的举证责任由钻井二公司承担,但钻井二公司实施了污染行为和赵某等5人受到损害,仍然由赵某等5人承担举证责任。

一审庭审中,赵某等5人始终不能证明钻井二公司有污染水体的行为以及自己存在损失的事实。即使监测报告中显示污染水体的物质为石油,赵某等5人也不能以此证明水体中的石油类物质来源于钻井二公司的井站。另外,提供的若干照片显示仅有少数几只漂浮在水面的死虾,据此不能确定双兴1井存在损害结果。因此,赵某等5人的证据未形成完整的证据链条,不能证明双兴1井发生石油泄漏事故。

与此相对,钻井二公司的证据能够证明在诉争期内,双兴1井在作业过程中严格遵守操作规程,没有发生任何污染行为,即使赵某等5人存在损害后果,也与钻井二公司无因果关系。综上所述,原审法院认为赵某等5人提供的证据不足以证明双兴1井在诉争期内发生了石油泄漏事故。判决钻井二公司所属的双兴1井钻井平台在诉争期内没有发生原油泄漏事故。

赵某等5人提起上诉,请求撤销一审判决,依法改判钻井二公司赔偿赵某等5人因环境污染造成的各项经济损失50万元。二审法院认为上诉人提交的证据缺乏证明力,仍旧不能证明石油泄漏事故的发生。原审判决认定事实清楚,适用法律正确,判决驳回上诉,维持原判。

### 三、法律适用① (表4.20)

**表4.20　水污染责任纠纷上诉案法律适用分析**

| 法律名称 | 具体条款 | 适用方式 |
|---|---|---|
| 《中华人民共和国侵权责任法》(已废止) | 第六十五条:因污染环境造成损害的,污染者应当承担侵权责任 | 上诉人赵某等5人应就其存在损害事实承担举证责任,即:① 涉案鱼塘受到了污染;② 塘内养殖的鱼、虾、蟹死亡;③ 具体损失数额。需要提供证据证明钻井二公司存在污染行为 |

---

① 需要说明的是,该案纠纷的起源可追溯至2013年,而最终的生效裁判文书于2016年由辽宁省辽河中级人民法院作出。在审理过程中,法院严格遵循了当时有效的《中华人民共和国民事诉讼法》(2012修正)及相关司法解释进行裁判。尽管《中华人民共和国民事诉讼法》分别在2017年、2021年、2023年经历了多次修正,《最高人民法院关于民事诉讼证据的若干规定》(法释〔2008〕18号)也在2019年进行了修正,但该案涉及的法律法规并未发生根本性的变化。

| 法律名称 | 具体条款 | 适用方式 |
|---|---|---|
| 《最高人民法院关于民事诉讼证据的若干规定》（法释〔2008〕18号） | 第二条：当事人对自己提出的诉讼请求所依据的事实或者反驳对方诉讼请求所依据的事实,有责任提供证据加以证明 | 上诉人赵某等5人应就其存在损害事实承担举证责任,即：① 涉案鱼塘受到了污染；② 塘内养殖的鱼、虾、蟹死亡；③ 具体损失数额。需要提供证据证明钻井二公司存在污染行为 |
| | 第四条：下列侵权诉讼,按照以下规定承担举证责任：（三）因环境污染引起的损害赔偿诉讼,由加害人就法律规定的免责事由及其行为与损害结果之间不存在因果关系承担举证责任 | 如果上诉人赵某等5人完成了初步的举证责任,举证责任部分转移到被上诉人,即钻井二公司需要证明免责事由或其行为与损害结果之间不存在因果关系 |
| 《最高人民法院关于适用〈中华人民共和国民事诉讼法〉的解释》 | 第九十条：当事人对自己提出的诉讼请求所依据的事实或者反驳对方诉讼请求所依据的事实,应当提供证据加以证明,但法律另有规定的除外。在作出判决前,当事人未能提供证据或者证据不足以证明其事实主张的,由负有举证证明责任的当事人承担不利的后果 | |

　　法院依据上述法律规定,对双方当事人的举证责任进行了分配,如图4.8所示,并据此对案件进行了审理和判决。最终,由于上诉人未能提供充分证据证明钻井二公司所属钻井平台发生了石油泄漏事故,法院驳回了上诉,维持原判。二审案件受理费8 800元,由赵某等5人承担。

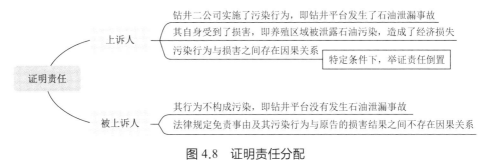

**图4.8　证明责任分配**

## 四、证据分析

　　在该案中,当事人提交的证据的证明力对裁判结果产生了决定性的影响。以下是对各方提交证据的证明力分析及其对裁判结果的具体影响。

### （一）上诉人提交的证据及其证明力

上诉人赵某等 5 人向二审法院共提交了 11 组证据,部分证据被法院采纳,部分证据因存在瑕疵未被采纳,如表 4.21 所列。

表 4.21　证据分析及法院采纳情况

| 序号 | 证据名称 | 证明目的 | 法院采纳情况 |
|---|---|---|---|
| 1 | 苇塘养殖联包合同 1 份、转包合同 1 份、承包费收据 1 张 | 证明涉案鱼塘是由张某承包给晏某,再经晏某转包给赵某等 5 人的,赵某等 5 人是涉案鱼塘的承包人 | 未被采纳;因原审已认定了赵某等 5 人的承包者身份,而钻井二公司未对此提出异议,故该证据与争议焦点无关,法院不予采纳 |
| 2 | 《关于养殖户赵殿发养殖池出现鱼类死亡一事情况说明》1 份 | 证明水体污染事实的存在 | 未被采纳;该组证据仅仅是对案件的处理过程的记录,不能证明是钻井二公司对涉案水域造成了污染,法院不予采纳 |
| 3 | 海监局拍摄的现场照片 80 张 | 证明水体污染事实的存在 | 法院采纳;第 3、第 4 组证据只能反映双兴 1 井井场周围的情况,不能证明钻井二公司存在污染行为,法院不予采纳 |
| 4 | 2013 年 9 月拍摄的 1 号井场向鱼塘排污的照片 1 张 | 证明钻井二公司未按照规定防止污染而直接向水体排污 | |
| 5 | 监测报告 1 份 | 证明赵某等 5 人承包的 700 亩水体被石油污染,虾、蟹不能销售,产生经济损失 | 未被采纳;因钻井二公司对其真实性无异议,法院确认其真实性,但不能因此证明赵某等 5 人存在经济损失 |
| 6 | 盘山县东郭镇欢喜岭海参养殖技术中心收款收据 2 张、盘锦海林水产养殖有限公司收据 2 张、欠条 1 张、挖掘机收据 1 张 | 证明赵某等 5 人投入蟹苗 61 500 元、虾苗 100 800 元、人工 15 800 元、挖掘机费用 85 000 元,总计 263 100 元 | 未被采纳;第 6、第 7 组证据因形式要件欠缺,不能证明赵某等 5 人的经济损失,且钻井二公司提出异议,法院不予采纳 |
| 7 | 赵某等 5 人自书的投入清单 1 份 | 证明赵某等 5 人对受污染的 700 亩鱼塘投入资金 | |
| 8 | 证人李某证言 | 证明赵某等 5 人为双兴 1 井周围鱼塘的承包人,赵某从受污染的鱼塘打捞的鱼、虾有油味,无法销售 | |

| 序号 | 证据名称 | 证明目的 | 法院采纳情况 |
|---|---|---|---|
| 9 | 证人李某江证言 | 证明赵某等 5 人为鱼塘承包人,2013 年 9 月鱼塘被油井污染,因涨潮落潮,相通水体被污染,赵某等 5 人提交的排污管照片真实,李某为旅游区厨师,钻井二公司油井在赵某等 5 人承包的水域内 | 未被采纳;第 8 至第 11 组证据因钻井二公司对该 4 组证人的身份和职务提出异议,又无其他证据对其证明内容予以佐证,法院不予采纳 |
| 10 | 证人李某聪证言 | 证明赵某等 5 人承包的鱼塘在 2013 年全部水域为连通的,坝中间有断口,一处污染则其他全部污染;赵某等 5 人向鱼塘投入了大量鱼、虾、蟹,钻井二公司的井场排油污染赵某等 5 人承包的鱼塘,造成鱼、虾、蟹饲养无价值,放弃养殖 | |
| 11 | 证人裴某证言 | 证明 2013 年因油污染造成鱼塘内的虾有油味,无法销售 | |

对于其中部分证据,做如下说明。

第 5 组证据:监测报告。

盘锦市环境保护监测站于 2013 年 10 月 21 日出具监测报告,检测结果为水样中石油类 0.27 毫克/升。赵某等 5 人用于证明其承包的 700 亩水体被石油污染,虾、蟹不能销售,产生经济损失。因钻井二公司对其真实性无异议,法院确认其真实性,但监测报告不能证明水体中的石油类物质来源于钻井二公司的井站,也不能因此证明赵某等 5 人存在经济损失。

【说明:监测报告属于鉴定意见,是由专业机构或专家出具的对技术性问题的分析和判断。其科学性、客观性和鉴定机构的资质影响其证明力。】

第 8 至第 11 组证据:证人证言。

欲证明赵某等 5 人为鱼塘承包人,其承包鱼塘被钻井二公司的井场排油污染,导致承包区域内的养殖物饲养无价值,无法销售。但因钻井二公司对该 4 组证人的身份和职务提出异议,赵某等 5 人又无其他证据对其证明内容予以佐证,故法院不予采纳。

【说明:证人证言是对案件事实的客观陈述,要依法取得。证人只是对自己耳闻目睹的情况进行陈述,具有很强的主观性,不需要也不能对这些事实进行分析和评价。审理时,必须结合案件的其他证据进行认真严格的审查核实,否则证人证言不能作为定案的根据。证人证言的合法性和相关性决定了其证明力。】

**(二)被上诉人提交的证据及其证明力**

被上诉人钻井二公司向二审法院共提交了 4 组证据,均未被采纳,如表 4.22 所列。

表 4.22　证据分析及法院采纳情况

| 序号 | 证据名称 | 证明目的 | 法院采纳情况 |
|---|---|---|---|
| 1 | 开钻通知书 3 份 | 证明每次开钻都经过勘探项目管理部的组织验收,具备开钻条件 | 未被采纳;第1、第2组证据只是反映双兴1井钻机设备、动力源、具体作业行为等的应然状态,不能反映实际情况,法院不予采纳 |
| 2 | ZJ90DB 钻机操作手册、ZJ90DB 钻机固控系统使用说明书、双兴 1 井钻井工程设计、临时供用电合同、中国石油辽河油田勘探项目管理部出具的证明 | 证明 ZJ90DB 钻机属于全自动智能钻机,水、电、气、液全部通过管线在罐体之间循环,不存在污染物排放到地面的可能;ZJ90DB 钻机固控循环系统能够将井口出来的包括泥浆在内的全部钻井液通过渡槽和管线输送到净化设备中循环净化,而后通过泥浆加重系统将泥浆等钻井液输送至井口,包括泥浆在内的全部钻井液不存在排放到地面的可能;双兴1井属于预探井,设计是严格按照法律法规及行业标准进行的,符合环保要求;施工过程中并未使用含油类的处理剂,也未造成污染,该井的勘探目的层未发现油气显示,未进行试油作业;双兴1井的动力来源为辽宁省电力有限公司盘锦供电公司的供电,并没有使用柴油类等油类驱动发电机供电,故不存在柴油等油类的污染 | |
| 3 | 双兴 1 井井场平面图、临时占用土地协议书、双兴 1 井现场照片 20 张 | 证明双兴1井井场四周的防火沟属于钻井二公司临时占用土地的一部分,是构筑防污堤坝形成的,防火沟外是苇塘而非鱼塘,井台西侧摆放的是临时办公用房;双兴1井临时占用的土地属于盘锦市东郭苇场而非赵某等5人;双兴1井井场内的 ZJ90DB 钻机各罐体之间都是用管线连接的;井场周围是苇塘,不存在较大面积的深水区,不属于养殖区域;柴油罐下铺设了防渗塑料布,防止柴油渗透到地面;井场周围构筑了防污堤坝,防止污染物流出井场 | 未被采纳;不能证明不存在污染行为,且赵某等5人予以否定,法院不予采纳 |
| 4 | 双兴 1 井现场方位照片 9 张、双兴 1 井生活区照片 19 张、损害事实照片 12 张、取水点照片 24 张、鸳鸯沟景区水面照片 4 张 | 证明双兴1井井场的中间、东面、西面(会议室和住井房)及南面所摆放的设备;井场四周构筑有防污堤坝;在双兴1井井场西侧外是井队的生活区,距离井台有较远一段距离,井台与生活区之间由一条道路连接,将生活区与苇塘隔开,生活区水面上的污物属于生活垃圾和厨房油烟;赵某等5人所称的死鱼、死虾只有一两条,且都是在双兴1井井台周围的防污堤坝旁,照片中的死虾不属于草虾;辽河口海洋局所提取的水样全部来自双兴1井井台周围的防火沟内和井台上;大面积水面在鸳鸯沟景区范围内,属于鸳鸯沟景区,距离双兴1井很远 | 未被采纳;不能支持其证明目的,且赵某等5人予以否定,法院不予采纳 |

对于其中部分证据,做如下说明。

第 2 组证据:说明书、合同及证明。

显示双兴1井属于预探井,设计是严格按照法律法规及行业标准进行的,符合环保要求。施工过程中并未使用含油类的处理剂,也未造成污染,该井的勘探目的层未发现油气显示,未进行试油作业。证明双兴1井作业过程中包括泥浆在内的全部钻井液不存在污染物排放到地面的可能。只是反映双兴1井钻机设备、动力源、具体作业行为等的应然状态,不能反映实际情况,与其主张关联度不高,法院不予采纳。

**（三）证明力对裁判结果的影响**

（1）证据不足导致的不利裁判:上诉人因证据不足,未能说服法院支持其主张。

（2）法院对证据的综合评估:法院对双方提交的证据进行了综合评估,认为上诉人未能满足举证责任。法院最终驳回了上诉请求,维持原判,即认为钻井二公司所属的双兴1井钻井平台在诉争期内没有发生石油泄漏事故。

# 案例九：王某全、徐某等与眉山金梦石化有限公司等水污染责任纠纷

## 一、案件基本信息

案号:（2020）川1403民初742号;

审理法院:四川省眉山市彭山区人民法院;

案　　由:水污染责任纠纷;

当事人:原告:王某全、徐某、王某;

被告:眉山金梦石化有限公司、中国石油天然气股份有限公司四川眉山销售分公司;

法律风险识别:管道漏油（石油泄漏污染地下水事故）引起的损害赔偿诉讼;

裁判日期:2021年6月8日。

## 二、案件事实

### 1. 事件概述

原告王某全与徐某系夫妻关系,王某系二人之婚生女,原告的房屋坐落于彭山区××镇××村××组。新蜀油库位于该房屋附近,其作为共同出资建设的油库,由两部分权属资产组成,中国石油天然气股份有限公司四川眉山销售分公司（以下简称"中石油天然气眉山公司"）和眉山金梦石化有限公司（以下简称"金梦公司"）各拥有50%的资产产权。二被告经协商达成一致,即分别管理新蜀油库10年,确定2013年5月4日前由中石油天然气眉山公司管理,2013年5月4日后由金梦公司管理。为此,双方于2013年5月4日签订《新蜀油库资产委托管理协议》。原告陈述,新蜀油库管道漏油导致地下水被石油污染,被告向其供应桶装饮用水和支付用水补助。2009年被告石油泄漏,

污染了水源,导致原告至今无法养殖,严重影响了原告的生产生活,故提起诉讼。

另查明,2016 年 5 月至 2017 年 8 月,被告金梦公司每日按照 8 桶水的标准向原告支付用水补助,2017 年 9 月至 2020 年 3 月,金梦公司按每月 1 500 元的标准支付原告用水标准。对此,原告予以确认。

再查明,2019 年 12 月 9 日,金梦公司为原告缴纳了自来水安装初装费;2020 年 6 月 2 日自来水管道安装完毕,原告于 2020 年 7 月开通自来水。另外,经向环保部门了解,在双方发生纠纷时未向其反映情况。

2. 争议焦点

(1)原告主张是否超过诉讼时效。

(2)该案是否构成水污染侵权责任纠纷。

(3)原告的主张是否成立。

3. 法院裁判要旨

原告、被告发生纠纷是在 2009 年,原告认为被告油库管道泄漏,导致地下水被石油污染。原告、被告之间的法律事实发生在 2021 年 1 月 1 日《民法典》施行前,虽然该纠纷持续至《民法典》施行后,但双方系因《民法典》施行前的法律事实引起的民事纠纷案件,且当时《中华人民共和国合同法》(已废止)及《中华人民共和国担保法》(已废止)有规定,故根据《最高人民法院关于适用〈中华人民共和国民法典〉时间效力的若干规定》第二条"民法典施行前的法律事实引起的民事纠纷案件,当时的法律、司法解释有规定,适用当时的法律、司法解释的规定,但是适用民法典的规定更有利于保护民事主体合法权益,更有利于维护社会和经济秩序,更有利于弘扬社会主义核心价值观的除外"的规定,该案适用当时的法律和司法解释的规定。

该案属于因环境污染引起的损害赔偿案件,被侵权人请求赔偿的,应当提供证明以下事实的证据材料:① 污染者排放了污染物;② 被侵权人的损害;③ 污染者排放的污染物或者其次生污染物与损害之间具有关联性。依据上述规定,原告主张水污染责任纠纷,应就被告公司存在污染行为、自己遭受了损害承担举证责任。该案中,根据原告所举证据,原告并未提交地下水因石油泄漏导致污染的水样检测报告,也未提交环保部门相关的处理意见或者处罚决定,虽然原告提交了金梦公司出具的《情况说明》、村委会出具的《说明》以及二被告向原告供水的事实,但均非能够证明新蜀油库存在管道泄漏的直接证据。至于原告提交的瓶装水水样,因非相关专业机构采样,且无相应的水样检测报告,故该样品不能作为该案的定案依据。即使在查看现场抽取地下水时,空气中有油味、水坑中有油珠,但也不能由此推定原告房屋处地下水因新蜀油库管道泄漏被石油污染的事实。综上所述,法院认为原告主张证据不足,该案不构成水污染侵权责任纠纷。

## 三、法律适用 ①（表 4.23）

表 4.23　水污染责任纠纷案法律适用分析

| 法律名称 | 具体条款 | 适用方式 |
|---|---|---|
| 《中华人民共和国民事诉讼法》（2017 修正） | 第六十四条第一款：当事人对自己提出的主张，有责任提供证据 | 原告需要提供证据证明被告确实实施了侵权行为，并致使其受到损害，被告需要提供证据证明其不存在侵权行为 |
| 《中华人民共和国侵权责任法》（已废止） | 第六十五条：因污染环境造成损害的，污染者应当承担侵权责任。第六十六条：因污染环境发生纠纷，污染者应当就法律规定的不承担责任或者减轻责任的情形及其行为与损害之间不存在因果关系承担举证责任 | 如果原告完成了初步的举证责任，举证责任部分转移到被告，其需要证明免责事由或其行为与损害结果之间不存在因果关系 |
| 《最高人民法院关于审理环境侵权责任纠纷案件适用法律若干问题的解释》（已废止） | 第六条：被侵权人根据侵权责任法第六十五条规定请求赔偿的，应当提供证明以下事实的证据材料：（一）污染者排放了污染物；（二）被侵权人的损害；（三）污染者排放的污染物或者其次生污染物与损害之间具有关联性 | 原告主张水污染责任纠纷，应就被告公司存在污染行为、自己遭受了损害承担举证责任 |
| 《最高人民法院关于适用〈中华人民共和国民事诉讼法〉的解释》（法释〔2020〕20 号） | 第九十条：当事人对自己提出的诉讼请求所依据的事实或者反驳对方诉讼请求所依据的事实，应当提供证据加以证明，但法律另有规定的除外。在作出判决前，当事人未能提供证据或者证据不足以证明其事实主张的，由负有举证证明责任的当事人承担不利的后果 | 原告证据不充分，导致最终败诉 |
| 《最高人民法院关于适用〈中华人民共和国民法典〉时间效力的若干规定》 | 第二条：民法典施行前的法律事实引起的民事纠纷案件，当时的法律、司法解释有规定，适用当时的法律、司法解释的规定，但是适用民法典的规定更有利于保护民事主体合法权益，更有利于维护社会和经济秩序，更有利于弘扬社会主义核心价值观的除外 | 原告、被告于 2009 年发生纠纷，原告、被告之间的法律事实也发生在 2021 年 1 月 1 日《中华人民共和国民法典》施行前，虽然该案持续至民法典施行后，但双方系因民法典施行前的法律事实引起的民事纠纷案件，且当时合同法及担保法有规定，故该案适用当时的法律和司法解释的规定 |

---

① 需要说明的是，该案纠纷的起源可追溯至 2009 年，而最终的生效裁判文书于 2021 年由四川省眉山市彭山区人民法院作出。在审理过程中，法院严格遵循了当时有效的《中华人民共和国民事诉讼法》（2017 修正）及相关司法解释进行裁判。尽管《中华人民共和国民事诉讼法》分别在 2021年、2023 年经历了修正，《最高人民法院关于适用〈中华人民共和国民事诉讼法〉的解释》（法释〔2020〕20 号）也在 2022 年进行了修正，但该案涉及的法律规定并未发生实质性的变化。

法院依据上述法律规定,对双方当事人的举证责任进行了分配,如图4.9所示,并据此对案件进行了审理和判决。最终,由于原告未能提供充分证据证明被告的排污行为与损害结果之间具有关联性,法院驳回了原告的诉讼请求。

图4.9 证明责任分配

## 四、证据分析

在该案中,当事人提交的证据的证明力对裁判结果产生了重要的影响。以下是对各方提交证据的证明力分析及其对裁判结果的具体影响。

### (一)原告提交的证据及其证明力

原告王某全、徐某、王某向法院共提交了11组证据,部分证据被法院采纳,部分证据未被采纳,如表4.24所列。

表4.24 证据分析及法院采纳情况

| 序号 | 证据/证言 | 证明目的 | 法院采纳情况 |
|---|---|---|---|
| 1 | 户口本复印件 | 原告王某全与徐某系夫妻关系,王某系二人之婚生女 | 法院采纳 |
| 2 | 二被告的企业信用信息公示报告 | 证明二被告为合法存续的公司 | 法院采纳 |
| 3 | 城乡(镇)居民建设用地许可证 | 证明原告为从事养殖业(养猪)建设的房子为合法建设所取得 | 法院采纳 |
| 4 | 集体土地使用证 | 证明原告居住的房屋为合法建设所取得 | 法院采纳 |
| 5 | 金梦公司于2020年3月30日出具的《情况说明》1份 | 证明因新蜀油库管道漏油,导致地下水被石油污染,被告才向其供应桶装饮用水和支付用水补助 | 未被采纳;仅能证明二被告向原告供水的事实,但不能证明新蜀油库存在管道泄漏 |
| 6 | 彭山区观音街道梓桐村村民委员会出具的《证明》1份 | 证明新蜀油库管道漏油,导致地下水被石油污染 | 未被采纳 |

| 序号 | 证据/证言 | 证明目的 | 法院采纳情况 |
|---|---|---|---|
| 7 | 瓶装水样品 | 证明地下水被石油污染 | 未被采纳;原告提交的瓶装水水样,因非相关专业机构采样,且无相应的水样检测报告,故该样品不能作为该案定案依据 |
| 8 | 原告王某全提交的村社及观音镇畜牧兽医站、观音镇政府、彭山区畜牧局、彭山区国土资源局均盖章同意的《申请》1份 | 证明原告申请建房从事养殖业(养猪)受到有关单位批准 | 未被采纳;原告提交了建猪场申请,但未办理生猪养殖场相关批准手续和备案,且无证据证明其取得了养殖许可 |
| 9 | 收费收据 | 证明原告收到了被告每个月的用水补助 | 法院采纳;被告金梦公司从2016年5月至2017年8月,每日按照8桶水的标准向原告支付用水补助,并从2017年9月至2020年3月,金梦公司按每月1 500元的标准支付原告用水标准。对此,原告予以确认 |
| 10 | 村主任及村民出具的《情况说明》 | 证明原告取得了养殖许可,并一直从事养殖业,由于地下水受到污染导致无法继续从事养殖 | 未被采纳;原告并无证据证明其取得了养殖许可。村主任及村民证明其实际在养猪,但也只证明其养殖到2009年年底,而在2009年发生纠纷后至今,原告未继续进行养殖,不能证明是由于地下水受到污染导致无法继续从事养殖活动,故不予采纳 |
| 11 | 养殖场照片、养殖场现状及取水视频 | 证明原告曾经实际进行了养殖,现今由于地下水受到污染无法继续从事养殖 | 未被采纳;原告提交的养殖场照片、养殖场现状及取水视频,仅能证明瓶装水样品是由原告房屋的地下水所取得,因非相关专业机构采样,且无相应的水样检测报告,故该样品不能作为该案定案依据 |

对于其中部分证据,做如下说明。

第7、第11组证据:瓶装水样品、养殖场照片、养殖场现状及取水视频。

两组证据用于证明地下水水源被石油污染,导致原告无法继续从事养殖活动。但两组证据仅能直观显示水样存在异常,因该证据为非相关专业机构进行的采样,且无相应的水样检测报告。证据的真实性、合法性存疑,需要配合专业检测报告才具有完全的法律效力,故证明力不足,不予作为定案依据。

### （二）被告提交的证据及其证明力

金梦公司、中石油天然气眉山公司向法院共提交了 8 组证据，均被法院采纳，如表 4.25 所列。

表 4.25　证据分析及法院采纳情况

| 序号 | 证据名称 | 证明目的 | 法院采纳情况 |
|------|----------|----------|--------------|
| 1 | 营业执照复印件 | 证明其是合法存续的公司 | 法院采纳 |
| 2 | 油管走向平面图 | 证明金梦公司的石油管道没有发生过油品泄漏事件，没有污染发生 | 法院采纳；平面图显示公司管道与原告的住房有一定的安全距离，而雅石司油库的管道从原告房屋附近经过 |
| 3 | 《工业管道定期检验报告》 | 证明油库管道是安全的，不存在原油泄漏的事实 | 法院采纳 |
| 4 | 四川省中晟环保科技有限公司出具的《检测报告》 | 证明原告房屋所处的地下水未被石油污染 | 法院采纳 |
| 5 | 自来水开户费收条 | 证明金梦公司系为响应政府号召，履行企业的社会责任，为原告缴纳了自来水安装初装费 | 法院采纳 |
| 6 | 彭山区观音街道畜牧兽医站出具的《情况说明》 | 证明王某全自 1999 年至今未在该站办理生猪养殖场相关批准手续和备案 | 法院采纳 |
| 7 | 营业执照 | 证明被告中石油天然气眉山公司系合法存续的公司 | 法院采纳 |
| 8 | 《新蜀油库资产委托管理协议》 | 证明新蜀油库作为合资油库，由中石油天然气眉山公司和金梦公司各拥有 50% 的资产产权。二被告经协商达成一致，即分别管理新蜀油库 10 年，确定 2013 年 5 月 4 日前由中石油天然气眉山公司管理，2013 年 5 月 4 日后由金梦公司管理 | 法院采纳；被告中石油天然气眉山公司与被告金梦公司签订了协议，从 2013 年起中石油天然气眉山公司已将油库的经营权移交给金梦公司。金梦公司从 2013 年起全面负责新蜀油库的所有事务，在此期间从未有任何人因环境侵权的问题向中石油天然气眉山公司提出过诉求，也未听说新蜀油库有石油泄漏的情况。金梦公司在其经营期间与原告有任何的协议，与中石油天然气眉山公司无关，中石油天然气眉山公司不认可，也不承担任何责任 |

对于其中部分证据,做如下说明。

第 4 组证据:四川省中晟环保科技有限公司出具的《检测报告》。

该证据显示水样系金梦公司从村委会、王某平、卢某处抽取,为证明地下水未被石油污染。

【说明:该证据属于检测机构出具的报告,因检测机构与被告之间存在委托关系,检测机构的独立性与专业性影响该证据的证明力。】

### (三)证据证明力综合分析

(1)证据的充分性:原告提供的证据包括户口本复印件、二被告企业信用信息公示报告、城乡(镇)居民建设用地许可证、集体土地使用证、金梦公司出具的《情况说明》、村民委员会出具的《证明》、瓶装水样品、《申请》、收费收据、村主任及村民出具的《情况说明》、养殖场照片、养殖场现状及取水视频等。这些证据在一定程度上证明了原告的身份、居住情况、养殖情况以及被告对原告提供用水补助的事实。然而,对于地下水污染的直接证据,如水质检测报告,原告并未提供,导致证据在充分性上存在不足。被告虽提供了管道安全证明,但未能完全反驳原告的主张。

(2)证据的客观性:原告提供的瓶装水样品、养殖场照片和视频等,虽然直观反映了现场情况,但由于缺乏第三方权威机构的检测和认证,其客观性受到质疑。特别是瓶装水样品,由于是非专业机构采样且无相应的水样检测报告,法院未将其作为定案依据。被告证据虽有第三方出具,但可能存在利益关联,证明力较弱。

(3)证据的关联性:原告提供的证据与案件的争议焦点地下水是否因被告的油库管道泄漏受到污染具有一定的关联性。例如,《情况说明》和《证明》显示了被告因可能的污染向原告提供用水补助的事实,这与原告主张的污染问题有直接关联。但是,由于缺乏直接证据证明污染与被告行为之间的因果关系,关联性较弱。相较之下,被告证据关联性较强。

### (四)证明力对裁判结果的影响

(1)证据不足导致的不利裁判:由于缺乏直接证据证明地下水污染与被告行为之间的因果关系,原告未能充分证明其主张,导致法院未能支持其关于污染损害赔偿的请求。

(2)证据优势导致的有利裁判:尽管原告未能完全证明其主张,但被告金梦公司在《情况说明》中承认了向原告支付用水补助的事实,法院据此判决金梦公司继续支付用水补助。

(3)法院对证据的综合评估:法院在审理过程中,对原告提供的证据进行了综合评估,认为原告的证据在充分性和客观性上存在不足,未能形成完整的证据链,因此,未能完全支持原告的诉讼请求。

## 案例十：中国石油化工股份有限公司胜利油田分公司河口采油厂、王某水污染责任纠纷上诉案

### 一、案件基本信息

案号：(2017)鲁05民终321号；

审理法院：山东省东营市中级人民法院；

案由：水污染责任纠纷；

当事人：上诉人(原审被告)：中国石油化工股份有限公司胜利油田分公司河口采油厂；

上诉人(原审原告)：王某、李某；

法律风险识别：管道漏油引起的损害赔偿诉讼；

裁判日期：2018年12月25日。

### 二、案件事实

1. 事件概述

2014年1月，刘某在接受东营鑫大地化工有限公司委托管理涉案土地期间，与王某、李某签订了包括涉案土地在内的7 500亩虾池承包合同。2014年6月26日，河口采油厂四矿一队油污管线破裂，造成涉案水域污染，养殖的虾大面积死亡。事故发生后，东营市河口区海洋与渔业局委托国家海洋局东营海洋环境监测站、东营市海洋与渔业环境监测中心对污染水域及对比水域进行了采样化验。证实污染水域采样点水质在COD、石油类、pH、盐度含量上均超出对比水源的含量。后经新户镇油区工作办公室多次协调，河口采油厂与王某、李某未达成赔偿意见。

王某、李某向原审法院提起诉讼，请求判令河口采油厂赔偿因水污染造成的损失2 000 000元并承担诉讼费、评估费及其他费用。

2. 一审法院总结的争议焦点

(1)王某、李某是否对受污染的虾池有使用权。

(2)涉案虾池的污染程度和面积。

(3)涉案虾池因污染造成的损失数额是多少。

(4)在虾池污染一事中，王某、李某是否存在过错。

3. 二审法院总结的争议焦点

(1)上诉人王某、李某是否是该案的适格当事人。

(2)因污染造成的损失如何计算。

### 4. 一审法院裁判要旨

一审法院认定的事实:2014 年 6 月 25 日,被告所属四矿一队一管线发生泄漏,污染邻近虾池。一审法院经审理认为,因污染环境造成损害的,污染者应承担侵权责任,故对王某、李某要求河口采油厂赔偿其损失的请求予以支持。被侵权人对损害的发生也有过错的,可以减轻侵权人的责任。王某、李某如果遵守辖区规定,在油田生产公路 5 米以外自行筑坝,那么即使管线发生泄漏,虾池被污染的可能性及污染面积、污染程度均会降低,而王某、李某违反辖区关于水产养殖的规定,以公路代坝进行养殖,其对污染损害结果存在较大过错。综合考虑该案,酌定减轻河口采油厂 45% 的赔偿责任。河口采油厂赔偿王某、李某损失数额为 2 176 363.64×(1-45%)=1 197 000 元。

### 5. 二审法院裁判要旨

二审法院认为一审法院部分事实认定有误,应予改正。一审法院、一审鉴定机构对涉案水域面积未予查验核实,仅以河口区海洋与渔业局出具的说明认定涉案水域面积为 600 亩,缺少事实依据,依该面积计算所得的养殖损失不能作为认定涉案水域养殖损失的依据。二审中,东营天正不动产房地产资产评估测绘有限公司在双方当事人现场见证下对涉案水域进行了测绘,结合一审提供的涉案水域卫星云图及水质测量采样范围,认定受污染水域面积为 377.96 亩。依据东营天正不动产房地产资产评估测绘有限公司的测量报告、山东海润德公估有限公司价格评估报告书计算涉案受污染水域 2014 年销售收入为 58×377.96×40=876 867.2 元,后期成本为 377.96×285=107 718.6 元,涉案受污染水域因本次污染事故造成的损失为 876 867.2-107 718.6=769 148.6 元。上诉人河口采油厂的输油管线泄漏造成污染,导致涉案水域养殖品受损,依法应当承担损害赔偿责任。上诉人王某、李某长期在事故发生地从事养殖业,对河口区人民政府办公室发布东河政办发〔2001〕58 号文应当知晓,对以路代坝进行养殖所面临的风险应当有所预见,其在养殖过程中未采取相应的防护措施,对污染事故造成的损失应承担相应的过失责任。一审法院酌情认定上诉人王某、李某对损失承担 45% 责任并无不当。上诉人河口采油厂依法应当赔偿上诉人王某、李某的损失数额为 769 148.6×(1-45%)≈423 031.7 元。

### 三、法律适用<sup>①</sup>（表 4.26）

表 4.26　水污染责任纠纷上诉案法律适用分析

| 法律名称 | 具体条款 | 适用方式 |
|---|---|---|
| 《中华人民共和国民事诉讼法》（2017 修正） | 第六十四条第一款：当事人对自己提出的主张,有责任提供证据 | 上诉人王某和李某需要提供证据证明河口采油厂实施了污染行为以及他们自身受到了损害 |
| 《最高人民法院关于民事诉讼证据的若干规定》 | 第二条：当事人对自己提出的诉讼请求所依据的事实或者反驳对方诉讼请求所依据的事实有责任提供证据加以证明 | 上诉人王某和李某需要提供证据证明河口采油厂实施了污染行为以及他们自身受到了损害 |
| | 第四条：下列侵权诉讼,按照以下规定承担举证责任：<br>(三)因环境污染引起的损害赔偿诉讼,由加害人就法律规定的免责事由及其行为与损害结果之间不存在因果关系承担举证责任 | 河口采油厂需要提供证据证明免责事由或其行为与损害结果之间不存在因果关系 |

### 四、证据分析

在该案中,当事人提交的证据的证明力对裁判结果产生了重要的影响。以下是对各方提交证据的证明力分析及其对裁判结果的具体影响。

#### （一）上诉人河口采油厂提交的证据及其证明力

1. 上诉人河口采油厂一审提交的证据及其证明力

经公开二审判决书已知,中国石油化工股份有限公司胜利油田分公司河口采油厂向原一审法院提交了如下证据,下述已知的证据部分被法院采纳,部分未予分析,如表 4.27 所列。

表 4.27　证据分析及法院采纳情况

| 序号 | 证据名称 | 证明目的 | 法院采纳情况 | 一审法院查明、认定的事实 |
|---|---|---|---|---|
| 1 | 河口区政府〔2001〕58 号文件 | 证明王某、李某作为当地养殖户,应当知道油田生产路下铺设有输油管线,但其没有按照文件要求在油田公路红线 5 米以外自行筑坝 | 法院采纳 | 王某、李某作为当地养殖户,没有按照政府文件要求在油田公路红线 5 米以外自行筑坝,却以油田生产路代坝,存在较大过错 |

---

① 需要说明的是,该案纠纷的起源可追溯至 2017 年,而最终的生效裁判文书于 2018 年由山东省东营市中级人民法院作出。在审理过程中,法院严格遵循了当时有效的《中华人民共和国民事诉讼法》（2017 修正）及相关司法解释进行裁判。尽管《中华人民共和国民事诉讼法》分别在 2021 年、2023 年经历了修正,《最高人民法院关于民事诉讼证据的若干规定》（法释〔2008〕18 号）也在 2019 年进行了修订,但该案涉及的法律条款并未发生根本性的变化。

| 序号 | 证据名称 | 证明目的 | 法院采纳情况 | 一审法院查明、认定的事实 |
|---|---|---|---|---|
| 2 | 涉案海堤公路土地他项权利证书（2000年） | 证明王某、李某侵占河口采油厂土地使用权 | 二审裁判文书中的原一审判决书部分未予分析 | 王某、李某未侵占河口采油厂土地使用权 |
| 3 | 东营市海洋与渔业环境监测中心的监测报告 | 证明涉案水域面积仅为407亩 | | 涉案污染水域面积约为600亩 |
| 4 | 卫星云图 | | | |

**2. 上诉人河口采油厂二审提交的证据及其证明力**

上诉人中国石油化工股份有限公司胜利油田分公司河口采油厂向原二审法院共提交了16组证据，部分证据被法院采纳，部分证据因存在瑕疵未被采纳，部分证据不能单独作为认定案件事实的证据，需结合其他证据进行认定，如表4.28所列。

表4.28 证据分析及法院采纳情况

| 序号 | 证据名称 | 证明目的 | 法院采纳情况 | 二审法院查明、认定的事实 |
|---|---|---|---|---|
| 1 | 河口采油厂大古60区块海堤公路东路宗地图 | ① 河口采油厂对《土地他项权利证明书》所载明土地具有合法使用权；② 该宗地边界和面积，宗地形态总体为长条状，宽度为100米 | 二审裁判文书未予分析，但结合二审法院认定事实的情况看，可能已经予以采纳 | 二审法院结合一审法院认定的事实：① 大古60区块海堤公路河东路系河口采油厂依划拨拥有合法使用权的生产路，其权利范围为长12.5千米、宽100米的海滩地；② 涉案虾池依路而建，未建隔离带（即油田公路红线5米以外的堤坝） |
| 2 | 《东营市国土资源局河口分局关于河口采油厂大古60区块海堤公路河东路重新测量定界情况的说明》 | | | |
| 3 | 地籍调查表 | | | |
| 4 | 河口采油厂大古60区块海堤公路东路征地图 | | | |

| 序号 | 证据名称 | 证明目的 | 法院采纳情况 | 二审法院查明、认定的事实 |
|---|---|---|---|---|
| 5 | 大古60区块海堤公路东路建设用地呈报表 | ① 王某、李某养殖池以路为坝，侵占了采油厂的土地使用权；<br>② 渗漏管线埋设于上述道路中，属采油厂合法使用权的土地范围 | 二审裁判文书未予分析，但结合二审法院认定事实的情况看，可能已经予以采纳 | 证实1994年，为便于油田的勘探开发，河口区土地管理局划拨大古60区块国有滩涂给胜利石油管理局河口采油厂用于生产路建设，1994年5月4日，胜利石油管理局批准河口采油厂建设海堤公路河东路，路基上铺设输油管道并建了一处管理站 |
| 6 | 划拨土地协议书 | | | |
| 7 | 胜油局发批字〔1994〕79号胜利石油管理局关于大王北滩海油田海堤公路工程设计任务书的批复 | | | |
| 8 | 河口采油厂大古60区块海堤公路东路宗地图 | ① 新户乡与东营市鑫大地化工有限公司签订的《原盐生产项目建设用地承包合同》（2008年签订）、《盐碱地土地承包使用合同》（2005年签订）中所涉承发包土地，部分侵占了河口采油厂大古60区块海堤公路东路征地的合法使用权，涉案养殖池侵占了采油厂的土地使用权；<br>② 结合一审提交的水质监测报告附图、采油厂提交的卫星云图、新户乡油区办出具的证明附图，涉案养殖池是有虾池坝相隔的3个水池；<br>③ 涉案3个虾池总面积为407亩；其中，侵占采油厂土地约178亩，剩余面积为229亩 | 二审裁判文书未予分析 | ① 2005年10月，东营市河口区新户乡人民政府与东营市鑫大地化工有限公司签订《盐碱土地承包使用合同》，将涉案土地在内的15 343亩盐碱地承包给东营市鑫大地化工有限公司用于原盐生产项目；2014年1月，刘某在接受东营鑫大地化工有限公司委托管理涉案土地期间，与王某、李某签订了包括涉案土地在内的7 500亩虾池承包合同；<br>② 涉案污染事故发生后，王某、李某第一时间向相关主管机关予以报案，并提交了相关承包协议及证明，河口区海洋与渔业局、河口新户镇油区工作办公室等主管机构也参与了相关化验核实及协调赔偿事宜，能够证实王某、李某系涉案水域的使用权人；<br>③ 结合现场勘查及案发时期卫星云图可证实，涉案虾池间均有隔离带 |
| 9 | 鑫大地化工有限公司承包的《原盐生产项目建设用地承包合同》中海域位置图界址点坐标表 | | | |
| 10 | 盐碱地土地承包使用合同中土地位置图界址点坐标表 | | | |
| 11 | 河口采油厂大古60区块海堤公路东路宗地图局部截取同比例尺放大图 | | | |
| 12 | 权属争议面积简图 | | | |

| 序号 | 证据名称 | 证明目的 | 法院采纳情况 | 二审法院查明、认定的事实 |
|------|----------|----------|--------------|--------------------------|
| 13 | 《对虾养殖质量安全管理技术规范》 | 一审鉴定报告中的部分技术指标没有事实依据，其技术指标的依据和计算均是错误的 | 未被采纳 | 法院认为当事人对造成损失的具体数额及计算依据均未提供明确证据予以证实，双方当事人均应对不能举证造成的后果承担相应的法律责任 |
| 14 | 《盐碱地水产养殖用水水质》 | | | |
| 15 | 《对虾池塘养殖产量验收方法》 | | | |
| 16 | 《水域污染事故渔业损失计算方法规定》（已废止） | | | |

对于其中部分证据，做如下说明。

第 1 至第 4 组证据。

该组证据证明了河口采油厂对《土地他项权利证明书》中载明的土地具有合法使用权，并明确宗地的边界和面积。通过宗地图等官方记载土地位置、权属、界线、数量和用途等基本情况的相关证明文件，可以较为清晰地展示河口采油厂对特定土地的使用权，为采油厂主张其未侵犯王某、李某权益提供了物权依据。该组证据为官方证据，客观性强，且与纷争直接相关，具有较高的证明力。

【说明：包括土地勘测定界技术报告书、土地利用现状调查图、土地登记申请书、土地登记簿、土地利用总体规划图、宗地图、征地公告等具有特别法律效力的官方文件、批复、公告。官方文件由法定机构依照严格程序制定并发布，具有法律赋予的权威性和执行力，因此，这些文件的官方性、合法性、专业性和相关性决定了其证明力。】

第 5 至第 7 组证据。

该组证据进一步强化了河口采油厂对特定土地拥有合法使用权的主张，并通过官方审批文件证明了输油管线埋设位置的合法性。同时，通过管线铺设位置与养殖池的对比，试图证明王某、李某以路为坝的养殖方式侵占了采油厂土地使用权，且污染事件发生在采油厂具有合法使用权的土地范围内。该组证据为官方内部行政流程审批手续文件，客观性强，且有官方审查作为背书，具有较高的证明力。

【说明：包括审查工作细则、土地审查报批文件、项目审批文件等具有特别法律效力的官方文件、批复、公告、决定、议案、报告、请示、批复、意见函。书面文件的官方性、合法性、专业性和相关性决定了其证明力。】

第 13 至第 16 组证据。

该组证据通过引用行业标准和技术规范，质疑一审法院所采纳的鉴定报告中部分技术指标的合理性和计算方法的准确性。尽管这些文件本身并不能直接且充分地证明案件事实且二审法院并未予以采纳，但为河口采油厂对一审法院所采纳的鉴定结论提出的质疑提供了科学、客观的依据，有助于削弱一审法院所采纳的鉴定结论的证明力。

### （二）上诉人王某、李某提交的证据及其证明力

1. 上诉人王某、李某一审提交的证据及其证明力

经公开二审判决书已知，上诉人王某、李某向一审法院共提交了7组证据，下述已知的证据均被法院采纳，如表4.29所列。

表4.29　证据分析及法院采纳情况

| 序号 | 证据名称 | 证明目的 | 法院采纳情况 | 一审法院查明、认定的事实 |
|---|---|---|---|---|
| 1 | 王某、李某与刘某签订的协议书 | 证明王某、李某对涉案虾池具有使用权 | 法院采纳 | 3份证据相互佐证，能够证实王某、李某系涉案虾池的养殖者，结合法院调查情况，能够证实王某、李某对涉案虾池土地具有使用权 |
| 2 | 东营鑫大地化工有限公司的证明 | 证明王某、李某对涉案虾池具有使用权 | 法院采纳 | |
| 3 | 河口区海洋与渔业局、新户镇油区工作办公室证明 | 证明王某、李某对涉案虾池具有使用权 | 法院采纳 | |
| | | 涉案水域污染面积约为600亩 | 法院采纳 | 原一审法院认为涉案污染发生于2014年6月，王某、李某于2014年11月向法院起诉，污染面积及污染程度的客观情况已无法再现，只能根据双方提交的证据做出判断。涉案污染发生后，河口区海洋与渔业局、东营市河口区原新户乡油区工作办公室均派工作人员到过污染现场，两单位对污染面积及污染程度的判断具有直观性。该2组证据分别证实污染面积约为600亩，涉案虾池水质情况受污染导致了虾的死亡 |
| 4 | 东营市海洋与渔业环境检测中心采样检测结果报告 | 证明涉案虾池水质含量超标几十倍，污染严重，导致养殖的虾全部死亡 | 法院采纳 | |
| 5 | 辽宁大华水资源资产评估有限公司的《鉴定报告》 | 证明王某、李某的损失为2 176 363.64元 | 法院采纳 | 涉案污染发生于2014年6月，王某、李某于2014年11月向法院起诉，因污染导致死亡的虾规格、数量已无法再现，对损失已不能客观计算，只能根据现有证据进行判断。辽宁大华水产资源资产价格评估有限公司对损失进行的鉴定不存在法律规定的无效情形，依报告书确定污染造成的损失为2 176 363.64元 |

| 序号 | 证据名称 | 证明目的 | 法院采纳情况 | 一审法院查明、认定的事实 |
|---|---|---|---|---|
| 6 | 新户乡与东营市鑫大地化工有限公司签订的《原盐生产项目建设用地承包合同》（2008 年签订） | 证明王某、李某对涉案虾场及其所涉土地所具有的使用权来源合法 | 法院采纳 | 2005 年 10 月，东营市河口区新户乡人民政府与东营市鑫大地化工有限公司签订《盐碱土地承包使用合同》，将涉案土地在内的 15 343 亩盐碱地承包给东营市鑫大地化工有限公司用于原盐生产项目；2014 年 1 月，刘某在接受东营鑫大地化工有限公司委托管理涉案土地期间，与王某、李某签订了包括涉案土地在内的 7 500 亩虾池承包合同；因此，王某、李某对涉案虾池土地具有使用权 |
| 7 | 《盐碱地土地承包使用合同》（2005 年签订） | | | |

对于其中部分证据，做如下说明。

第 1 至第 3 组证据：上诉人对虾池土地具有合法的使用权的证明。

这 3 组证据相互佐证，增强了证据的一致性和可信度，形成了强有力的证据链，明确证实了王某、李某作为涉案虾池的养殖者对虾池土地具有合法的使用权。法院调查情况后进一步支持了这一点，增强了这些证据的证明力。

【说明：协议书作为一份正式的法律文件，其本身就具有一定的法律效力。它明确了合同双方的权利和义务，是证明合同双方就某一事项达成共识的直接证据。】

第 4 组证据：东营市海洋与渔业环境检测中心采样检测结果报告。

该证据直接证实了虾池水质受到严重污染，其污染程度足以导致养殖虾类死亡，为确定污染的严重性和损失的严重性提供了关键证据。

【说明：东营市海洋与渔业环境检测中心作为专业机构，具备相应的资质和技术能力，其出具的检测报告在专业领域内具有权威性。】

第 5 组证据：辽宁大华水资源资产评估有限公司出具的鉴定报告。

尽管污染造成的具体损失难以客观计算，但该鉴定报告由专业机构依据现有证据进行评估，不存在法律规定的无效情形，故被法院采纳，为确定王某、李某因污染所受损失提供了重要依据。

【说明：辽宁大华水资源资产评估有限公司作为专业机构，具备相应的资质和技术能力，其出具的鉴定报告在专业领域内具有权威性。】

2. 上诉人王某、李某二审补充提交的证据及其证明力

上诉人王某、李某向原二审法院共提交了 1 组证据，因存在瑕疵未被采纳，如表 4.30 所列。

表4.30　证据分析及法院采纳情况

| 证据名称 | 证明目的 | 法院采纳情况 | 二审法院查明、认定的事实 |
|---|---|---|---|
| 《新户镇渔业协会对虾养殖情况介绍》复印件 | 《评估报告》（附注：王某、李某二人所指评估报告应为二审法院委托山东海润德公估有限公司对538.19亩水域2014年对虾损失鉴定结论为1 095 216.65元的评估报告）中对虾苗投放时间、虾苗生长周期、平均亩产量、养虾成本各项数据与东营当地养殖事实不符 | 未被采纳 | 二审法院认为王某、李某二人未提供证据证实该鉴定程序及结论的错误，应以二审鉴定结论作为认定案件事实的依据 |

### （三）二审法院根据上诉人河口采油厂的申请委托鉴定机构所做的鉴定及其证明力

根据上诉人中国石油化工股份有限公司胜利油田分公司河口采油厂的申请，二审法院委托鉴定机构对涉案水域面积及养殖虾的产量损失进行了重新鉴定，并予采纳，如表4.31所列。

表4.31　证据分析及法院采纳情况

| 序号 | 鉴定名称 | 鉴定结论 | 法院采纳情况 | 二审法院查明、认定的事实 |
|---|---|---|---|---|
| 1 | 东营天正不动产房地产资产评估测绘有限公司对涉案虾池面积的《测量报告》 | 一号池35.43亩，二号池212.29亩，三号池130.24亩，南池160.23亩，共计538.19亩 | 法院采纳；结合当事人在庭审中提出的涉案水域未发生较大变化的陈述及双方当事人均未提供证据证实涉案水域面积的事实，法院依法认定该测绘结果所确定的水域面积作为该案定案依据 | ① 一审鉴定机构对涉案水域面积未予查验核实，仅以河口区海洋与渔业局出具的说明认定涉案水域面积为600亩缺少事实依据；② 依据现场勘查及案发时期卫星云图可证实，涉案虾池间均有隔离带，涉案污染事故发生后，鉴定机构在一、二、三号池中采样化验，证实该水域受到污染，未对南池采样化验，不能证实南池受到污染，故对南池面积及鉴定的损失应予扣除；再结合一审提供的涉案水域卫星云图及水质测量采样范围，法院认定受污染水域为测量报告中的一、二、三号池，即受污染水域面积为377.96亩；③ 依据东营天正不动产房地产资产评估测绘有限公司的测量报告、山东海润德公估有限公司价格评估报告书计算涉案受污染水域2014年销售收入为58×377.96×40=876 867.2元，后期成本为377.96×285=107 718.6元，涉案受污染水域因本次污染事故造成的损失为876 867.2−107 718.6=769 148.6元 |
| 2 | 山东海润德保险公估有限公司对538.19亩水域2014年对虾损失的价格《评估报告书》 | 涉案538.19亩水域2014年对虾损失值为1 095 216.65元 | 法院采纳；山东海润德公估有限公司通过事故发生地当年通常的虾苗投放量、成虾产量及市场价格做出的损失鉴定结论，能够客观反映因污染导致的损失情况，双方当事人均未提供足以推翻该鉴定结论的证据 | |

对于其中部分证据,做如下说明。

第 1 组与第 2 组证据:法院委托鉴定机构所做的鉴定。

东营天正不动产房地产资产评估测绘有限公司的测量报告对涉案虾池面积进行了详细的测量,并得出了具体的面积数据。二审法院采纳了该报告,主要基于以下几点:一是测量报告的专业性和客观性,能够准确反映涉案水域的实际面积;二是双方当事人均未提供反驳该测量结果的证据;三是结合现场勘查及卫星云图等辅助证据,进一步确认了测量报告的准确性。因此,该测量报告在证明涉案水域面积方面具有较强的证明力。

山东海润德保险公估有限公司的价格评估报告书对涉案水域 2014 年对虾损失进行了评估,得出了具体的损失值。法院采纳该报告的理由主要包括评估公司基于事故发生地当年通常的虾苗投放量、成虾产量及市场价格做出的评估,方法科学、数据合理。双方当事人均未提供足够证据推翻该评估结论。因此,该评估报告在证明污染事故导致的对虾损失方面具有较高的证明力。

但法院在采纳鉴定结论的同时,也进行了必要的调整。例如,对于南池是否受到污染的问题,法院根据现场勘查和卫星云图等证据,认定南池未受到污染,故将南池面积及相应损失从总损失中扣除。在计算具体损失时,法院结合了东营天正不动产的测量报告和山东海润德的价格评估报告,通过合理的计算方法得出了涉案受污染水域因污染事故造成的具体损失数额。

鉴定结论与案件事实之间具有紧密的关联性。该案中,鉴定结论直接关系到涉案水域面积、对虾损失等关键事实的认定,对案件的最终处理结果具有重要影响。因此,鉴定结论的证明力直接关系案件事实能否得到准确认定和案件能否得到公正处理。

**(四)证据证明力的综合分析**

(1)证据的充分性:提交的证据与案件争议焦点高度相关,有助于证明其主张。例如,上诉人河口采油厂提供的河口区政府〔2001〕58 号文件,成为证明上诉人王某、李某在养殖水域受到污染中须承担部分责任的关键。

(2)证据的一致性:证据之间在内容和逻辑上相互支持和匹配,没有矛盾或冲突有利于提升证据的可靠性,推动法官形成自由心证。当协议书与其他证据(如东营鑫大地化工有限公司证明、河口区海洋与渔业局及新户镇油区工作办公室证明)相结合时,它们相互印证,增强了证据的一致性和可信度。

(3)证据的客观性:证据的客观性是证据证明力判断的核心内容。法院在审查证据时,会从证据的来源可靠性和证据内容的可信度两个方面进行实质真实性的审查,它直接关系到证据的可信度和法院裁判的准确性。而上诉人提交的证据诸如《对虾养殖质量安全管理技术规范》在客观性上受到质疑,因其缺乏可靠性。

**(五)证明力对裁判结果的影响**

(1)证据不足导致的不利裁判:上诉人因证据不足,未能说服法院支持其主张。如法院认为当事人对造成损失的具体数额及计算依据均未提供明确证据予以证实,双方当事人均应对不能举证造成的后果承担相应的法律责任。

（2）法院对证据的综合评估：法院对双方提交的证据进行了综合评估，认为涉案污染事故发生后，双方当事人对污染的事实均予以认可，但对造成损失的具体数额及计算依据均未提供明确证据予以证实，双方当事人均应对不能举证造成的后果承担相应的法律责任。二审中，东营天正不动产房地产资产评估测绘有限公司在双方当事人现场见证下对涉案水域进行了测绘，虽然该测绘是在涉案污染事故发生 2 年后实施的，但结合当事人在庭审中提出的涉案水域未发生较大变化的陈述及双方当事人均未提供证据证实涉案水域面积的事实，法院依法认定该测绘结果所确定的水域面积为该案定案依据。

# 案例十一：贺某与康菲石油中国有限公司、中国海洋石油总公司海上、通海水域污染损害责任纠纷

## 一、案件基本信息

案号：（2015）青海法海事初字第 199 号；

审理法院：青岛海事法院；

案由：海上、通海水域养殖损害责任纠纷；

当事人：原告：贺某；

被告：康菲石油中国有限公司、中国海洋石油总公司；

法律风险识别：海上溢油引起的损害赔偿诉讼；

裁判日期：2017 年 11 月 29 日。

## 二、案件事实

1. 事件概述

2011 年，位于渤海的蓬莱 19-3 油田发生溢油事故，造成海洋污染。该油田由康菲石油中国有限公司（以下简称"康菲公司"）和中国海洋石油总公司（以下简称"中海油公司"）合作开发，双方共同承担油田的管理和运营责任。原告贺某是从事海产养殖的个体经营者，因溢油事故导致其养殖业务受到严重影响，向康菲公司和中海油公司提起诉讼，要求赔偿其经济损失 120 万元。原告贺某提供了海域使用权证、养殖证、养殖物死亡和油污现场的视频及照片等证据，试图证明溢油事故对其养殖业务造成的损失，并指出财政部从蓬莱 19-3 油田生态损害赔偿资金中拨付 1.76 亿元用于山东海域近海岸的生态恢复，说明山东渔民受到漏油损害。

原告贺某以被告所属油田发生海上溢油，导致其养殖业务受严重影响，给其造成经济损失为由，请求法院判令康菲公司和中海油公司连带赔偿因环境污染给其造成的经济损失 120 万元并承担诉讼费用。

2. 争议焦点

（1）关于贺某从事养殖活动的合法性、养殖物是否受损以及损失数额。

（2）蓬莱19-3油田溢油事故与贺某诉称的养殖损失之间是否具有关联性。

（3）贺某的起诉是否超过了诉讼时效期。

（4）中海油公司是否应对蓬莱19-3油田溢油事故承担连带赔偿责任。

3. 法院裁判要旨

该案属于因海上污染引起的民事赔偿案件。对于此类案件，我国法律规定康菲公司和中海油公司承担责任的条件是：① 康菲公司和中海油公司实施了污染行为；② 贺某受到损害；③ 二者有因果关系。对于上述条件的举证责任，我国法律规定因果关系的举证责任由康菲公司和中海油公司承担，但康菲公司和中海油公司实施了污染行为和贺某受到损害，仍然由贺某承担举证责任。

鉴于贺某未能举证证明其养殖的合法性以及养殖损失，也未能举证证明蓬莱19-3油田溢油事故与其诉称的养殖损失之间存在关联性，其要求赔偿损失的主张缺乏事实和法律依据，不能成立，法院没有必要进一步评判贺某的起诉是否超出诉讼时效期以及中海油公司是否应对蓬莱19-3油田溢油事故承担连带赔偿责任问题。

### 三、法律适用[①]（表4.32）

表4.32 海上、通海水域污染损害责任纠纷案法律适用分析

| 法律名称 | 具体条款 | 适用方式 |
|---|---|---|
| 《中华人民共和国侵权责任法》（已废止） | 第六十五条：因污染环境造成损害的，污染者应当承担侵权责任 | 原告贺某依据《中华人民共和国侵权责任法》第六十五条，主张被告康菲公司和中海油公司因污染环境造成了其经济损失，故应当承担侵权责任；原告试图通过这一法律规定，要求被告赔偿其因污染事故遭受的损失 |
| 《最高人民法院关于审理环境侵权责任纠纷案件适用法律若干问题的解释》（已废止） | 第六条：被侵权人根据《侵权责任法》第六十五条规定请求赔偿的，应当提供证明以下事实的证据材料：（一）污染者排放了污染物；（二）被侵权人的损害；（三）污染者排放的污染物或者其次生污染物与损害之间具有关联性 | 作为原告提出索赔请求的法律依据 |

---

[①] 需要说明的是，该案纠纷的起源可追溯至2011年，而最终的生效裁判文书于2017年由青岛海事法院作出。在审理过程中，法院严格遵循了当时有效的《中华人民共和国民事诉讼法》（2012修正）及相关司法解释进行裁判。尽管《中华人民共和国民事诉讼法》分别在2017年、2021年、2023年经历了多次修正，但该案涉及的法律法规并未发生根本性的变化。

| 法律名称 | 具体条款 | 适用方式 |
|---|---|---|
| 《中华人民共和国民事诉讼法》（2012 修正） | 第六十四条：当事人对自己提出的主张，有责任提供证据。<br>当事人及其诉讼代理人因客观原因不能自行收集的证据，或者人民法院认为审理案件需要的证据，人民法院应当调查收集。<br>人民法院应当按照法定程序，全面地、客观地审查核实证据 | 原告贺某对自己提出的主张——被告康菲公司和中海油公司因污染环境造成了其经济损失，应当承担侵权责任——有责任提供相应的证据；法院根据各方当事人的申请调取了与该案相关的证据 |

## 四、证据分析

在该案中，当事人提交的证据的证明力对裁判结果产生了决定性的影响。

### （一）原告提交的证据及其证明力

原告贺某在该案中提交了共计 61 组证据，旨在证明其具有合法的养殖权利、养殖物遭受污染损害的事实及损失数额，以及蓬莱 19-3 油田溢油事故与其养殖损失之间具有关联性，如表 4.33 所列。

表 4.33　证据分析及法院采纳情况

| 序号 | 证据名称 | 证明目的 | 法院采纳情况 |
|---|---|---|---|
| 1 | 牟平区安海海产品养殖场不动产证书原件及营业执照复印件 | 证明贺某具有合法的养殖权利和索赔权利 | 部分采纳；法院对不动产权证书原件的真实性予以认可，但对营业执照复印件的真实性不予认可，因为未提供原件供核对 |
| 2 | "鲁牟渔养 1415" 和 "鲁牟渔养 1623" 养殖船船舶所有权证书复印件 | 证明贺某拥有合法的养殖船只 | 未被采纳；法院对这些证书复印件的真实性不予认可，因为未提供原件以供核对 |
| 3 | 烟台市牟平区姜格庄街道办事处南松村村民委员会出具的证明 | 证明贺某的养殖活动 | 未被采纳；法院可能认为这份证明只能证明养殖的事实，不足以证明养殖的合法性 |
| 4 | 2011 年 9 月至 2013 年 4 月制作的反映养殖物死亡和油污现场的视频 9 段及照片 6 张 | 证明贺某养殖物遭受污染损害的事实及损失数额 | 未被采纳；法院对这些视频和照片的真实性予以认可，但认为它们不能明确反映损失的具体数额，也不能证明污染源来自蓬莱 19-3 油田溢油事故 |
| 5 | 2010 年 10 月 8 日购买苗种收据 | 证明贺某的养殖投入 | 未被采纳；法院对购买苗种收据的真实性予以认可，但认为它只能证明贺某购买过苗种，不能证明投放时间、地点和数量 |

| 序号 | 证据名称 | 证明目的 | 法院采纳情况 |
|---|---|---|---|
| 6 | 自制的 2011 中国蓬莱 19-3 油田溢油事故海洋污染造成渤海海产品养殖户损失登记表 | 证明贺某养殖物遭受污染损害的事实及损失数额 | 未被采纳;法院认为这份登记表由贺某单方制作,性质上属于当事人陈述,不能单独作为定案依据,需要其他证据佐证 |
| 7 | 自制的养殖区域示意图 | 证明贺某养殖物遭受污染损害的事实及损失数额 | 未被采纳 |
| 8 | 经过公证的中国新闻网《蓬莱 19-3 油田溢油事故调查处理报告发布》等网页报道或资料共 10 篇、论文 2 篇 | 证明蓬莱 19-3 油田溢油事故与贺某的养殖损失之间具有关联性 | 未被采纳;法院对经过公证的网页报道和资料的真实性予以认可,但认为它们不能直接证明溢油事故与贺某的损失之间存在因果关系 |

对于其中部分证据,做如下说明。

第 1 组证据:不动产权证原件。

原告贺某提交了牟平区安海海产品养殖场的不动产权证原件,用以证明其对该养殖场拥有合法的所有权。不动产权证作为官方颁发的证明文件,具有较高的证明力,能够直接证明原告对养殖场的所有权。然而,该证据仅能证明所有权的合法性,对于养殖活动的合法性以及与污染事故的关联性,需要其他证据的支持。

【说明:官方文件通常具有较高的证明力,但需结合其他证据以全面证明案件事实。】

第 2 组证据:养殖船船舶所有权证书复印件。

原告提供了“鲁牟渔养 1415”和“鲁牟渔养 1623”养殖船的船舶所有权证书复印件,用以证明其对养殖船只的所有权。由于这些证书为复印件,且原告未提供原件供核对,被告对其真实性不予认可,因此,其证明力受到限制。

【说明:复印件的真实性需要通过原件核对来确认,否则证明力受限。】

第 3 组证据:烟台市牟平区姜格庄街道办事处南松村村民委员会出具的证明。

原告提交了村委会出具的证明,用以证明其养殖活动的合法性。然而,村委会的证明仅能证明养殖的事实,不足以证明养殖的合法性,因为养殖活动还需要依法取得海域使用权证和养殖证。

【说明:地方组织出具的证明在一定程度上具有证明力,但其证明范围和效力有限,需结合其他官方文件。】

第 4 组证据:视频和照片。

原告提供了 9 段视频和 6 张照片,展示了养殖物死亡和油污现场的情况。这些视听资料直观地展示了养殖场景,包括养殖绳、养殖笼、网具及海滩上的黑色物质,以及岸滩上的扇贝笼、浮漂和扇贝壳等。然而,这些证据未能明确表明拍摄或录制地点是否为原告指称的养殖区域,也未能证明这些黑色物质与蓬莱 19-3 油田溢油事故之间直接关联。

【说明：视听资料能够直观展示事件现场，但其证明力取决于是否能够直接关联到案件争议焦点。】

第 5 组证据：律师调查问卷。

原告的 2 名委托诉讼代理人向烟台牟平的个体养殖户发放并回收了 26 份律师调查问卷。被调查人均表示认识贺某，并于 2011 年在渤海发现了油污。然而，这些问卷中的陈述缺乏具体损失的计算方法和依据，且属于间接证据，未能直接证明原告的养殖损失。

【说明：调查问卷作为间接证据，其证明力取决于问卷的设计、回收过程的公正性以及回答的一致性和可信度。】

第 6 组证据：购买苗种收据。

原告提供了 2010 年 10 月 8 日购买栉孔贝苗的收据，用以证明其养殖投入。收据作为交易凭证，能够证明原告购买过苗种，但未能证明苗种的投放时间、地点和数量，也未能证明这些苗种与原告主张的损失之间存在直接关联。

【说明：交易凭证能够证明交易的发生，但其证明力取决于是否能够与其他证据形成完整的证据链。】

第 7 组证据：养殖户损失登记表和养殖区域示意图。

原告自行制作了养殖户损失登记表和养殖区域示意图，用以证明其养殖损失和养殖区域的位置。然而，这些证据属于原告单方制作，未能提供其他证据予以佐证，因此，其证明力受到质疑。

【说明：单方制作的证据证明效力较低。】

第 8 组证据：网页报道和资料。

原告提供了经过公证的中国新闻网、国家海洋局网站、国土资源部网站、财政部网站等网页报道或资料，用以证明蓬莱 19-3 油田溢油事故与原告的养殖损失之间具有关联性。这些网页报道和资料经过公证，具有一定的证明力，但它们主要是关于溢油事故的官方报道和处理情况，未能直接证明原告的损失与溢油事故之间的因果关系。

【说明：公证的网页报道和资料具有一定的证明力，但需结合其他直接证据以证明因果关系。】

**（二）被告提交的证据及其证明力**

被告康菲公司和中海油公司在该案中提交了多份证据，旨在反驳原告贺某的主张，证明溢油事故未对贺某的养殖区域造成影响，以及康菲公司和中海油公司已采取适当措施应对溢油事故。以下是对被告提交的证据及其证明效力的详细分析。

康菲公司提交的证据及证明力如下。

1. 康菲公司致国家海洋局北海分局 [①] 环保处的报告

康菲公司提交了致国家海洋局北海分局环保处的报告，包括《关于蓬莱 19-3 油田 B

---

① 2019 年 6 月 5 日改为自然资源部北海局。该案系 2019 年前发生，故保留原称。

平台东北方向发现油膜的报告》和《关于蓬莱 19-3 油田 C 平台 C20 井井涌事故的报告》，以及康菲公司网站上关于蓬莱 19-3 油田溢油事故的报道网页。这些证据旨在证明康菲公司在溢油事故发生后及时通报了国家海洋局，并采取了应急响应和清理回收措施。康菲公司认为公司在事故发生后采取了及时的应对措施，并积极与监管机构沟通。

法院认为这些报告和网站报道能够证明康菲公司在事故发生后采取了一定的应对措施，但它们主要反映了康菲公司的自我报告和宣传，缺乏第三方独立验证，因此，其证明力受到一定限制。

【说明：官方报告和公司网站报道能够证明事故发生后的应对措施，但其证明力取决于报告的详细程度和网站报道的真实性。】

2. 渤海地图和《联合调查组报告》

康菲公司提供了渤海地图和《联合调查组报告》，以及《2011 年中国海洋环境状况公报》等，用以证明蓬莱 19-3 油田溢油事故的污染范围并未包括原告指称的养殖区域。康菲公司认为溢油事故的污染范围并未扩展到原告的养殖区域，从而否定事故与原告损失之间的关联性。

法院认为官方地图和报告能够提供事故影响范围的权威信息，具有较高的证明力。《联合调查组报告》作为官方调查结果，其结论被法院认为具有较高的权威性和可信度。

【说明：官方地图和报告能够提供事故影响范围的权威信息，但其证明力取决于报告的准确性和地图的详细程度。】

3.《司法鉴定意见书》

康菲公司委托山东海事司法鉴定中心出具了《司法鉴定意见书》，结论为蓬莱 19-3 油田溢油事件的溢油没有到达山东近岸海域或者岸滩，对山东近岸海域和岸滩环境未造成污染影响。康菲公司认为通过专业机构的鉴定，证明溢油事故并未对山东近岸海域和岸滩环境造成污染，从而否定事故与原告损失之间的因果关系。

法院认为，司法鉴定意见书作为专业机构出具的意见，具有较高的证明力，但其证明力取决于鉴定机构的权威性和鉴定过程的科学性。该案中，法院认可了《司法鉴定意见书》的证明效力。

【说明：鉴定报告由专业机构或专家出具，是对技术性问题的分析和判断。鉴定报告的科学性、客观性和鉴定机构的资质影响其证明力。】

4. 烟台市海洋与渔业局网站的公报和报道网页

康菲公司提供了烟台市海洋与渔业局网站上 2010—2012 年的《烟台市海洋环境公报》和关于 2013 年烟台市主要海洋产业产值达 2 054.1 亿元，增长规模约为 18.9% 的报道网页，用以证明烟台地区水产养殖未受到蓬莱 19-3 油田溢油的影响。康菲公司证明认为，通过官方公报和报道，烟台地区水产养殖业未受溢油事故影响，从而否定事故与原告损失之间的关联性。

法院认为，官方公报和报道能够提供当地海洋环境和水产养殖情况的信息，但其证明力取决于数据的准确性和报道的客观性。法院可能认为这些证据在一定程度上支持了康菲公司的立场,但仍需结合其他证据综合判断。

【说明:烟台市海洋与渔业局网站的公报和报道网页的证明效力取决于其内容的准确性和客观性,以及是否能够与其他证据相互印证。】

5. 农业部网站和康菲公司网站的报道网页

康菲公司提供了农业部网站和康菲公司网站上关于蓬莱 19-3 油田溢油事故渔业索赔行政调解达成一致的报道网页,用以证明康菲公司和中海油公司已经完全赔偿了可能造成的养殖渔业和天然渔业资源损害。康菲公司认为,公司已经通过行政调解对可能造成的损害进行了赔偿,从而否定原告进一步索赔的合理性。

法院认为官方网站和公司网站的报道能够证明赔偿协议的存在,但其证明力取决于报道的详细程度和协议的执行情况。法院可能认为这些证据在一定程度上证明了赔偿协议的存在,但仍需审查协议的具体内容和执行情况。

【说明:农业部网站和康菲公司网站的报道网页的证明效力取决于赔偿协议的具体内容和执行情况,以及是否能够证明康菲公司已经履行了赔偿义务。公司网站报道和内部报告的证明效力较低,因为其受到公司自身利益的影响,需要通过其他证据来验证其真实性。】

中海油公司提交的证据及证明力如下。

1. 国家海洋局网站《联合调查组报告》

中海油公司提供了国家海洋局网站上的《联合调查组报告》,该报告是由国家海洋局牵头的联合调查组对蓬莱 19-3 油田溢油事故进行调查后发布的。该报告旨在证明蓬莱 19-3 油田溢油事故的责任归属和污染范围。中海油公司认为蓬莱 19-3 油田溢油事故的责任主要由康菲公司承担,以及溢油事故的污染范围并未扩展到原告的养殖区域。

法院认为《联合调查组报告》作为官方调查结果,其结论被法院认为具有较高的权威性和可信度。

2. 国家海洋局北海环境监测中心 2011 年 9 月《蓬莱 19-3 油田溢油岸滩及近岸海域调查报告》

中海油公司提供了这份调查报告,用以证明溢油事故对岸滩及近岸海域的影响情况。法院认为该报告由官方环境监测机构出具,具有一定的证明力,但法院会结合其他证据综合判断。

3. 新浪网上关于中海油漏油事件致约 3 400 平方千米海域水质下降的报道网页

该证据旨在说明蓬莱 19-3 油田溢油事故对海域水质的影响,以及中海油公司在事故中的责任。报道提到溢油事件导致约 3 400 平方千米的海域水质下降,表明事故对海洋环境造成了一定的负面影响。

法院认为新浪网的报道提供了溢油事故对海域水质影响的信息,但其证明效力受到一定限制,因为新闻报道缺乏官方调查报告的权威性和详细性。新闻报道受到记者个人观点和报道角度影响,法院结合其他权威证据综合评估溢油事故的影响和中海油公司的责任。

【说明:新闻报道可能缺乏官方调查报告权威性,以及可能受到记者个人观点和报道角度影响。法院在审理过程中会综合考虑所有证据,以确保对案件事实进行全面的和公正的评估。】

4. 国家海洋局北海分局《2011 年北海区海洋环境公报》、烟台市海洋与渔业局 2011年和 2012 年《烟台市海洋环境公报》、山东省海洋与渔业厅《2011 年山东省海洋环境公报》、烟台市海洋与渔业局 2011 年和 2012 年《烟台市海洋环境公报》

公报提供了政府对海洋环境状况的官方评估,包括水质、生物多样性、生态系统健康等方面的数据。中海油公司提交了国家海洋局网站的相关报告和海洋环境公报,以证明蓬莱 19-3 油田溢油未到达贺某指称的养殖区域,同时,表明中海油公司不是蓬莱 19-3油田溢油事故的责任者。这些政府机关公开发布的文件具有较高的权威性和真实性,法院对其真实性予以认定。

## (三)证明力对裁判结果的影响

### 1. 证据不足导致的不利裁判

原告贺某在该案中提出了经济损失的索赔,但由于其提交的证据在客观性、关联性方面存在不足,特别是未能提供足够的证据来证明污染事故与其遭受的损失之间存在直接因果关系。因此,法院认为原告未能充分证明其损失是由被告的污染行为直接造成的,这导致了原告在该案中的不利裁判。

### 2. 证据有力导致的有利裁判

被告康菲公司和中海油公司提交的证据,特别是海洋环境监测报告和公报、司法鉴定意见书等具有较高的证明力。这些证据有力地支持了被告的立场,即污染事故并未直接影响到原告的养殖区域,因此,被告不应承担赔偿责任。这些有力的证据为被告在该案中赢得了有利的裁判。

### 3. 法院对证据的综合评估

法院在审理该案时,对双方提交的证据进行了综合评估。法院认为原告的证据不足以证明其损失与污染事故之间的直接因果关系,而被告的证据则较为有力地证明了污染事故的影响范围并未包括原告的养殖区域。因此,法院在综合评估证据后,做出了驳回原告索赔请求的判决。